湖北省社科基金一般项目（后期资助项目）成果

湖北民族大学学术著作出版基金资助

清江流域土家族民俗体育文化研究

刘尧峰 著

中国社会科学出版社

图书在版编目（CIP）数据

清江流域土家族民俗体育文化研究 / 刘尧峰著 . —北京：中国社会科学出版社，2021.9

ISBN 978 – 7 – 5203 – 9066 – 8

Ⅰ.①清… Ⅱ.①刘… Ⅲ.①土家族—民族形式体育—体育文化—研究—湖北 Ⅳ.①G852.9

中国版本图书馆 CIP 数据核字（2021）第 180231 号

出 版 人	赵剑英
责任编辑	孔继萍
责任校对	王佳玉
责任印制	郝美娜

出　　版	中国社会科学出版社
社　　址	北京鼓楼西大街甲 158 号
邮　　编	100720
网　　址	http://www.csspw.cn
发 行 部	010 – 84083685
门 市 部	010 – 84029450
经　　销	新华书店及其他书店
印刷装订	北京市十月印刷有限公司
版　　次	2021 年 9 月第 1 版
印　　次	2021 年 9 月第 1 次印刷
开　　本	710×1000　1/16
印　　张	14
插　　页	2
字　　数	216 千字
定　　价	88.00 元

凡购买中国社会科学出版社图书，如有质量问题请与本社营销中心联系调换
电话：010 – 84083683
版权所有　侵权必究

序

刘尧峰是我的博士关门弟子，我对他的要求自然是严格的。尧峰来自神奇而美丽的巴国故地山城恩施，在他身上让我看到了寒门子弟"勤奋而志于学"的品性，三年博士攻读生涯，他广泛涉猎武术与民族传统体育相关领域的知识，尤其是在少数民族武术文化领域不断积淀。博士毕业后，他毅然决然地选择回到湖北民族大学工作，对他的这一抉择我是赞同的，毕竟做人类学研究需要深入田野，需要长期扎根民族地区，体悟少数民族独特的民俗文化。两年后，他在民族体育文化研究领域崭露头角，时而有从相关杂志上看到他的文章，尤其是他在博士学位论文基础上进一步修改、丰富和完善而成的学术专著《土家族武术文化及其传承研究》，获得了2019年度国家民委人文社会科学优秀成果奖二等奖，实属不易。几年来他一直潜心于民俗体育文化相关研究，呈现在读者面前的学术专著《清江流域土家族民俗体育文化研究》，就是他长期积累所得。该专著即将如愿在中国社会科学出版社公开出版发行，着实可喜可贺！

清江流域地处鄂西生态文化旅游圈的核心地段以及湘鄂渝大旅游圈的中心地和连接段，境内自然风光峻奇秀美，名胜古迹星罗棋布，古今文化交相辉映。同时清江流域又恰好处于荆楚、巴蜀两大古文化圈之间，拥有古老的巴文化、楚文化、神秘的土司制度文化、土苗民族文化。在如此厚重的民族文化土壤中诞育出来的民俗体育文化事象必将呈现出其独特的内涵与魅力。刘尧峰博士的《清江流域土家族民俗体育文化研究》一书，从文化生境、文化寻踪、文化图景、文化流变、传承发展等几个层面对清江流域土家族民俗体育进行了全方位的文化透视，纵观这部20

余万字的学术论著，有以下几点特别引人注目。

第一，书稿深入剖析了清江流域土家族民俗体育诞育的文化生境与文化生成机制，认为独特的地理位置、特殊的自然环境、原始的生产方式、悠久的历史文化以及多元文化的交融激荡等共同催生了种类繁多、蔚为壮观的清江流域土家族民俗体育文化事象，并从总体上将清江流域土家族民俗体育文化划分为经济类民俗体育、社会类民俗体育、信仰类民俗体育、游艺类民俗体育及竞技类民俗体育五种类型。

第二，书稿全面揭示了清江流域土家族民俗体育的文化特征及其价值功能，认为清江流域土家族民俗体育的文化特征突出地体现为历史传承性、文化变异性、鲜明地域性、较强依附性以及娱乐观赏性等几个方面。清江流域土家族民俗体育在传统社会的价值功能主要体现为特定场域的祭祀功能、民族文化的认同功能、个体品德的教化功能、村落秩序的治理功能，而清江流域土家族民俗体育在当代社会的价值功能则主要体现为娱乐休闲的彰显功能、旅游经济的促进功能、文明乡风的助推功能等几个方面。

第三，书稿从四个维度诠释了清江流域土家族民俗体育的文化流变：其一，在空间场域上，清江流域土家族民俗体育文化基本上实现了由祭台到舞台、由村寨到广场、由乡村到城镇的变迁历程；其二，在依附特质上，清江流域土家族民俗体育文化从传统社会时期对原始宗教信仰、传统节日、人生礼俗、岁时节令及劳动生产的依附中解脱出来，继而在现代社会节庆文化、旅游文化、广场文化乃至校园文化中大放异彩；其三，在价值功能上，清江流域土家族民俗体育的祭祀祈禳、酬神纳吉等原初社会功能慢慢淡化，而娱乐休闲、康健身心等现代社会功能不断凸显；其四，在传承模式上，总体上实现了由自然传承模式向政府传承模式和社会传承模式的过渡，呈现出传承组织由松散向有序，传承主体由个体向群体，传承手段由单一到多元以及传承内容由仪式到动作的变迁历程。

第四，书稿分析提炼出了清江流域土家族民俗体育文化变迁的原因，认为内部原因主要是民俗体育文化自身发展的诉求和民俗体育主体观念意识的转变，外部原因表现为民族地区社会经济形态的转变、民俗体育社会制度层面的改变、现代文化及现代体育的传播等。在此基础上探寻出了民俗体育文化变迁过程中存在的一些共性规律及启示：生存环境的变迁是民俗体育文化变迁的前提条件；主体需求的变迁是民俗体育文化变迁的内在动力；社会制度的变迁是民俗体育文化变迁的外在推力；创新与发展是民俗体育文化变迁亘古不变的主题；只有保留住民俗体育文化最本质的"根"，即民俗体育文化基因"不变"前提下的"变"，才能保证民俗体育文化的原真性。

第五，书稿对清江流域土家族民俗体育文化传承与发展的内外部环境进行了理性分析，并从总体上进行了 SWOT 矩阵分析。认为清江流域土家族民俗体育文化的传承与发展需要在保护好现有文化空间的同时不断拓展出新的生存空间，并在此基础上提出了清江流域土家族民俗体育文化传承与发展的路径选择，提出了重视学校体育教育、依托政府非物质文化遗产、探寻与乡村旅游融合发展、重视少数民族传统体育运动会及构建民俗体育全民健身服务体系的路径选择。

此外，该书还有不少富有新意的观点，读者自会从阅读中发现。当然，土家族民俗体育文化作为土家族文化系统整体的有机组成部分，涉及面较广，错综复杂，有的问题还需进一步研究，书中提出的某些观点仍有继续讨论的必要。期待他有更多的科研成果不断涌现。

蔡仲林

2021 年 2 月 16 日于武汉

目 录

第一章 导论 ………………………………………………………（1）
  第一节 研究缘起 …………………………………………………（1）
  第二节 研究目的意义 ……………………………………………（5）
  第三节 研究设计 …………………………………………………（6）
  第四节 相关研究的学术回顾 ……………………………………（13）

第二章 生境
      ——清江流域土家族民俗体育诞育的土壤 ……………（38）
  第一节 自然地理环境 ……………………………………………（38）
  第二节 历史人文环境 ……………………………………………（45）
  第三节 本章小结 …………………………………………………（65）

第三章 追根溯源
      ——清江流域土家族民俗体育的文化寻踪 ……………（67）
  第一节 清江流域土家族民俗体育与地理环境的关系 …………（67）
  第二节 清江流域土家族民俗体育与经济生产的关系 …………（70）
  第三节 清江流域土家族民俗体育与军事战争的关系 …………（73）
  第四节 清江流域土家族民俗体育与宗教信仰的关系 …………（76）
  第五节 清江流域土家族民俗体育与节日礼俗的关系 …………（79）
  第六节 清江流域土家族民俗体育与文化交融的关系 …………（82）
  第七节 本章小结 …………………………………………………（84）

第四章 文化图景
——清江流域土家族民俗体育文化整体风貌 (87)

第一节 清江流域土家族民俗体育文化种类概览 (87)

第二节 清江流域土家族民俗体育的文化特征 (91)

第三节 清江流域土家族民俗体育的价值功能 (95)

第四节 清江流域土家族民俗体育典型项目列举 (103)

第五节 清江流域其他土家族民俗体育项目 (122)

第六节 本章小结 (147)

第五章 文化流变
——清江流域土家族民俗体育的文化变迁 (150)

第一节 清江流域土家族民俗体育文化变迁 (150)

第二节 清江流域土家族民俗体育文化变迁的归因 (165)

第三节 清江流域土家族民俗体育文化变迁的启示 (172)

第四节 本章小结 (177)

第六章 清江流域土家族民俗体育文化的传承与发展 (180)

第一节 清江流域土家族民俗体育文化发展环境分析 (180)

第二节 清江流域土家族民俗体育文化发展路径探析 (189)

第三节 本章小结 (200)

研究结论 (201)

参考文献 (204)

第一章

导 论

第一节 研究缘起

一 文化繁荣与文化强国的时代背景

文化是一个十分抽象而又复杂的概念，拥有广博而宏富的内涵。笼统地说，文化是指人民大众在社会历史进程中所创造的各种物质财富与精神财富的总和，是广大民众集体智慧的结晶。在中华民族漫长而悠久的历史进程中，各族人民依靠自己的勤劳、勇敢与智慧，共同创造了博大精深的传统文化，并由此衍生出了高度的文化自觉与文化自信。作为一种软实力，先进的文化理念是经济发展、社会进步最重要的动力之一。

在建设中国特色社会主义的伟大征途中，中国共产党十分重视文化建设的重要性，党的十七大、十八大报告中相继提出了文化强国的战略构想，并对文化建设作出了重要指示："文化是民族的血脉，是人民的精神家园。全面建成小康社会，实现中华民族伟大复兴，必须推动社会主义文化大发展大繁荣，兴起社会主义文化建设新高潮，提高国家文化软实力。"[①] 2013年12月30日，习近平总书记在中共中央政治局第十二次集体学习期间强调："要推动社会主义文化大发展大繁荣，增强全民族文化创造活力，推动文化事业全面繁荣……朝着建设社会主义文化强国的

---

① 胡锦涛：《坚定不移沿着中国特色社会主义道路前进 为全面建成小康社会而奋斗》，新华网（http://www.xj.xinhuanet.com/2012-11/19/c_113722546.htm）。

目标不断前进。"① 2017年10月18日，党的十九大进一步明确指出："文化是一个国家、一个民族的灵魂。文化兴国运兴，文化强民族强。没有高度的文化自信，没有文化的繁荣兴盛，就没有中华民族的伟大复兴。要坚持中国特色社会主义文化发展道路，激发全民族文化创新创造活力，建设社会主义文化强国。"② 将文化强国战略提升到了一个新的高度，成为新时期与经济建设、社会发展同等重要的国家战略之一，表明了文化建设的重要性和紧迫性。故而在这种大的时代背景下，对中国传统文化（包括民俗体育文化）的研究，不仅迎合了文化繁荣与文化强国建设的时代背景，更是当前我国大力提倡文化软实力，促进文化大国、文化强国建设战略目标体系的题中之义。

二 全民健身与"健康中国"的时代语境

为增强人民体质，提高全民族的身体素质，1995年6月，国务院颁布了《全民健身计划纲要》，使得全民健身观念深入人心。2009年，为满足广大人民群众日益增长的体育需求，在纪念北京奥运会成功举办一周年之际，国务院又批准将每年的8月8日设定为"全民健身日"，将健康向上的大众体育精神传达给广大民众，推广积极健康的生活理念。

2016年10月，中共中央、国务院印发了《"健康中国2030"规划纲要》，不仅从宏观层面勾画了未来15年"健康中国"的宏伟图景，同时也从微观层面提出了实现全民健身与全民健康的具体方略，明确指出要"大力发展群众喜闻乐见的运动项目，鼓励开发适合不同人群、不同地域特点的特色运动项目"。③ 2017年10月，党的十九大报告将"健康中国"作为国家战略实施，进一步确立了人民健康在党和政府工作中的重要地位。在"健康中国"这一大的语境下，"健康"成为当代人时尚生活方式

---

① 习近平：《建设社会主义文化强国 着力提高国家文化软实力》，新华网（http://News.xinhuanet.com/politics/2013-12/31/c_118788013.htm）。
② 实录：《习近平总书记在党的十九大的报告》，中国青年网（http://news.youth.cn/sz/20171018-10888424-4.htm）。
③ 中共中央、国务院：《"健康中国2030"规划纲要》，人民网（http://politics.com.cn/n1/2016/1026/c1001-28807357-2.html）。

的代名词。

全民健身与"健康中国"目标的达成,离不开群众体育的助推与发展。民俗体育作为人民群众身边习惯性、生活化的体育文化事象,将成为人们娱乐休闲、康健身心的首选。而文化资源储备丰富、文化价值多元的清江流域土家族民俗体育文化也将在地区全民健身与"健康中国"目标达成中发挥积极的作用。有鉴于此,对清江流域土家族民俗体育文化的研究不仅是民俗体育文化自身传承发展的需要,更是对实现全民健身与"健康中国"战略目标的积极回应。

三 保护与发展非物质文化遗产的迫切需要

随着"非物质文化遗产"概念的提出,特别是自2003年10月17日联合国教科文组织正式通过《保护非物质文化遗产公约》以来,人们对非物质文化遗产保护工作的重要性、突出性和迫切性都有了全面而深刻的认识。面对非物质文化遗产这一大的语境,各国政府都高度重视非遗保护工作,例如日本、韩国等国都相继制定并出台了诸多各具特色的非遗保护政策体系。为推进社会主义先进文化建设,继承和弘扬优秀文化传统,我国政府高度重视非物质文化遗产的保护与传承工作,并决定自2006年起将每年6月的第二个星期六定为"文化遗产日",又于2011年正式颁布了《非物质文化遗产保护法》。截至目前,我国已基本建成国家、省、市、县四级非物质文化遗产名录体系,为各类非物质文化遗产的保护与传承带来了前所未有的机遇。①

清江流域土家族民俗体育文化资源丰富、特色鲜明,其中许多项目都成功申报了国家级或省级非物质文化遗产名录,例如"喜花鼓""肉连响""撒尔嗬""摆手舞""地龙灯""板凳龙""草把龙"等,都是人们耳熟能详的民俗体育项目。长期以来,这些体育类非物质文化遗产已经深深融入了土家族人的日常生产与生活,作为民族文化的"遗传基因",在广大土家族民众人生观、世界观及其思维方式的形成过程中起着不可替代的作用。然而,20世纪80年代以来,随着社会变迁的日益加剧,在

---

① 刘尧峰:《土家族武术文化研究》,博士学位论文,上海体育学院,2015年,第177页。

现代化与全球化的冲击下，传统文化逐渐呈现出生存力不彰、传播力不足的短板，其文化场域逐渐式微，生存空间变得越来越狭窄，土家族的许多非物质文化遗产也正在悄无声息地淡出人们的视线。在此背景下研究土家族民俗体育文化，探讨其特有的文化生境、价值内涵、空间场域、文化流变及其传承发展的路径选择等，对于土家族非物质文化遗产的保护与传承无疑具有重要的理论与现实意义。

四 促进地方经济社会发展的现实需求

长期以来，区域文化与区域经济社会发展的关系一直都是社会学、经济学等学科关注的重要问题。一个普遍的观点认为，区域文化与区域经济社会发展之间存在着相互渗透、共生互动的关系。即当一个地区的文化个性形成以后，就会对这个区域的经济活动产生隐形而又深刻的影响，因此地区经济社会的发展总是可以从区域传统文化的某些特征得到诠释。[1] 从这个意义上来讲，民俗文化的发展是民族地区经济社会发展必不可少的内在动力。

清江流域位于湖北省西南部，地处武陵山腹地的少数民族地区，是国家西部大开发的最前沿和中国经济发达地区与经济欠发达地区的接合部，属于典型的"老""少""边""穷"地区。改革开放以来，在党和国家的正确领导下，清江流域社会经济的发展取得了长足的进步，特别是党的十八大以来，在打赢扶贫攻坚战、全面建成小康社会战略构想的指引下，清江流域社会经济的发展更是迎来了前所未有的契机。清江流域拥有丰富的民俗体育文化资源储备，其中许多民俗体育项目都极具开发利用价值，如果能够充分利用其得天独厚的地域优势，抓住湖北省委、省政府构建"鄂西生态文化旅游圈"的大好机遇，以自然景观和原生态的民族民俗文化为依托进行深度发掘，大力发展体育旅游产业，打造出诸如少数民族特色体育旅游观光、特色体育小镇等旅游产品，将民俗体育资源优势转化为产业优势，必将会对清江流域地方经济社会的发展起

---

[1] 唐丰收：《地方传统文化对地方经济社会发展的影响》，浙江在线新闻网站（http://culture.zjol.com.cn/05culture/system/2006/11/03/007968426.shtml）。

到一定的推动作用。

第二节 研究目的意义

一 研究目的

（一）揭示清江流域土家族民俗体育诞育的文化生境

利用文化生态学的相关理论与方法，揭示清江流域土家族民俗体育文化赖以产生与发展的生境，包括清江流域独特的地形地貌、气候、水分、阳光、土壤、植被等自然生境，以及清江流域土家族的历史传统、文化生活、民风民俗及其宗教信仰等人文生境，探究清江流域土家族民俗体育文化的生成机制，解析其与特定地域自然与历史人文环境的关系。

（二）勾勒清江流域土家族民俗体育的整体文化图景

借助民俗学、社会学、文化学等相关学科的理论与方法，系统调查梳理清江流域土家族民俗体育文化事象，解读清江流域土家族民俗体育的文化空间，从微观上分析清江流域土家族民俗体育所蕴含的文化特质与价值功能，从宏观上展现清江流域土家族民俗体育的整体文化图景，从而达到微观的"点"与宏观的"面"相结合的目的。

（三）诠释清江流域土家族民俗体育文化的流变规律

借鉴社会变迁的相关理论，探究清江流域土家族民俗体育的文化变迁现象。解读清江流域土家族民俗体育文化变迁的具体表现形式，分析影响清江流域土家族民俗体育文化变迁的内外部因素，在此基础上揭示民俗体育文化变迁所呈现出来的一般规律与启示。

（四）探寻清江流域土家族民俗体育文化的发展路径

探究社会变迁与文化全球化时代背景下清江流域土家族民俗体育文化传承与发展的现实困境，理性分析清江流域土家族民俗体育传承与发展的优势、劣势、机遇与挑战，探寻清江流域土家族民俗体育当代传承与发展的路径选择，从而为其他地域民俗体育文化的传承与发展提供建设性的意见与发展思路。

二　研究意义

其一，清江流域土家族民俗体育文化属于土家族传统文化的范畴，它与土家族其他文化事象诸如艺术、哲学、宗教、制度、伦理、文学等，共同构成土家族文化系统整体。因此，对清江流域土家族民俗体育文化的研究，对于丰富土家族文化系列研究具有重要的现实意义。

其二，清江流域土家族民俗体育文化是我国民俗体育文化的有机组成部分，研究清江流域土家族民俗体育文化，展现其丰富的文化内涵与独特魅力，揭示其个性特征与价值体系，将增强民俗体育研究的系统性与整体性，有助于丰富民俗体育理论体系。

其三，在文化繁荣与文化强国建设的时代背景下，研究少数民族民俗体育文化，将有助于弘扬民族文化、增强民族凝聚力、促进民族认同感，巩固和发展平等团结、互助和谐的社会主义民族关系，有助于和谐社会的构建。

其四，探究清江流域土家族民俗体育赖以生存的文化环境，追溯其诞育的文化源头，揭示其文化变迁的原因与规律启示。寻求其传承发展的路径选择，对于清江流域土家族民俗体育文化的传承发展将起到积极的推动作用，同时对其他地域民俗体育文化的发展也可起到一定的借鉴与参考价值。

第三节　研究设计

一　研究对象

本书的研究对象界定为清江流域土家族民俗体育文化事象，即湖北清江流域内由土家族人民所创造的一切与民俗体育相关的精神和物质文化成果的总和以及这种文化创造活动过程本身。

二　研究方法

正确合理的方法体系是科学研究的前提，同时也是科学研究取得成功的关键。本书在总体上是以辩证唯物主义和历史唯物主义为方法论指导，以社会学、民俗学及文化人类学等实证性的方法为依托，在具体的研究过程中主要采用了以下几种研究方法：

（一）文献资料法

根据研究的需要，到湖北省各高校图书馆及恩施州图书馆查阅有关民俗学、民族学、社会学、土家族传统文化等方面的学术著作，同时通过中国知网学术论文检索系统检索与民俗体育文化相关的文献资料，为本书的开展奠定理论基础。另外在深入田野期间，到清江流域各县市图书馆和博物馆查阅相关的地方县志、地方史料等资料，以佐证、丰富和充实相关研究内容。

（二）田野调查法

通过实地的田野考察以获取大量原始的第一手资料是文化人类学研究的重要手段之一。根据研究的需要，本课题采用多点田野调查法，主要选取了湖北清江流域境内恩施土家族苗族自治州的利川市、恩施市、宣恩县、咸丰县、建始县、巴东县、鹤峰县，宜昌地区的长阳土家族自治县、五峰土家族自治县进行了实地调研工作。

（三）专家访谈法

访谈法是指通过与被访谈者进行口头交谈的方式收集调查资料的一种研究方法，是社会学与民俗学研究过程中较为常见的一种方法。根据研究的需要，本课题的访谈对象主要有三：其一是访谈部分民族传统体育及其传统文化领域的专家学者，征询有关本课题研究思路、内容框架及其研究可行性方面的意见与建议；其二是访谈清江流域土家族民俗体育项目非物质文化遗产传承人，了解本地域民俗体育项目的分布、技术特色、文化内涵等；其三是访谈相关文体部门负责人，以了解他们对清江流域土家族民俗体育文化现状、传承与发展对策的看法，从而能够更好地把握研究方向。

（四）个案研究法

个案研究法也称"麻雀解剖法"，是现代社会科学研究中相对比较成熟的一种研究方法。在本书中，根据清江流域土家族相关民俗体育的文化负载量，选取撒尔嗬、喜花鼓、摆手舞、肉连响、八宝铜铃舞、耍耍、草把龙、板凳龙、地龙灯等具有典型代表性的民俗体育项目作为个案，将其置入特定的历史与文化空间进行深度描写，诠释其独特的技术风格与文化内涵。

（五）整体研讨法

全面搜集有关清江流域土家族民俗体育文化的文献，包括各种地方志、民族志以及民俗文化资料；将清江流域土家族民俗体育置于特定的文化生境、历史场域及现实情境，从纵横交织的文化关系中理解清江流域土家族民俗体育的整体文化图景；通过深入的田野考察了解清江流域土家族民俗体育的个性特征与时代特点，探究清江流域土家族民俗体育文化变迁的一般规律；力图通过整体研讨的方法，最大限度地展示清江流域土家族民俗体育的整体文化风貌。

三　研究思路

首先，在界定研究对象与范围的基础上，揭示清江流域土家族民俗体育诞育的生境，解析其与特定地域自然与人文环境的关系。其次，从民俗学与文化学的视角系统梳理清江流域土家族民俗体育文化事象，微观上分析清江流域土家族民俗体育所蕴含的文化特质与价值功能，宏观上展现清江流域土家族民俗体育整体文化图景，在此基础上选取具有典型代表性的民俗体育项目作为个案，从文化源头、技术特色、内容表现、内涵特质等层面进行细致入微的剖析。然后借鉴社会变迁的相关理论，探究清江流域土家族民俗体育的文化流变及其归因，揭示变迁背后所蕴含的规律启示。最后，探寻社会变迁与文化全球化背景下清江流域土家族民俗体育传承与发展的内在优势与劣势、外部机遇与挑战，寻绎清江流域土家族民俗体育传承与发展的路径选择（课题研究的技术路线如图1—1所示）。

四　研究的创新点

（一）研究内容的创新

已有资料显示，以往关于清江流域土家族民俗体育的研究多体现为对项目的挖掘整理，鲜少从学理层面去深入探究其文化内涵与本质。本书以清江流域土家族民俗体育文化事象为切入点，揭示清江流域土家族

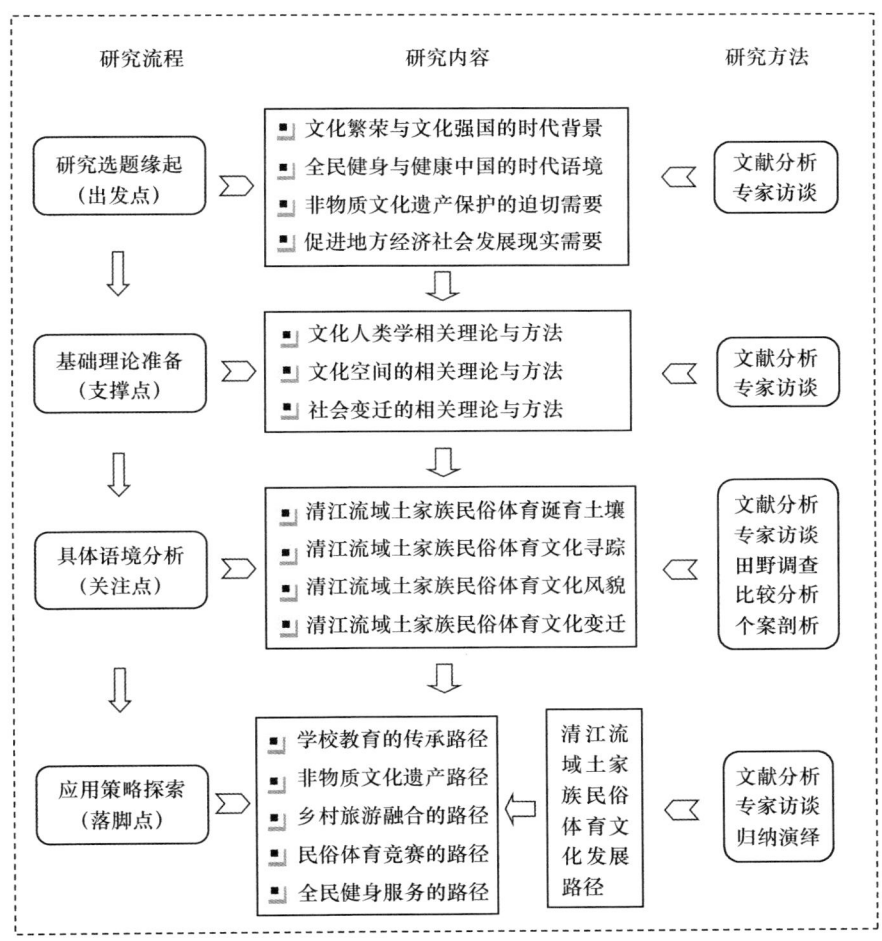

图1—1 课题研究的技术路线

民俗体育诞育的文化生境，勾勒清江流域土家族民俗体育的整体文化图景，诠释清江流域土家族民俗体育文化的流变规律与启示，探索清江流域土家族民俗体育文化传承与发展的路径选择，在研究内容上具有一定的创新性。

（二）方法体系的创新

本书在总体上以辩证唯物主义和历史唯物主义为方法论指导，以社会学、民俗学及文化人类学等实证性的方法为依托,采用理论分析与实证调研相结合、系统整体与个案解析相结合,充分运用文献资料、专家访谈、田野考察、个案分析、整体研讨等具体的研究方法,以确保研究结果的科学性与真实性,在研究方法上具有一定的特色与创新。

五 研究的理论基础

（一）文化人类学理论

文化人类学（cultural anthropology）是人类学的一个重要分支学科,它与体质人类学相对应,是"一门研究、理解人类文化相似性及差异性,进而探讨人类文化本质的学科"[①]。在具体的研究中,其研究对象多为远离"现代文明"的弱势族群和少数团体,以及较为偏远蛮荒的部落,其研究方式大都注重"质"而非"量",现象的观察多是"特例"而非"通识",所采用的研究方法主要有田野考察法、比较法、参与观察法等。

在文化人类学的产生与发展过程中,先后出现了几种较有影响的理论学派,诸如进化论、传播论、功能论、解释论等。其中,古典进化论学派是文化人类学史上的第一个理论学派,其代表性人物是英国的泰勒和法国的摩尔根,代表作分别为《原始社会》和《古代社会》。其基本观点为人类社会的文化同自然界生物的发展规律一致,也是一个由简单到复杂、由低级向高级逐渐进化演变的过程,而造成这种普遍性的主要原因在于人类心理具有一致性;传播论学派的代表性人物主要有德国的拉策尔、法国的弗洛贝纽斯以及英国的威廉·里弗斯等人。传播论学派认为:"文化变迁的过程主要是文化采集的结果,不同文化间的相同性是许多文化圈相交的结果。"[②]即"传播"是文化所具有的一种较为稳定的特性,当一种文化形态形成后,便会向其外围进行传播,进而对其周边其他文化产生影响,不同文化间的相同性正是许多文化圈（区域）相交的结果。此外,功能论、解释论等其他理论学派也都在不同程度上对文化人类学的发展产生过一定的影响作用。

---

① 蒋立松:《文化人类学概论》,西南师范大学出版社2008年版,第1—4页。
② 庄孔韶:《人类学概论》,中国人民大学出版社2006年版。

"文化人类学的这些理论学派,对 20 世纪文化人类学的发展与繁荣产生了深远的影响,推动了文化人类学学科的茁壮成长。"① 本课题将借鉴文化人类学的相关理论与方法展开研究,例如借鉴其中的传播理论,便可清晰地解释清江流域土家族民俗体育在产生机制上与文化交融的关系,揭示其受汉族及相邻少数民族民俗体育文化影响的原因及表现。在方法上则可借鉴文化人类学经典的田野考察等方法,使研究结果更具科学性与可靠性。

(二) 文化空间理论

"文化空间"一词自被引介到我国以来,便成为学界频繁使用、着力探讨的一个学术用语。"文化空间"也称"文化场所",是联合国教科文组织在保护非物质文化遗产时使用的一个专用名词,它是指"定期举行传统文化活动或集中展现传统文化表现形式的场所"。② 1998 年,联合国教科文组织在其颁布的《宣布人类口头和非物质文化遗产代表作条例》中,明确将人类口头和非物质文化遗产划分为两大类,其一是各种"民间传统文化表现形式",主要包括语言、文学、音乐、舞蹈、游戏、神话、礼仪、习惯、手工艺、建筑艺术及其他艺术,以及传统形式的传播和信息等民间传统文化表现形式;其二是文化空间。

这里的文化空间主要包括三种表现形式:一是特指按照民间约定俗成的传统习惯,在固定的时间内举行各种民俗文化活动及仪式的特定场所,兼具时间性和空间性;二是泛指传统文化从产生到发展都离不开的具体自然环境与人文环境,这个环境就是文化空间;三是作为一种表述遗产传承空间的特殊概念,可以用于任何一种遗产类型所处规定空间范围、结构、环境、变迁、保护等方面,因而具有更为广泛的学术内涵。③

清江流域土家族民俗体育文化的生境及其生成机制,离不开其赖以生存的地域自然环境及其历史人文环境。各种仪式性民俗体育文化的展

---

① 刘尧峰:《土家族武术文化及其传承研究》,中国社会科学出版社 2018 年版,第 11 页。
② 郭玉成:《武术传承的文化空间》,《搏击·武术科学》2007 年第 2 期,第 2 页。
③ 360 百科:《文化空间》(https://baike.so.com/doc/28768621-30229208.html)。

演,亦是依托清江流域土家族地区所特有的时空场域而呈现的。因此,文化空间理论无疑将为清江流域土家族民俗体育文化的研究提供厚重的理论支撑。

(三)社会变迁理论

一般而言,社会变迁泛指任何社会现象的变更,包括社会的一切宏观和微观的变迁,社会纵向的前进和后退,社会横向的分化和整合,社会结构的常态和异态变迁,社会的量变和质变,以及社会关系、生活方式、行为规范、价值观念的变化等。① 从这个意义上来说,社会变迁的内容涉及人类社会生产、生活的所有领域,包括自然环境、社会制度、社会结构、生活方式、价值观念、人口、经济、科技、文化等方方面面。社会变迁的类型多样,按变迁的规模可划分为整体变迁和局部变迁,按变迁的方向可分为进步的变迁和倒退的变迁,按变迁的性质可划分为进化的变迁和革命的变迁,按人们对社会变迁的参与和控制的程度可划分为自发的社会变迁和有计划的社会变迁。②

文化变迁是社会变迁的一个重要组成部分,文化变迁主要是指文化的内容和形式、功能(意义)与结构乃至任何文化事象或文化特质,因内部发展或外部刺激所发生的一切改变。③ "文化的稳定与均衡是相对的,变化发展则是绝对的。"④ 因此变迁不仅是文化所固有的特质,同时也是文化发展的动力源泉,任何一种文化形态,自其诞育之日起,便在各种内外部因素的推动与刺激下不断地重复着"解构—重构"这一变化过程,最终实现文化的变迁与发展。本书在探究清江流域土家族民俗体育文化流变及其发展的过程中,亦离不开社会文化变迁相关理论的支撑。

---

① 邓伟志:《社会学词典》,上海辞书出版社2009年版,第23页。
② 百度百科:《社会变迁》(http://baike.baidu.com/item/社会变迁/3319997)。
③ [美]克莱德·M. 伍兹:《文化变迁》,何瑞福译,河北人民出版社1989年版,第4页。
④ 涂传飞:《农村民俗体育文化的变迁——江西省南昌县涂村舞龙活动的启示》,博士学位论文,北京体育大学,2009年,第10页。

第四节 相关研究的学术回顾

根据研究的需要,本书选取了与课题紧密相关的三个主题,即民俗体育文化的相关研究、土家族传统文化的相关研究,以及土家族民俗体育文化的相关研究作为综述内容,通过对相关文献资料的收集、归类、总结与分析,探讨相关研究的进展与动态,理性看待研究的不足,继而提出进一步的研究方向与研究展望。

一 民俗体育文化的相关研究

学界有关民俗体育文化事象的关注由来已久,截至目前也依旧是研究的热点领域。通过中国知网文献检索系统,以"篇名"为检索项,以"民俗体育"为检索词进行检索,经过筛选统计显示,有关民俗体育研究的期刊论文共计1427篇,有关民俗体育的学位论文共计168篇,其中硕士学位论文160篇,博士学位论文8篇(见表1—1)。根据研究结果分析认为,民俗体育研究的涉及面越来越广,相关理论的探讨也愈发的深入。此部分主要梳理了民俗体育的概念、起源、特征、分类、价值功能、文化变迁、传承发展、学科体系等相关议题进行述评。

表1—1　　　　民俗体育文化部分博士学位论文选题汇总

序号	学位论文名称	作者	所属高校	年份
1	龙舟竞渡流变历程中的现代发展	胡娟	北京体育大学	2007
2	农村民俗体育文化的变迁——江西省南昌县涂村舞龙活动的启示	涂传飞	北京体育大学	2009
3	湖北红安张家湾舞龙研究	张晓舒	华中师范大学	2011
4	"标志性文化"生成的民族志——以滨阳的舞炮龙为个案	覃琮	上海大学	2011
5	城市化进程中民俗文化变迁研究——以武汉市舞高龙习俗为例	王燕妮	华中师范大学	2013

续表

序号	学位论文名称	作者	所属高校	年份
6	尉村"跑鼓车"的田野考察及对民俗体育文化保护的启示	王若光	南京师范大学	2015
7	汉水流域湖北段民俗体育文化的变迁——以"三龙文化"为例	艾安丽	福建师范大学	2015
8	中国朝鲜族民俗体育文化发展研究	李成龙	延边大学	2018

（一）关于民俗体育概念的界定

"民俗"一词由来已久，早在《礼记·缁衣》中就有"故居民者，章好以示民俗"，《汉书·董仲舒传》中亦有"变民风，化民俗"的记载。作为科学术语的"民俗"诞生于1846年，当时英国博物学家汤姆斯在《文学俱乐部》中提议将folk（民众、民间）与lore（知识、学问）合成新词folklore，意为民众的知识，以"民俗"一词代替"民间古俗"，由此被学界广泛沿用至今。我国民俗学家钟敬文先生认为：所谓民俗就是指民间风俗，主要是指一个国家或民族中广大民众所创造、享用和传承的生活文化。① 乌丙安先生也曾对民俗进行过界定，他认为民俗是时代传习下来的，且继续在现实生活中有影响、多类型、相对稳定，通过行动、口头、心理特征表现出来，反复出现的深层次文化事象。② 此外，还有不少学者从内涵与外延的角度来对民俗的概念进行界定。在各种有关民俗概念的界定中，笔者更倾向于学者高丙中对民俗的定义，即民俗是指广大民众在征服自然的实践过程中创造出来、予以传承和享受的生活文化，不仅仅要受到历史的洗涤，还要受到一定的地理条件的制约和影响。民俗属于文化的一部分，但却不能等同于整个文化。③

"民俗体育"作为"民俗"的下位概念，自然脱离不了"民俗"这一大的语境，在"民俗体育"这一概念组成中，民俗乃是体育的母体，体育则是民俗的核心。我国台湾学者李秉彝最早对"民俗体育"的概念

---

① 钟敬文：《民俗学概论》，上海文艺出版社1998年版，第2页。
② 乌丙安：《中国民俗学》，辽宁大学出版社1999年版，第1页。
③ 高丙中：《民俗文化与民俗生活》，中国社会科学出版社1994年版，第52页。

进行了界定，他认为民俗体育是一种充满乡土气息的民族风格的活动，体现出了当地环境、气候、风俗习惯等。① 2000 年，高等教育出版社出版的《体育科学辞典》将民俗体育界定为"在民间民俗文化以及民间生活方式中流传的体育形式，是顺应和满足人们多种需要而产生和发展起来的文化形态"②。此后，学者们从不同的视角对民俗体育的概念进行了探讨与争鸣。

余万予等（2000）从时空归属的角度认为民俗体育是依存于民俗活动这个母体，与民俗节日相偎相依，在限定的时空场域内传承健身、娱乐、竞技表演有关的活动形式。③ 学者涂传飞等（2007）在对"民俗"内涵深度认识的基础上，将民俗体育界定为："由一定民众所创造，为一定民众所传承和享用，并融入和依附于民众日常生活的风俗习惯（如节日、礼仪等等）之中的一种集体性、模式化、传统性、生活化的体育活动，它既是一种体育文化，也是一种生活文化。"④ 同时指出，民俗体育和民族体育同属于传统体育的范畴，二者之间互有交叉，但并不等同，而是并列的关系，具有一定的学术洞见。陈红新等（2008）认为民俗体育作为传统体育的一个分支，"是指一个国家或民族的广大民众在其日常生活和文化空间中所创造并为广大民众所传承的一种集体的、模式化的传统体育活动"⑤。王俊奇（2008）从民风民俗的角度认为，民俗体育是指那些与民间风俗习惯关系密切，主要存在于民间节庆活动、宗教活动、祭祀活动中，是一种世代传承和延续的体育文化形态，具有集体性、传承性和模式性的特点。⑥ 罗孝军（2016）认为，民俗体育是与人们传统生

---

① 李秉彝：《民俗体育活动的推行与展望》，《体育师友》1982 年第 6 期。
② 中国体育科学学会、香港体育学院：《体育科学词典》，高等教育出版社 2000 年版，第 423 页。
③ 余万予、付秋根：《对中华民俗体育的初步研究》，第六届全国体育科学大会论文集，武汉，2000 年 12 月，第 2 页。
④ 涂传飞、陈志丹、严伟：《民间体育、传统体育、民俗体育、民族体育的概念及其关系辨析》，《武汉体育学院学报》2007 年第 8 期，第 24 页。
⑤ 陈红新、刘小平：《也谈民间体育、民族体育、传统体育、民俗体育概念及其关系——兼与涂传飞等同志商榷》，《体育学刊》2008 年第 4 期，第 10 页。
⑥ 王俊奇：《也论民间体育、民俗体育、民族体育、传统体育概念及其关系——兼与涂传飞、陈红新等商榷》，《体育学刊》2008 年第 9 期，第 101 页。

活中民风民俗活动息息相关的一类体育活动，指"在一定区域内的某一族群人们在生产生活的传统习俗或者祭祀等活动中沿袭下来的集传统性、习惯性、集体性、仪式化、模式化等于一体的体育文化活动"①。同时认为民间体育是上位概念，民俗体育、民族体育与传统体育属于下位概念，它们之间呈现出一种相互包含、相互促进、相辅相成的关系。

时至今日，有关"民俗体育"的概念，学术界仍然没有形成一个统一的定论。由于没有建立规范统一的标准，造成学者们对民俗体育概念的界定存在着一定的分歧。由于民俗体育依存于民俗活动这个母体，因此笔者更倾向于认为，民俗体育是指依托于民俗文化母体，由一定民众在特定时间与空间所创造，并由一定民众所实践和传承的一种模式化、仪式化、生活化的体育文化事象。毋庸置疑，有关民俗体育概念的探讨以及民俗体育、民族体育、民间体育、传统体育之间关系的学术争鸣将是一个与时俱进的过程，随着人们认识水平的不断深入，对民俗体育概念的界定也将会越来越科学。

（二）关于民俗体育起源的研究

由于民俗活动是与人类生活相生相伴的，因此关于民俗体育文化的萌芽与起源，有学者追溯到了人类活动的原初形态，但这种观点在某种程度上来说只是一种主观推测，并未得到证实。在《史记》《后汉书》等著作中亦有关于"角抵""舞蹈""百戏"等的相关记载，而且汉代的春节、端午等传统节日也已经成为普遍的风俗习惯，因此，有学者据此认为自汉代始便已经产生了相对成熟的民俗体育文化事象。到唐宋时期，民俗体育文化更是表现出一派繁盛的景象，唐代长安元宵节有巨型"虎豹龙凤灯"、斗鸡、拔河、角抵（相扑）等，宋代京城开封有蹴鞠、击丸、上竿（缘竿）、踏索等民俗体育表演。北宋开封上元之夜，更是出现了"歌舞百戏，鳞鳞相切，乐声嘈杂十余里，击丸蹴鞠，踏索上竿"② 的盛况。任海在《中国古代体育》中认为登高、踏青、放风筝、龙舟比赛、

---

① 罗孝军：《民间体育、民族体育、民俗体育与传统体育等概念及其相互关系辨析》，《沈阳体育学院学报》2016年第2期，第136页。

② 邓之诚：《东京梦华录注》，中华书局1982年版，第164页。

踢毽子、秧歌、高跷、舞龙舞狮等体育项目在我国古代就已经深深扎了根。① 说明我国古代就已经拥有种类繁多的民俗体育项目,并且拥有着广阔的生存空间。

从现有研究来看,学者们普遍采用个案的形式对民俗体育的起源进行探究,即从某个(类)民俗体育项目、某个单一少数民族民俗体育,以及某个地域民俗体育的视角来管窥民俗体育的文化起源。他们大多从文化发生学的视角来探讨民俗体育文化的起源,据此提出民俗体育文化的起源呈现出多元化的特征,即民俗体育文化起源于宗教祭祀、神话传说、地理环境、生产劳动、原始舞蹈、部族战争等,不一而足。例如杨津津等(2002)在解析纳西族民俗体育东巴跳文化特征的基础上,认为纳西族东巴跳的起源与纳西族人民的风俗习惯、宗教信仰、军事斗争、生产劳动、爱情与婚姻生活等不无关系。② 刘卫华等(2012)在探讨湘西少数民族地区民俗体育的起源时也秉承了这一观点,认为受地理环境及其民俗文化的影响,湘西少数民族地区的民俗体育项目主要起源于劳动实践、军事战争、生活习惯、娱乐活动、宗教祭祀等实践活动。③

已有研究表明,宗教祭祀活动是民俗体育文化起源的一个重要因素,在民众的日常生活中主要起着慰藉神灵、祈福禳灾,祈求风调雨顺、人寿丰年的作用,例如刘少英等(2013)通过研究提出,基诺族大鼓舞作为一种以身体活动和音乐来祈求自然赋予人类力量的民族礼仪文化,与世居西南民族地区的土著居民祭祀求雨和丰收仪式中的"巫舞"密不可分,由此认为基诺族大鼓舞起源于原始宗教祭祀活动。④ 暴丽霞等(2010)认为,河东鼓源于古人对宇宙、生命的祈求与感恩,鼓声既是天地之神传递的讯息,也是人神沟通的重要媒介,同时还是人类用以祭祀、

---

① 任海:《中国古代体育》,中国国际广播出版社2011年版,第3页。
② 杨津津、张雁飞、方征:《纳西族的东巴跳》,《北京体育大学学报》2002年第2期,第181页。
③ 刘卫华、张继生:《试论湘西少数民族地区民俗体育的起源及其发展对策》,《四川体育科学》2011年第3期,第32—33页。
④ 刘少英、李祥、张璐:《基诺族大鼓舞的起源与变迁》,《体育文化导刊》2013年第2期,第123—125页。

战争、娱乐、欢庆的主要工具。① 其他如蚁哲芸《论英歌舞起源、表演形式、价值及其特性》(2008)②、曾世华《民族传统体育舞龙运动的文化渊源、现状和发展趋势》(2002)③ 等文章阐释了同样的观点。

（三）关于民俗体育特征的研究

有关民俗体育所蕴含的文化特征，学者们主要从两个层面进行了研究，其一是对整个民俗体育一般特征的探讨，例如涂传飞等在《对民俗体育特征的研究》(2005) 中，从宏观的角度对民俗体育的文化特征进行了较为全面的概括，认为民俗体育的特征主要体现在内外两个层面，民俗体育的内部特征主要有竞技性、娱乐性、依附性、民族的差异性和全人类共通性，而民俗体育的外部特征则主要体现为历史性、地域性、传承性、变异性和观赏性等方面，④ 对于从总体上认识和把握民俗体育的共性特征具有较强的参考价值；徐礼云 (2008) 在将民俗体育与近、现代体育对比的基础上，依据民俗体育所处的特定地理环境、社会生产方式、历史条件、文化水平及宗教民俗等因素，认为民俗体育具有传统性、地域性、民俗性、娱乐性、文体交融性、祭祀与神话性等六个方面的特征；⑤ 官钟威等在《论民俗体育文化》(2006) 中认为，民俗体育文化主要具有文化团块性、天人合一性、区域民族性、心意情感性、表演趣味性、民间规约性、继承与变异性、广泛的普及性等特点；⑥ 张华江等在《地域性"原生态"民俗体育发展的现实进路》(2012) 中认为，地域性"原生态"民俗体育的特点主要体现为原始的崇拜性、自然的场域性、固

---

① 暴丽霞、冯强：《河东鼓的起源、传承及其体育文化价值》，《体育文化导刊》2010 年第 11 期，第 156—158 页。

② 蚁哲芸：《论英歌舞起源、表演形式、价值及其特性》，《体育科学研究》2008 年第 1 期，第 53—55 页。

③ 曾世华：《民族传统体育舞龙运动的文化渊源、现状和发展趋势》，《北京体育大学学报》2005 年第 10 期，第 1436 页。

④ 涂传飞、余万予、钞群英：《对民俗体育特征的研究》，《武汉体育学院学报》2005 年第 11 期，第 6 页。

⑤ 徐礼云：《徽州民俗体育的特征和功能研究》，《科技信息（学术研究）》2008 年第 27 期，第 580 页。

⑥ 官钟威、李红梅：《论民俗体育文化》，《体育成人教育学刊》2006 年第 1 期，第 10 页。

有的生活性、特有的象征性等,① 具有一定的学术洞见。

其二是基于某一地域或某一项民俗体育文化特征的探讨,例如王振亮等在《福建特色民俗体育文化特征研究》(2018)中认为,福建特色民俗体育文化具有内容的丰富性、组织的宗教性、艺术的交融性、形式的仪式性及传播的小区域性等特征;② 卢玉等在《许村大刀舞的文化特征及其价值——一项民俗体育的田野考察与文化学解读》(2012)中从活动器具的地域性、活动行为的宗族性、活动心理的复合性三个层面诠释了许村民俗体育大刀舞的文化特征。③ 此外,张华江等《汉水流域民俗体育的文化特征及社会功能》(2015)④;陈德钦等《桂南村落傩舞的民俗体育文化内涵与现代传承探析——以国家非遗项目"钦州跳岭头"(傩舞)为个案》(2017)⑤ 等文章都从地域或是项目的角度对相应民俗体育的文化特征做了有益的探讨。

(四)关于民俗体育分类的研究

分类是指按照种类、等级或性质等对事物所进行的分门别类,分类是科学研究不可或缺的重要手段。按照不同的标准可以将民俗体育划分为不同的类型。由于民俗体育脱胎于民俗这一大的语境,故而民俗体育文化理当属于民俗文化事象之一,由此而论,对民俗的分类当是民俗体育分类的逻辑起点。陶立璠在《民俗学概论》中依据民俗学所研究的对象和范围,从总体上将民俗划归为物质民俗、社会民俗、口承语言民俗和精神民俗四大类。⑥ 张紫晨在《中国民俗与民俗学》中将中国民俗划分为10类,一是巫术民俗;二是信仰民俗;三是服饰、饮食、居住之民

---

① 张华江、王林、杨翠丽:《地域性"原生态"民俗体育发展的现实进路》,《广州体育学院学报》2012年第4期,第19—20页。
② 王振亮、高晓丽:《福建特色民俗体育文化特征研究》,《赤峰学院学报》(自然科学版)2018年第9期,第133页。
③ 卢玉、陶丽:《许村大刀舞的文化特征及其价值——一项民俗体育的田野考察与文化学解读》,《成都体育学院学报》2012年第11期,第81—82页。
④ 张华江、王晓东:《汉水流域民俗体育的文化特征及社会功能》,《广州体育学院学报》2015年第2期,第20—22页。
⑤ 陈德钦、房鹏飞:《桂南村落傩舞的民俗体育文化内涵与现代传承探析——以国家非遗项目"钦州跳岭头"(傩舞)为个案》,《广西社会科学》2017年第10期,第62—66页。
⑥ 陶立璠:《民俗学概论》,中央民族学院出版社1987年版,第45页。

俗；四是建筑民俗；五是制度民俗；六是生产民俗；七是岁时节令民俗；八是人生仪礼民俗；九是商业贸易民俗；十是文艺游艺民俗。① 我国著名民俗学家乌丙安先生曾将民俗分为经济的民俗、社会的民俗、信仰民俗以及游艺的民俗几类。② 这也是有关民俗分类中相对较为经典的一种划分方式。不少学者借鉴乌丙安对民俗的分类方法来对民俗体育进行分类，例如王俊奇（2007）、张华江（2015）、艾安丽（2015）等学者据此将民俗体育划分为经济类民俗体育、社会类民俗体育、信仰类民俗体育、游艺类民俗体育以及竞技类民俗体育。③

当然，分类的依据不同，所分出的种类亦大相径庭。例如有学者按照时代特点与地理空间将海南民俗体育划分为传统民俗体育文化、现代民俗体育文化和海洋民俗体育文化三大类。④ 亦有学者按照地域或行政区划将民俗体育划分为闽台民俗体育、潮汕民俗体育、陇南民俗体育、齐鲁民俗体育、巴蜀民俗体育以及山西民俗体育、福建民俗体育、黑龙江民俗体育等。还有学者按照民族归属来划分民俗体育，诸如朝鲜族民俗体育、蒙古族民俗体育、基诺族民俗体育，以及苗族、壮族、白族、土家族等不同民族的民俗体育文化。此外还有依据地形地貌而划分为高山民俗体育、丘陵民俗体育以及平原民俗体育的划分方法，不一而足。

由此可见，有关民俗体育的分类可谓是各式各样、林林总总，没有一定之规，根据研究的需要，地域民族、地理地形、宗教信仰、依附特点等均可以作为民俗体育分类的依据。

（五）关于民俗体育功能的研究

民俗体育功能是依托于民俗的体育系统与社会其他作用对人、对社会所具有的作用。⑤ 近年来，有关民俗体育所具有的功能与价值一直是学

---

① 张紫晨：《中国民俗与民俗学》，浙江人民出版社1985年版，第119页。
② 乌丙安：《中国民俗学》，辽宁大学出版社1985年版，第68页。
③ 王俊奇：《关于民俗体育的概念与研究存在的问题——兼论建立民俗体育学科的必要性》，《西安体育学院学报》2007年第2期，第16—20页；张华江：《汉水流域民俗体育文化研究》，湖北人民出版社2015年版，第90页；艾安丽：《汉水流域湖北段民俗体育文化的变迁——以"三龙文化"为例》，博士学位论文，福建师范大学，2015年，第14页。
④ 罗远标、梁丽凤：《海南民俗体育研究》，《体育文化导刊》2011年第12期，第127页。
⑤ 周西宽：《体育基本理论》，人民体育出版社2006年版，第97页。

界关注的热点问题，但凡研究民俗体育的学者，大多会从不同视角对民俗体育的功能进行探究，或阐释民俗体育的一般功能、或对民俗体育功能进行分类、或探讨民俗体育功能的现代变迁等。

刘旻航（2012）从总体上对民俗体育的功能进行了分类，并在此基础上进一步阐释了民俗体育功能的特点，他认为民俗体育的功能主要分为两个大类，即应然性功能与显性功能、实然性功能与隐性功能，与此同时，民俗体育功能特点又分为4组关系8个特点，即历史性与现代性、稳定性与动态性、复杂性与简单性、全面性与局限性。① 王若光等（2011）从历史发展的视角对民俗体育功能的现代演进进行了研究，认为民俗体育的诸多功能随着现代化的变奏而不断地实现着自然演进的趋势，主要体现为规范社会、康健身心、发展经济、文化娱乐、维系情感、信仰仪式六个方面。而民俗体育功能的现代化演进表明民俗体育的社会文化价值在现代化社会历久弥新、更臻醇厚。② 卢玉等（2012）指出，随着社会的发展和人们生活方式的改变，文化底蕴深厚的许村大刀舞将对张扬人文教育、促进全民健身运动、保存历史文化和发展旅游产业等发挥重要作用，而大刀舞的具体文化价值则体现为文化传承价值、历史文化价值、文化开发价值、文化教育价值几个方面。③ 刘朝猛（2013）在对广西武鸣"三月三"歌圩的田野调查中指出，民俗体育作为歌圩中的重要内容之一，主要起着康健身心、宣泄情绪、调节生活、凝聚群众、维护和谐等的功能。④ 谢玉（2014）将民俗体育的价值划分为个体、社会和文化三个层面，认为个体价值主要体现为健身、宣泄情绪以及归属感的获得方面，社会价值主要体现为教化、凝聚、维护社会秩序方面，而文化

---

① 刘旻航：《民俗体育功能分类及特点研究》，《山东体育学院学报》2012年第5期，第37页。

② 王若光、刘旻航：《我国民俗体育功能的现代化演进》，《武汉体育学院学报》2011年第10期，第24—28页。

③ 卢玉、陶丽：《许村大刀舞的文化特征及其价值——一项民俗体育的田野考察与文化学解读》，《成都体育学院学报》2012年第11期，第82—83页。

④ 刘朝猛：《民俗体育的社会功能——广西武鸣"三月三"歌圩的田野调查》，《体育科技》2013年第2期，第8页。

价值则主要表现在文化承传与传递、文化符号象征、文化建构等方面。①

总之，当前学者们对民俗体育功能的研究逐渐趋向于科学化、系统化、地域化、个案化的方向，汇集学者们集体的观点，民俗体育的功能主要体现为竞技、健身、娱乐、经济、社交、教育、规范、文化、养生等方面，总体呈现出多元化的特点。很显然，这其中某些功能是民俗体育所固有的，而某些又是潜在和衍生的功能，有些功能在传统社会中表现得较为明显，有些功能则在现代文明中显得更加突出。通过分析还发现，现有研究亦存在着对民俗体育功能表述不规范的现象，例如没有注意各种功能的上下位概念以及包含与被包含的关系，同一功能用不同的方式表达，功能与价值混为一谈等现象，容易让人产生误读。

（六）关于民俗体育变迁的研究

文化变迁主要是指文化的内容和形式、功能（意义）与结构乃至于任何文化事象或文化特质，因内部发展或外部刺激所发生的一切改变。②民俗体育的变迁关系着民俗体育发展的走向与规律，因此，有关民俗体育变迁的研究乃是民俗体育研究中不可回避的重要课题之一。

近年来，学界围绕民俗体育的文化变迁产出了不少高水平的学术成果。涂传飞（2009）对民俗体育文化的变迁有着独到的学术见解，他通过对村落舞龙活动变迁个案的研究发现，社会自然环境变迁是导致民俗体育文化变迁的先决条件，文化主体需求的变迁是民俗体育文化变迁的根本动因，民俗体育文化变迁的方式是一个"解构—重构"的过程，在此基础上提出了民俗体育实现变迁的四种具体路径，即"改变形式，保留内容和功能"；"改变内容，保留形式和功能"；"保留形式，改变内容和功能"；"保留形式，移除内容和功能"。③艾安丽（2015）通过研究进一步提出，影响汉水流域民俗体育变迁的原因主要包括内外两个部分，

---

① 谢玉：《文化生态视野下民俗体育传承与发展研究——以长乐"故事会"为个案》，硕士学位论文，湖南师范大学，2014年，第31—32页。

② ［美］克莱德·M. 伍兹：《文化变迁》，何瑞福译，河北人民出版社1989年版，第4页。

③ 涂传飞：《农村民俗体育文化的变迁——江西省南昌县涂村舞龙活动的启示》，博士学位论文，北京体育大学，2009年，第95—115页。

内部因素主要有民俗体育自我发展的需求、文化结构的不协调、主体意识改变等，外部因素则突出地体现为地理环境、社会制度、政治制度、经济条件、人口迁徙、现代文化和现代体育传播等，在此基础上探讨了社会变迁背景下汉水流域民俗体育发展的路径选择。[①] 胡娟（2008）以龙舟竞渡为例探讨了民俗体育的流变，认为以龙舟竞渡为代表的民俗体育在现实生活世界中仍然具备存在发展的社会心理基础；但是，社会认同和现实参与之间并不存在必然的正相关；民俗体育的现代转型离不开相应的现代性生成机制。[②] 郎勇春等（2009）认为，江西民俗体育文化的现代流变显著地体现为参与人员的身份变异、宗族崇拜的削弱、活动指向的功利化、传播方式的立体化四个方面，其文化变迁的原因主要体现为文化语境的变化和社会语境的变化两个层面。其中文化语境的变化主要包括意义系统的匮乏、价值系统的偏离与交流系统的瓦解，社会语境的变化主要包括民俗体育参加者的个人背景复杂化及其"表演"场合的政治化。[③]

不难看出，民俗体育及其所处地域环境与人文背景不同，其文化变迁的原因、内容及表现形式亦不尽相同。对于每一民俗体育文化事象，只有从社会学和文化学的角度深度解析，才能透过现象认识本质，探索出文化变迁的规律。

（七）关于民俗体育现状与发展的研究

基于民俗体育文化发展现状与对策的探讨，是目前有关民俗体育研究中产出文献最多的一个议题，研究的基本范式为发现民俗体育在特定时空中所存在的问题，分析造成发展困境的原因，然后在此基础上探讨解决问题的对策与方略。尹国昌等（2007）指出，当前我国民俗体育文化发展主要存在着民众缺乏文化自觉、缺乏对传统体育文化的保护意识、

[①] 艾安丽：《汉水流域湖北段民俗体育文化的变迁——以"三龙文化"为例》，博士学位论文，福建师范大学，2015年，第117—135页。

[②] 胡娟：《我国民俗体育的流变——以龙舟竞渡为例》，《体育科学》2008年第4期，第84页。

[③] 郎勇春、周美芳、程其练等：《江西民俗体育文化的现代流变——以江西永新盾牌舞为例》，《体育学刊》2009年第12期，第96—100页。

国家保护的法律不健全、理论研究相对滞后等问题，表现在有些地方对其过度开发，片面追求经济价值，忽视人文价值及对其保护；① 张国栋等（2008）认为，我国民俗体育发展存在的主要问题最主要表现在民俗体育环境基础的破坏、民俗体育传承的式微、民俗体育的劣性变异三个方面。② 郭海侠等（2008）指出，环境的封闭、制度的缺失限制了民俗体育的普及与提高，研究者、从业者的匮乏制约了民俗体育事业的可持续发展。③ 其他如赵然《现代化进程中民俗体育的发展困境和出路研究》（2014）、王晋伟等《城镇化进程中民俗体育发展困境与出路》（2015）、杨风雷《民俗体育项目采茶舞的演变与发展困境》（2018）等文章，都从不同视角对民俗体育传承发展的困境做了有益的探讨。汇集学者们较为普遍的观点，那就是生境的破坏、传承的式微、功利化倾向、文化全球化、现代体育的挤压、宗教习俗与传统规约的羁绊、理论体系不够成熟以及制度与法律的不健全等因素阻碍了民俗体育的传承与发展。

当前，面对社会文化的急剧变迁，民俗体育赖以生存的文化土壤不断缺失，在全球化及社会转型的新的历史语境下，民俗体育的传承与发展便成为历史性的课题，同时也成为民俗体育研究中无法回避的主题。杨叶红等提出了强化民俗体育的文化内涵与特色、重视管理和研究工作，成立专门的研究机构、发挥文化主体的作用、融合旅游产业等措施。④ 张国栋等认为，我国民俗体育的传承发展需要最大可能地做到挖掘整理工作，提高民族自觉意识，鼓励民俗体育的良性变异，同时要积极探索产业化发展路径。⑤ 张潇迪指出，淮北市民间民俗体育的发展，需要加大资

---

① 尹国昌、涂传飞、钞群英：《当前我国民俗体育文化发展存在的问题及其对策》，《南昌大学学报》2007年第5期，第139页。
② 张国栋、刘坚、李运等：《我国民俗体育发展现状及对策研究》，《西安体育学院学报》2008年第1期，第6—7页。
③ 郭海侠、霍红：《贵州少数民族传统体育的流变及影响因素》，《体育科学研究》2008年第3期，第8—9页。
④ 杨叶红、莫明竹：《皖南民俗体育调查研究》，《搏击·武术科学》2008年第1期，第79—80页。
⑤ 张国栋、刘坚、李运等：《我国民俗体育发展现状及对策研究》，《西安体育学院学报》2008年第1期，第7页。

金的投入，多渠道地宣传，加强专业人才的培养，完善法律法规政策，走学校传承之路等。① 冯宏伟认为，新时代推动农村地区民俗体育发展的路径包括在新农村建设中增加民俗体育的内容，通过民俗体育实施农村全民健身计划，提高人们对农村民俗体育项目的认识，加强各环节管理，做到精准扶持，让民俗体育从业者脱贫致富，推动民俗体育项目百花争艳等。② 总之，学者们从不同的视角提出了诸多颇具建设性的意见与建议，对于民俗体育的传承与发展具有一定的现实意义。需要指出的是，民俗体育的传承与发展没有固定不变的模式，紧跟时代步伐因地制宜地选择适合的路径才是明智之举。

  总之，学者们围绕民俗体育的概念、起源、特征、分类、价值功能、文化变迁、传承发展等议题进行了深入的探究，既有宏观视野的考量，也有微观视角的个案关注，既有学理性的理论分析，也有实证性的田野考察，取得了丰硕的研究成果，奠定了民俗体育文化研究的学术基础。但有关民俗体育的研究也存在着一些不足之处。其一，理论研究与应用研究的失衡，已有研究绝大多数都是侧重于应用性的研究，而对于民俗体育文化的理论研究还相对比较薄弱。其二，在研究方法上，虽然涌现出了一批以实证性的田野调查为主要研究方法的高质量成果，但绝大多数研究都热衷于采用文献资料、问卷调查及其逻辑思辨的传统方法，仅仅满足于在现状调查的基础上提出发展对策。其三，现有成果还存在着研究内容含混不甚明朗的现象，例如某些学者在对民俗体育价值体系的研究时，并没有厘清各种价值的上下位关系，同一价值采用不同的方式进行阐释，以及将民俗体育的价值与功能混为一谈等现象，显得含混不清。其四，地域民俗体育文化研究的不平衡性，主要表现为针对少数民族地区的研究明显多于汉族聚居地区。

  民俗体育研究的学术窗口已经全面打开，在今后一段时期，有关民俗体育的研究，不仅要重视民俗体育的应用研究，更应重视民俗体育的

---

① 张潇迪：《淮北市民间民俗体育发展现状及对策研究》，硕士学位论文，淮北师范大学，2018年，第31—34页。

② 冯宏伟：《新时代农村地区民俗体育的发展：形式、局限与路径》，《北京体育大学学报》2018年第10期，第130—131页。

理论探讨，不但要重视对民俗体育现状的阐释，更应加强对民俗体育自身发展规律的探究，要从系统论与整体观的视角出发，将民俗体育置于社会文化大系统之中，采用多学科的研究方法来探究其诞育、发展及流变的规律。

二　土家族传统文化的相关研究

早在土家族被作为单一少数民族确立之前，潘光旦、王静如、汪明瑀三位历史学、语言学与民族学专家就率先开启了对土家族的研究，其代表作《湘西北的"土家"和古代巴人》《关于湘西土家语的初步意见》《湘西土家概况》的问世，为土家族作为单一少数民族的确立提供了翔实依据，同时也奠定了土家族研究的学术基石。20世纪80年代以来，越来越多的学者扎根于土家族研究领域，先后产出了一系列具有较高学术水准的研究成果。学者们或寻根土家族的族源与历史发展、或探究土家族的风土人情、或解析博大精深的土家传统文化，研究主题涉及土家族文化的方方面面，将土家族研究推向了一个崭新的阶段。

表1—2　　　　　　　土家族文化部分博士学位论文汇总

序号	题名	作者	学校	年份
1	湘鄂渝黔土家族地区历史经济地理研究	朱圣钟	陕西师范大学	2002
2	鄂西土家族丧葬仪式音乐的文化研究	齐柏平	中央音乐学院	2003
3	文化变迁与语言传承——土家语个案调查研究	谭志满	中央民族大学	2005
4	母语存留区土家族社会与文化——坡脚土家族社区调查研究	刘伦文	中央民族大学	2005
5	土家族传统制度文化研究	宋仕平	兰州大学	2006
6	南部方言区土家族族群性研究——以武水流域一个土家族社区为例	陈心林	中央民族大学	2006
7	秀山土家族家族研究	冯敏	中央民族大学	2006
8	湖北清江流域土家族生态学研究	艾训儒	北京林业大学	2006
9	否定之否定：长阳土家族"跳丧"仪式的研究	黎力	上海戏剧学院	2008

续表

序号	题名	作者	学校	年份
10	土家族传统体育校本课程开发研究	龚坚	西南大学	2009
11	新塘乡土家族仪典文化与教育法实施的关系分析	王许人	西南大学	2009
12	湘鄂西土家族家族司法研究	刘泽友	湘潭大学	2009
13	性别关系变迁研究：从传统到现代——以湖北恩施土家族双龙村为例	崔应令	武汉大学	2009
14	当代湘西土家族苗族文化互动与族际关系研究	李然	中央民族大学	2009
15	狂欢的灵歌——土家族歌师文化研究	陈宇京	华中师范大学	2010
16	土家族审美文化研究	杨亭	西南大学	2011
17	濒危的家园——百福司土家族社区的处境与命运	梅军	中央民族大学	2011
18	土家族非物质文化遗产保护与开发研究	谭志国	中南民族大学	2011
19	湘鄂川黔神兵研究（1920—1953）	李里	华中师范大学	2011
20	个人·家·社会——清江流域土家族"打喜"仪式研究	王丹	中央民族大学	2011
21	符号哲学视野中土家族敬祖习俗育人价值研究——以偏岩土家族村寨为例	向帮华	西南大学	2011
22	民国时期土家族地区土匪活动与社会控制——以酉水流域宣恩、来凤、龙山三县为中心	莫代山	中南民族大学	2012
23	土家族民歌旋律音调结构研究	向华	福建师范大学	2013
24	土家族民间造物思想研究	金晖	武汉理工大学	2014
25	湘西土家族建筑演变的适应性机制研究——以永顺为例	周婷	清华大学	2014
26	多元文化背景下土家族仪式的传播价值转换研究	覃芹	华中科技大学	2014
27	我国民族自治地区财政运行研究——以恩施土家族苗族自治州为例	张建忠	武汉大学	2014
28	主体性选择与身体表达——清江流域土家族跳丧变迁研究	杨日	中央民族大学	2015

续表

序号	题名	作者	学校	年份
29	民族地区当代中国马克思主义大众化研究——以湘西土家族苗族自治州为例	廖金香	湖南师范大学	2015
30	土家族武术文化研究	刘尧峰	上海体育学院	2015
31	现代国家建构过程中民族地区乡村秩序的变迁——以恩施土家族苗族自治州为研究样本	朱妍	武汉大学	2016
32	"失序"的村寨与"富饶"的贫困研究——以湘西土家族W寨的个案为例	杨卫书	吉首大学	2018

资料来源：参照刘尧峰《土家族武术文化及其传承研究》及笔者所查资料整理而成。

表1—3　　　　　　　　土家族文化部分著作汇总

序号	著作	作者	出版社	年份
1	容美土司史料汇编	五峰、鹤峰县史志办	内部版	1984
2	土家族打镏子	龙泽瑞	保靖县志办公室	1985
3	土家族简史	土家族简史编写组	湖南人民出版社	1986
4	民族资料——土家族专辑	贵州民族志编委会	内部版	1988
5	土家族风俗志	杨昌鑫	中央民院出版社	1989
6	土家族文学史	彭继宽、姚纪彭	湖南文艺出版社	1989
7	土家族花灯词	张如飞、肖田	四川民族出版社	1989
8	土家族土司史录	湖南少数民族古籍办	岳麓书社	1991
9	土家族土司简史	王承尧、罗午	中央民族学院出版社	1991
10	土家族文化	彭官章	吉林教育出版社	1991
11	容美土司史料续编	鹤峰县民宗委	内部版	1993
12	鄂西土司社会概略	胡挠、刘东海	四川民族出版社	1993
13	川东酉水土家	李绍明	成都出版社	1993
14	中国土家族历史人物	田荆贵	民族出版社	1993
15	土家族风情录	白新民	四川民族出版社	1993
16	土家族经济史	李干	陕西人民出版社	1996
17	鄂西土家族传统文化概观	田发刚	长江文艺出版社	1998
18	土家族口承文化哲学研究	萧洪恩	中央民族大学出版社	1999

续表

序号	著作	作者	出版社	年份
19	土家族文化精神	胡炳章	民族出版社	1999
20	土家族民间文学	曹毅	中央民族大学出版社	1999
21	土家族的传统伦理道德与现代转型	周兴茂	中央民族大学出版社	1999
22	土家族生死观绝唱——撒尔嗬	田万振	中央民族大学出版社	1999
23	鄂西土家族传统情歌	田发刚	中央民族大学出版社	1999
24	土家族区域的考古文化	邓辉	中央民族大学出版社	1999
25	中国土家族源流研究	邓和平	湖北人民出版社	1999
26	巴风土韵：土家文化源流解析	董珞	武汉大学出版社	1999
27	土家族土司兴亡史	田敏	民族出版社	2000
28	土家族文化史	段超	民族出版社	2000
29	道教与土家族文化	邓红蕾	民族出版社	2000
30	土家族民间信仰与文化	向柏松	民族出版社	2001
31	土家族文化通志新编	彭英明	民族出版社	2001
32	酉水流域摆手舞	周益顺	国际文化出版公司	2001
33	唐崖土司概观	刘永正、吴畏	国际文化出版公司	2001
34	卯峒土司志校注	张兴文、周益顺	民族出版社	2001
35	土家族白虎文化	黄伯权	中国文联出版社	2001
36	土家族区域经济发展史	邓辉	中央民族大学出版社	2002
37	土家族民间文化散论	曹毅	中央民族大学出版社	2002
38	土家族仪典文化哲学研究	萧洪恩	中央民族大学出版社	2002
39	土家族革命斗争史略	胡济民、胡源	中央民族大学出版社	2002
40	土家族音乐概论	田世高	中央民族大学出版社	2002
41	土家族区域可持续发展研究	周兴茂	中央民族大学出版社	2002
42	土家族与古代巴人	杨铭	重庆出版社	2002
43	土家族军事史研究	石亚洲	民族出版社	2003
44	土家族地区竹枝词三百首	沈阳	民族出版社	2003
45	民间口传文学的珍贵遗产——重庆土家族民歌	黄洁	中国文史出版社	2004
46	土家族探微	张伟权	贵州民族出版社	2004
47	土家族文学	湖北省长阳文联	湖北省长阳文联	2005

续表

序号	著作	作者	出版社	年份
48	土家族婚俗与婚礼歌	陈廷亮、彭南均	民族出版社	2005
49	土家族傩戏研究	田世高、金俊兰	中国文史出版社	2005
50	与猛虎有不解之缘的土家族	董珞	湖北教育出版社	2006
51	母语留存区土家族社会与文化	刘伦文	民族出版社	2006
52	重庆土家族民俗文化概论	丁世忠	重庆出版社	2006
53	土家族文化资源保护与利用	彭振坤、黄柏权	社会科学文献出版社	2007
54	土家族古代社会制度文化研究	宋仕平	民族出版社	2007
55	土家族文学原创丛书	萧国松	长江文艺出版社	2009
56	土家族药学	杨德胜	青海人民出版社	2009
57	土家族哲学通史	萧洪恩	人民出版社	2009
58	沿河土家族婚俗及哭嫁歌研究	冉竞华	广西师范大学出版社	2010
59	20世纪土家族哲学社会思想史	萧洪恩	中国书店出版社	2010
60	文化变迁与语言传承——土家族的语言人类学研究	谭志满	中国社会科学出版社	2010
61	土家族民间美术	罗彬、辛艺华	湖北美术出版社	2011
62	土家族非物质的教育保护与传承研究	谭志松	民族出版社	2011
63	历史时期土家族妇女生活与社会性别研究	黄秀蓉	西南师范大学出版社	2011
64	社会转型与土家族社会文化发展	苏晓云	民族出版社	2012
65	湘西土家族还土王愿	张子伟	湖南师范大学出版社	2012
66	土家族三千年音乐史考	吴广平	西南交通大学出版社	2013
67	土家族文化大观	贵州省民族事务委员会	贵州民族出版社	2014
68	湘西土家族织锦技艺	田明	湖南师范大学出版社	2015
69	中国土家族婚俗考	彭剑秋	岳麓书社	2015
70	湘西土家族毛古斯	张子伟	湖南师范大学出版社	2015
71	问道土家族哲学	萧洪恩、张文璋	世界图书出版公司	2015
72	人观身份与意义：清江流域土家族"打喜"仪式研究	王丹	中国社会科学出版社	2016

续表

序号	著作	作者	出版社	年份
73	土家族民间故事	林继富	四川民族出版社	2016
74	土家族审美文化学初论	王新勇、王飞霞	中国社会科学出版社	2016
75	清江流域土家族歌唱活动研究	张远满	中国社会科学出版社	2017
76	土家族传统生态知识及其现代传承研究	姜爱	中国社会科学出版社	2017
77	土家族打溜子传承研究	楚德新、楚俊	中国广播影视出版社	2018
78	土家族武术文化及其传承研究	刘尧峰	中国社会科学出版社	2018
79	文化融合背景下的土家族民间舞蹈艺术变迁研究	朱宇翔	武汉大学出版社	2019
80	清江流域土家族人生礼仪歌唱传统研究	王丹	北京大学出版社	2019
81	生命之舞：土家族撒叶儿嗬	黎新世	武汉大学出版社	2019
82	土家族傩文化数字化传承研究	聂森	中国社会科学出版社	2019

资料来源：参照刘尧峰《土家族武术文化及其传承研究》及笔者所查资料整理而成。

（一）关于土家族族源的探究

关于土家族的族源问题，我国已故民族学家潘光旦先生早在新中国成立初期就进行了翔实地考证，他在《湘西北的"土家"和古代巴人》中依据对古代巴人与土家族在经济、社会与文化生活等方面的共同特征，推衍出了巴人与土家的绵延关系，从而提出了土家族是古代巴人后裔的观点。此后，不少学者都对此观点持肯定的态度，例如胡挠先生就以虎为主线，从出土文物、宗教信仰、文化艺术以及残存巴语等方面，对巴人与土家族的关系进行了论述，充分说明巴人是土家族族体的主体成分。[①] 史文在《古羌人的起源及其迁徙》（1987）一文中指出，定居于湘鄂川黔的巴人经过漫长的历史发展过程，逐渐成为土家族的主要先民，他们与土家族有着密不可分的联系。[②] 李绍明先生在《巴人与土家族关系

---

① 陈正慧：《土家族族体形成问题研究综述》，《贵州民族研究》2003年第1期，第170页。
② 史文：《古羌人的起源及其迁徙》，《民族论坛》1987年第2期，第28页。

问题》（1990）中，运用丰富的史实，从古代巴人的来源、巴国的疆域、巴人的经济和信仰等方面，进一步论证了今日土家族的先民主要是古代巴人的观点。① 杨铭所著《土家族与古代巴人》（2002）一书是21世纪有关土家族族源最具代表性的著作之一，该书主要从历史地理、宗教习俗、文化艺术等方面对土家族与巴人的联系进行了探究②，具有较强的说服力。

此外，有关土家族的族源，还有学者提出了濮人说、土著说、羌人说、乌蛮说等不同的观点，但随着研究的不断深入，土家族的祖先为先秦巴人这一观点越来越为人们所认可，与此同时，"虎"—"巴"—"蛮"—"土"这一土家族进化发展历程也越来越得到学界的共识。

（二）有关土家族民俗文化的研究

民俗文化是指依附于民众的生产、生活、习惯、情感及信仰等而产生的各种文化事象。土家族民俗文化历来为广大学者所青睐，在整个土家族文化研究中占有较大比重。从所查资料来看，现有研究大多集中于对土家族的节日民俗与人生礼俗等方面的探讨。在节日民俗方面，黄柏权等在《土家年的文化空间建构及其变迁研究》（2018）中，探讨了土家年的起源，诠释了土家年的时间及地域分布、土家年的组织形式、土家年的活动内容及主要程序等文化空间建构，并从过年时间、准备、祭祀礼仪、拜年、娱乐活动等方面全面分析了土家年的现代变迁。③ 彭玲在其硕士学位论文中寻绎了恩施土家族"女儿会"民俗的起源，探讨了现代化进程中土家族"女儿会"民俗的变迁及其具体表现，在此基础上提出土家族"女儿会"的变迁是民俗文化现代化调适结果的观点。④

在诞生礼俗方面，王丹以清江流域土家族地区"打喜"仪式为研究对象，详细论述了清江流域土家族"打喜"仪式的由来、"打喜"仪式的

---

① 李绍明：《巴人与土家族关系问题》，《云南社会科学》1990年第3期，第50页。
② 王希辉：《近十年国内土家族研究综述》，《西南民族大学学报》（人文社会科学版）2009年第8期，第8页。
③ 黄柏权、崔芝璇：《土家年的文化空间建构及其变迁研究》，《三峡论坛》（三峡文学理论版）2018年第1期，第25—30页。
④ 彭玲：《土家族民俗文化在当代的变迁与调适——以恩施土家族"女儿会"为例》，硕士学位论文，湖北民族大学，2017年。

展演过程、"打喜"仪式与秩序建构、"打喜"仪式的艺术法则、"打喜"仪式的生命观念等内容。认为"打喜"仪式是新生儿及其家人身份确立的仪式,是社会关系建立和交流的仪式,也是社会秩序重新建构和规整的仪式。① 在婚俗方面,刘容认为土家婚礼具有典型的程式性和群体性特征,并将土家族独具民族特色的婚俗概括为八大怪:摸把锅灰表示爱、许亲反把媒婆怪、过礼"背山"花袱盖、临嫁不哭闲话来、发髻不可随意改、新娘出门把筷甩、上轿须得哥背来、步入洞房看谁快。② 张萌则将土家族的婚俗归纳为包括43个不同礼仪的一整套民俗制度,认为土家族特殊婚俗的形成是土家族居住环境、民族历史及其与汉族文化互动的综合作用的结果。③ 丧葬习俗是人生礼仪的最后一项,同时也是土家族极为重要的民俗文化事象之一。罗鹏通过对长阳土家族丧葬习俗的田野考察,详尽描述了土家族丧葬仪式的整个程序,包括"打井""祭拜""跳丧之夜""游丧""闭殓出柩""上山掩埋""回灵及祭祀"等④,为研究土家族的丧葬习俗提供了厚实的资料。此外,还有不少学者围绕土家族丧葬习俗的文化成因、丧歌丧舞、仪式变迁及其生死观等人生态度进行了深入的探究。

(三) 有关土家族宗教信仰的研究

土家族是一个没有固定宗教信仰的民族,他们所信仰的神灵较多。在宗教信仰的表现方面,彭继宽认为土家族宗教信仰的核心,是在万物有灵观念影响下,突出表现为图腾崇拜、自然崇拜、祖先崇拜和鬼神崇拜。⑤ 桂俊荣从文化表征的视角提出,土家族宗教信仰是其民族文化思想的核心,具有丰富的文化内涵,呈现出多元化的特点,土家族的神话传说、风俗仪式、歌舞、建筑、服饰等均蕴含着浓厚的宗教信仰色彩。⑥ 在

---

① 王丹:《个人·家·社会——清江流域土家族"打喜"仪式研究》,博士学位论文,中央民族大学,2011年。
② 刘容:《小议土家族婚俗的民族特色》,《重庆教育学院学报》2008年第4期,第31页。
③ 张萌:《土家族婚嫁风俗研究》,硕士学位论文,南京理工大学,2012年。
④ 罗鹏:《一份关于土家族丧葬习俗的田野调查》,《湖北民族学院学报》(社会科学版)2001年第2期,第22—27页。
⑤ 彭继宽:《土家族原始宗教述略》,《民族论坛》1996年第3期,第50页。
⑥ 桂俊荣:《土家族宗教信仰的文化表征》,《经济研究导论》2012年第8期,第226页。

宗教信仰的变迁方面,宋仕平阐释了土家族信仰观念与信仰习俗发生嬗变与衍生的诸多形式,并分析了导致土家族宗教信仰发生变迁的政治因素、制度因素、心理因素和地理环境因素。① 在宗教信仰的伦理意蕴方面,易小明指出土家族原始宗教信仰的伦理意蕴主要体现在两个方面:其一是宗教与道德的原始一体化存在,使宗教信仰直接表现为某种道德约束。其二是经由长期的宗教道德信仰而形成的敬畏心理为道德的播植预留了肥沃的土壤。② 谭志满从宗教人类学的视角提出,土家族特有的丧葬习俗、图腾崇拜及其祖先崇拜是土家族撒叶儿嗬仪式得以长期传承下来的基础。③ 邓红蕾从文化流变的视角阐释了土家族本土宗教与道教间的文化碰撞与融合现象,认为道教与土家族文化的关系表现为"土家道教化"与"道教土家化"的倾向④,为土家族文化交融的研究开拓了新的视野。

(四)关于土家族文学艺术的研究

曹毅是较早涉足土家族文学研究领域的学者之一,他从总体上将土家族民间文学的发展历程分为萌芽期、成熟期、繁荣期三个阶段,并从创世神话、民间传说、民间故事、民间歌谣、民间谚语几个层面对土家族的民间文学进行了研究。⑤ 宁峰等从民间文学生态审美的视角指出,土家族人将生态认知融入民间文学作品中,一方面关注现实生活,展现了人与自然、人与社会、人与自我共生共荣的三重和谐之美;另一方面关注人们的心灵世界,探求土家族人与自然生态、社会生态、精神生态的平衡,表达了对人的生存状态和生活方式的终极关怀。⑥ 其他诸如孙国正

---

① 宋仕平:《嬗变与衍生:土家族的宗教信仰》,《江汉论坛》2005年第1期,第84—86页。
② 易小明:《土家族原始宗教信仰的伦理意蕴》,《宗教学研究》2018年第1期,第123—129页。
③ 谭志满:《从祭祀到生活——对土家族撒尔嗬仪式变迁的宗教人类学考察》,《西南民族大学学报》(人文社会科学版)2009年第10期,第76页。
④ 邓红蕾:《论"土家道教化"与"道教土家化"的文化流变及其意义》,《江汉论坛》2000年第3期,第71—76页。
⑤ 曹毅:《土家族民间文学》,中央民族大学出版社1999年版。
⑥ 宁峰、丁疏影:《论土家民间文学的生态审美》,《重庆科技学院学报》(社会科学版)2017年第4期,第64—66页。

《生命的虔敬与疏离——土家族文学"灵物母题"的叙事解读》(2001)、彭松《"和而不同"——新时期土家族文学研究》(2010)、何荣誉《田九龄的"时调":明代土家族文学融入主流文学的表征》(2017)等文章,形成了多样化的土家族文学研究环境与阵营。

土家族的艺术研究主要集中在音乐、舞蹈、戏曲等相关领域。在音乐研究方面,熊晓辉探讨了土家族土司音乐的内容、特征及其与土家族社会人文环境、土司审美情趣、生活态度的关系。[①] 黄彦熙子认为土家族民歌是土家族人民在悠久历史发展中的生活经历和土家人民生产生活的写照,显示了土家族人民悠久而灿烂的文化,其艺术特征表现为旋律优美多样,歌声高亢豪迈、婉转低回,歌词情感朴实、诙谐有趣、富含人生哲理。[②] 土家族舞蹈在整个土家族艺术研究领域中占据着举足轻重的地位,相关研究主要是着眼于对摆手舞、跳丧舞、八宝铜铃舞等土家族传统舞蹈个案的源流考证、文化内涵、艺术特征、功能变迁、当代传承等主题的探讨;关于土家族传统戏曲的研究则主要体现为从非物质文化遗产的视角探讨其文化空间、艺术特征、保护传承方略等。

三 土家族民俗体育文化的相关研究

随着民俗体育文化、土家族传统文化研究的不断深入,土家族蔚为壮观的民俗体育文化事象逐渐引起了学者们的关注,诸如土家族摆手舞、撒尔嗬、肉连响、地龙灯等一些文化意蕴浓厚的民俗体育个案更是成为研究者们青睐的对象,学者们围绕土家族民俗体育的文化起源、内涵特征、价值功能、文化变迁、保护传承等议题,产出了系列成果,取得了一定的成就。

在文化起源方面,张磊等认为,土家族民俗体育跳马源于远古时期军事战争中的祭祀礼仪,延续着母系制过渡到父系制时期的混合性祭仪,

---

① 熊晓辉:《土家族土司制度与土家族音乐文化》,《南京艺术学院学报》2013年第2期,第103—110页。
② 黄彦熙子:《浅谈土家族民歌的艺术特征》,《艺术评鉴》2016年第13期,第52页。

体现着土家人的原始胎记。① 熊晓辉通过考证认为，土家族民俗体育摆手舞源于土家先民祭天祈年，后又与楚文化交融，逐年演变而成为当今的摆手习俗；② 在文化特质上，张有平等从总体上将土家族民俗体育项目的特征概括为竞技性、娱乐性、健身性、传承性、祭祀性、表演性、群体性、简易性。③ 于涛等指出，土家族民俗体育八宝铜铃舞的文化内涵可以表述为生产方式角度的"狩猎文化"、文化性质角度的"宗教文化"、文化构成角度的"复合文化"。④ 在价值功能方面，李海清等指出，在现时态中，土家族民俗体育摆手舞在村寨人社会化中仍然具有较强的社会价值与功能，摆手舞作为村寨人社会化进程中重要的社会形式，是村寨人逐步适应社会的主要手段，是村寨人获得社会技能的主要载体，是村寨人个性形成的塑造者，是实现村寨文化认同、内化价值观念的有效途径。⑤ 在文化变迁方面，谭志满以宗教人类学的视角，在田野调查的基础上对土家族撒尔嗬仪式功能、组织形式的现代性变迁进行了探讨，认为撒尔嗬仪式完成了从神圣到世俗的转化过程，并且已经成为当今人们的一种生活方式。⑥ 万义等探讨了土家族烧龙习俗的仪式过程和文化生态的变迁，认为20世纪80年代后，土家族烧龙习俗在当地政府的引导下，逐渐由祛灾祈福向休闲娱乐的社会功能转型，体育价值逐渐呈现。⑦ 在文化传承上，秦明珠提出，土家族村落民俗体育地龙灯的传承应加紧制定遗产评估体系，在此基础上丰富教育传承形式、加强与旅游产业的融合、

---

① 张磊、郭振华、雷鸣等：《湘西古丈土家族跳马民俗体育文化解读——基于湖南省湘西州古丈太坪村的考察》，《运动》2017年第20期，第141页。

② 熊晓辉：《土家族摆手舞源流新考》，《怀化学院学报》2006年第3期，第7页。

③ 张有平、邹炜、李建平：《土家族传统体育项目的特征及发展探析》，《湖北体育科技》2004年第4期，第533页。

④ 于涛、王婷：《八宝铜铃舞的文化内涵与功能研究》，《大众文艺》2011年第7期，第183页。

⑤ 李海清、李品林：《鄂西土家族舍米湖村摆手舞田野调查——兼论民俗体育在村寨人社会化中的社会功能》，《武汉体育学院学报》2012年第11期，第63—65页。

⑥ 谭志满：《从祭祀到生活——对土家族撒尔嗬仪式变迁的宗教人类学考察》，《西南民族大学学报》（人文社会科学版）2009年第10期，第76—79页。

⑦ 万义、白晋湘、胡建文：《土家族烧龙习俗的文化生态变迁与体育价值——湘西马颈坳镇的田野调查报告》，《体育学刊》2009年第10期，第94页。

增强文化创新与民族认同感等。① 施曼莉认为,土家族民俗体育摆手舞的当代传承路径包括创造宣传途径与手段以提高社会参与度、以学校教育为平台促进传承发展、建立完善的村寨传承体系与机制、促进摆手舞与旅游经济共生融合等路径。② 除此之外,还有关于土家族民俗体育标准化、土家族民俗体育文化资源开发等相关议题的研究。

  总体而言,有关土家族民俗体育文化的研究取得了阶段性的成果,其研究视角逐渐丰富、研究议题逐渐多元、研究内容不断深入,为后续研究奠定了坚实的基础。但现有研究也存在着一些不足之处:其一,研究方法不够完善成熟,现有研究绝大多数均是采用文献资料、问卷调查等一般性的研究方法,虽有采用人类学常规的田野工作方法,但多是以座谈会或随机访谈等走马观花式的调查为主;其二,研究议题的同质化、重复现象较为严重,由此导致对相关问题的解释力不足;其三,应用对策研究较为空泛,所提出的一些路径建议过于宏观,针对性和可操作性不强,在现实中往往会被束之高阁而无法实施。因此,在后续研究中,应逐步完善研究方法,尝试引入比较法、人类学口述史等新的研究方法。进一步细化和拓展研究议题,深入探究土家族民俗体育的文化生境、文化生成机制、文化空间场域、文化流变及其规律启示等内容,在此基础上创造性地提出切合实际的土家族民俗体育当代传承路径。

---

① 秦明珠:《村落民俗体育地龙灯的传承与保护机制》,硕士学位论文,湖北大学,2012年,第17—22页。
② 施曼莉:《土家族摆手舞的功能与传承路径研究》,《贵州民族研究》2015年第2期,第73—74页。

第二章

生　境

——清江流域土家族民俗体育诞育的土壤

"生境"本初是一个生物学的概念，泛指物种或物种群体所赖以生存的生态环境，通常包含气候、水分、阳光、土壤、植被等相关的自然地理环境因子。后来，"生境"一词被人类学家引入文化人类学领域从而又衍生出了"文化生境"的概念，所谓"文化生境"，就是指一种文化所赖以生存与发展的环境，包括历史传统、文化生活、民风民俗及宗教信仰等历史人文环境因子。清江流域土家族民俗体育是在清江流域特定的自然人文环境中产生发展起来的，其本身不可避免地会受到特定地域自然人文生态环境的影响，从这个角度来讲，清江流域土家族民俗体育的产生、发展及流变与其所依存的自然人文生境密不可分。

第一节　自然地理环境

一　清江与清江流域

（一）清江

清江，古名"夷水"，又名"盐水""卙水"，长江南岸支流之一，位于鄂西南山区，为长江中游在湖北境内仅次于汉水的第二大支流。清江发源于湖北省西南边陲恩施州利川市东北部齐岳山南麓，自西向东穿行于大巴山脉和武陵山脉交汇处的群山万壑之中，流经湖北省恩施土家族苗族自治州和宜昌市的部分县市，最后于宜都陆城汇入长江。清江干流全长 423 千米，总落差 1430 米，其流经之地重峦叠嶂、坡陡滩险，大山大河交相映衬，自然风光秀丽无比，有"八百里清江美如画"的美誉。

图 2—1　清江山水①

清江因水质清澈、明亮见底而著称，其称谓始见于《尚书·禹贡》，在《汉书·地理志》和《水经注》中亦有相关记载。南北朝时期北魏著名地理学家郦道元在《水经注·夷水》中描述道："夷水，即佷山清江也，水色清照十丈，分沙石，蜀人见其澄清，因名清江也。"② 清江之先称为"夷水"，其得名乃是因为此处曾经是土家族先民巴人（白虎夷）聚居地的缘故，故而至今人们仍称清江为土家族的母亲河。而"盐水"的得名当是与其流经的地域大量产盐有关，历史上该地域盐矿资源丰盛，如长阳渔峡口的盐池、巴山峡的盐泉、椰坪的咸池河、贺家坪的白咸池等，至新中国成立之初还有人在渔峡口盐池和巴山峡盐泉煮卤熬盐。此

---

① 图片来源：（https://itbbs.pconline.com.cn/dc/53163955.html）。
② （北魏）郦道元：《水经注》，陈桥驿译注，中华书局 2019 年版，第 313 页。

外，在当地许多神话传说中亦有诸多关于此地产盐的记述，例如传说中土家族的祖先廪君为了部族的发展壮大，就曾带领族人沿夷水（清江）逆流而上，在盐阳这一盛产鱼盐的富庶之地，与盐水神女部族发生激烈的战争，最终成功射杀盐水神女，从而为巴人部族的发展壮大奠定了坚实的基础。据《后汉书·南蛮西南夷列传》记载：

> 乃乘土船，从夷水至盐阳，盐水有神女，谓廪君曰"此地广大，鱼盐所出，愿留共居"，廪君不许。盐神暮辄来取宿，旦即化为虫，与诸虫群飞，掩蔽日光，天地晦冥，积十余日，廪君伺其便，因射杀之，天乃开明。廪君于是君乎夷城，四姓皆臣之。①

清江水系发达，主河道较为平阔，支流众多，汇入之支流总体呈羽状分布，主要有忠建河、野三河、龙王河、马水河、丹水河、招来河及渔洋河等。清江中上游河段多纵横驰骋于峡谷深山之中，水流湍急，两岸峭壁悬崖，地势险峻，给当地居民的出行带来极大的障碍。清末民初，我国著名历史地理学家杨守敬曾在其潜心撰著之《水经注疏》中写道：

> 余尝由清江上溯，至长阳之资垞，舟行至此，其间滩险以数十百计，两岸山峡壁立处，较巫峡又狭数倍。由资垞以上，则崎岖更甚。其水有悬崖数十丈若瀑布者，必不可通舟。若古时又有江水并流，势力漫山溢谷，非唯险逾三峡，将沙渠、佷山之间，无居民矣。②

清江河段共分为三段，其中自源头至恩施城为上游段，为高山河型，从恩施城至长阳资垞镇为中游段，为山地河型，从资垞以下直至宜都市入长江口为下游段，为半山地河型。奔腾于崇山峻岭之中的俏丽清江，

---

① （宋）范晔：《后汉书·南蛮西南夷列传》，中华书局2007年版，第837页。
② 杨守敬、熊会贞：《水经注疏》，江苏古籍出版社1989年版，第126页。

由于地势崎岖、激流险滩众多，对驶船行舟带来诸多不便。历史上只有下游的 100 多公里河段可以通航，其中三分之二以上的中上游河段是根本无法通航行舟的（局部平缓河段可短距离行舟除外）。旧时清江江道曲流奔遄，沱滩密布，江面危机重重，长阳地方歌曲唱道："清江滩多水又恶，要过九湾十八沱。大水怕的膀子石，小水怕的猫子滩，七难八鱼共九洲，七十二滩上资坵。"① 清江河段位于亚热带季风气候区，雨量充沛。清江为山溪性河流，洪水陡涨陡落，在龙王塘、大龙潭、水布垭、隔河岩、高坝洲大坝等水利工程修筑之前，蜿蜒曲折宽窄不定的清江河道，每遇洪水暴发，便会给两岸居民带来无尽的灾难。为了彻底消除清江水灾隐患，减轻长江防洪负担，同时改善鄂西南山区的水运交通，获取丰富的电能资源储备，1994 年，在前期科学缜密勘察论证的基础上，湖北省人民政府通过了《清江流域规划补充纲要》，规划在清江中下游修建"水布垭—隔河岩—高坝洲"三级梯级工程。在此基础上，清江上游又相继修建了龙王塘水电站和大龙潭水利枢纽工程。这些水利工程的修建，一方面对清江河段的防洪抗灾起到了决定性的安定作用，使得原本桀骜不驯的清江从此变得服帖温顺，另一方面也对湖北省以及鄂西南少数民族地区的社会经济发展起到了重要的推动作用。

（二）清江流域

清江流域为清江所流经地域之总称，位于东经 108°35′—111°35′，北纬 29°33′—30°50′之间的副热带地区，整体呈现出南北较窄、东西狭长的条带状，处于长江中游我国地势第二阶梯向第三阶梯的过渡地带②，属云贵高原区的东北端中低山区，整个流域面积 17000 平方公里。清江流域行政区划主要包括恩施土家族苗族自治州的利川市、恩施市、建始县全境，宣恩县、咸丰县、巴东县、鹤峰县部分境域，宜昌地区的长阳土家族自

---

① 长阳土家族自治县文化局：《中国歌谣集成·湖北卷·长阳土家族自治县歌谣分册》，长阳土家族自治县印刷厂，1988 年，第 74—75 页。
② 中国的地形，从西到东，从高到低，大致可分为三级阶梯。长江上游与长江中游的交接地带，位于第二阶梯中段的东缘和第三阶梯中段的西缘。

治县、五峰土家族自治县及宜都市的部分境域。①

在地理位置上，清江流域与湖南省和重庆市接壤。东起江汉平原西缘的枝城，南面和湖南龙山交界，西面和北面分别与重庆的万州和黔江接壤。正是由于其特殊的地理位置，清江流域自古以来就是兵家必争之地。早在春秋战国时期，巴、楚、蜀、秦就在此展开过激烈争夺；三国鼎立时期，吴、蜀的战火硝烟也曾蔓延于此；蒙古入主中原，大军南下之时也预先囤积了不少元军于清江流域，以形成从大西南包抄江南之势；明末农民起义时，闯王李自成的余部也曾驻留于此；及至近代史上，在第二次国内革命时期，贺龙曾在此发动群众并建立红色根据地，英勇顽强地粉碎了国民党反动派的"围剿"。抗日战争时期，清江流域更是成为抵御日寇的最后防线。

就经济社会发展来看，清江流域地处武陵山脉腹地的少数民族地区，是国家西部大开发的最前沿和中国经济发达地区与经济欠发达地区的接合部，属于典型的"老""少""边""穷"地区。近代以来，流域内主要以传统农业生产为主，工业不甚发达，其经济社会发展相对较为落后，属于国家连片扶贫攻坚区。在民族成分上，清江流域内世代繁衍生息着土家族、苗族、侗族、回族、白族、壮族、蒙古族、彝族等近30个少数民族，少数民族人口占区域总人口的35%左右。

二　清江流域自然地理环境

清江流域四周矗立着各大山脉，以清江干流为界，流域的北部属于三峡巫山山脉，是大巴山南麓的分支，此处是清江与长江三峡地区的分水岭，分水岭海拔高度为1000—1900米。西部以齐岳山与乌江分界，分水岭海拔高度在1500—2000米，南部以武陵山脉的支脉与澧水相隔，武陵山脉属云贵高原云雾山的东延部分，山系总体呈北东方向沿恩施、鹤峰、建始、巴东县延伸，止于清江南岸，分水岭海拔高度在1000—1500米。流域东部河口靠近长江一带地势较低缓而平坦，在湖北枝城、宜都

---

① 艾训儒：《湖北清江流域土家族生态学研究》，博士学位论文，北京林业大学，2006年，第1页。

一带，海拔高度平均在 200 米以下。①

清江流域境内地势起伏跌宕、顿挫波折，特别是沿江的河谷地带更是地势陡峭、崖高谷深，其最大相对高差可达 1000 米以上，从而构成了险峻无比、蔚为壮观的峡谷地貌。由其地形地貌所决定，流域内平坦开阔之地稀少，除了利川、恩施、建始境内有三个小盆地以及河口附近的局部冲积平原以外，其他皆为重峦叠嶂的山地，整个山地面积占了全流域的 80% 以上，素有"八山半水一分田"之称。根据相关地质学专家的研究认为，清江流域高山峡谷、奇峰突兀之独特地形地貌的形成与该地域内地壳运动、气候条件、地质岩性及长期的溶蚀、侵蚀等作用有关，从而使其表现出较为鲜明的喀斯特②地貌景观。清江流域险峻的峡谷地貌，在古人的笔下早有记载，例如清康熙年间，戏曲作家文人顾彩受容美土司王田舜年之邀，游历鄂西南容美土司地区（今恩施州鹤峰县境内），在其所著《容美纪游》中开篇即描述道：

> 容美宣慰司，在荆州西南万山中，距枝江县六百余里，草昧险阻之区也，或曰桃源地也……然此地在汉、晋、唐皆为武陵蛮，武陵地广袤数千里，山环水复，中多迷津，桃花处处有之，或即渔郎误入之所……夫以地广人稀，山险迷闷，入其中者，不辨东西南北……合诸司地，总计之不知几千百里。屏藩全楚，控制苗蛮，西连巴蜀，南通黔粤，皆在群山万壑之中。然道路险测，不可以舟车，虽贵人至此，亦舍马而徒行，或令土人背负，其险处一夫当关，万人莫开。③

此外，清江流域群山广布、跬步皆山的地貌特征，在一些史志中亦

---

① 艾训儒：《湖北清江流域土家族生态学研究》，博士学位论文，北京林业大学，2006年，第 1 页。

② 喀斯特（KARST）即岩溶，是水对可溶性岩石（碳酸盐岩、石膏、岩盐等）进行化学溶蚀、冲蚀、潜蚀及其崩塌等机械作用的自然现象。由喀斯特作用所造成的地貌，称喀斯特地貌（岩溶地貌）。

③ （清）顾彩：《容美纪游》，吴佰森校注，湖北人民出版社 1998 年版，第 1—2 页。

多有记载，如道光年间《施南府志》卷12载："施州，山深地僻，层峦茂林，俗尚节俭，盗贼不作。"① 《鹤峰县志》卷3载："鹤峰环邑皆山也……顾重峦叠嶂中，有冲要，有险隘，概不容略。"②

在气候上，清江流域属于中亚热带季风性山地湿润气候，雨量充沛，常年湿润，年平均降水量为1415毫米，属长江流域多雨区之一。具体而论，流域内降水量年内分布不甚均衡，春夏降水强度大，秋冬降水量相对较少，夏季多大到暴雨，春秋多阴雨，冬季雨量最少。一年之内，4—10月的降水量占全年的83%以上，其中6月或7月降水量最多，达到180—280毫米。流域内降水量的分布整体上呈现出上下游大、中游小，降水随季节分配协调，雨热同期的特点。

清江流域年平均气温在15—16℃，夏季平均气温最高为23—28℃，冬季平均气温在2—5℃，流域内绝大部分地区的无霜期都在230天以上，总体上呈现出冬少严寒、夏无酷暑的特点。受其地势的影响，境内气温随地势海拔的增高而降低，降水则随海拔的升高而加大，故而存在着"山高一丈，大不一样"的说法。由于流域内山体遮蔽、湿气较重，"自山腰以上常年笼罩在浓浓的雾霭之中，令人有云蒸霞蔚之感，田畴村舍忽隐忽现，缥缈悠然"③。同时又由于云雾天气较多，从而造成日照时数较短，日照百分比较小，其光照时间和光照强度明显低于同纬度的江汉平原其他地区。

总体而言，根据地势的高低、热量的多少以及降水的分布特点，可将清江流域划分为温暖湿润的平谷气候带、温暖湿润的低山气候带、温和湿润的中山气候带以及温凉潮湿的高山气候带四种气候类型。④ 流域内冬暖夏凉、四季分明的宜人气候，为各种动植物的生长繁育提供了得天独厚的自然环境。

---

① （清）道光《施南府志》卷12。
② 《鹤峰县志》编纂委员会：《鹤峰县志》卷3，湖北人民出版社1990年版。
③ 王丹：《个人·家·社会——清江流域土家族"打喜"仪式研究》，博士学位论文，中央民族大学，2011年，第20页。
④ 艾训儒：《湖北清江流域土家族生态学研究》，博士学位论文，北京林业大学，2006年，第4—5页。

在生物多样性方面，清江流域地处武陵山的东北部，被称为"动植物黄金分割线"的北纬30°线横穿其腹地，同时又得益于秦岭和大巴山的阻隔，使得这一区域避免了第四纪冰川的直接洗劫，从而成为各种动植物的"避难所"、华中地区珍贵的"动植物基因库"。由于清江流域得天独厚的自然地理环境，使其成为我国生物多样性保存完整的地区之一，这里植被茂盛、野生动植物种类繁多。据不完全统计，此处共生长着管束植物213科1020属，种子植物178科939属，其中包括银杏、水杉、红豆杉、珙桐等国家重点保护野生植物群落。动物资源共有146科，500多种，其中包括豹、云豹、黑熊、穿山甲、大鲵、金雕、红腹角雉等国家珍稀濒危保护动物。

第二节　历史人文环境

一　清江流域土家族历史脉络

根据学术界的普遍观点，土家族的主体是由先秦巴人经过长期的发展演变而来的，即巴人是土家的主源，土家是巴人的干流。具体而论，土家族的历史进程又大致经历了"虎"—"巴"—"蛮"—"土"几个不同时期的变迁，每个时期并没有精准的时间界限。其中"虎"时代是土家族的英雄传说时期，大抵在上古黄帝及以前至大禹时期，此期，土家先民以自己的图腾"虎"名族，他们还与黄帝有熊氏结成稳固的军事联盟，并随其参加了逐鹿中原的系列战争；"巴"时代，一般多指自夏至战国这一时期，此期巴人势力逐渐强大，鼎盛时期还曾建立起巴子国的国家政权，并与周围诸国互动频繁；"蛮"时代，大致自秦汉至隋唐，此期巴国已被秦国吞并，巴人后裔世代定居于湘鄂渝黔接壤的武陵山区，被称为"廪君蛮"[①]或"板楯蛮"[②]；"土"时代，自宋元

[①] 专指由廪君一脉繁衍而来的巴人。廪君是土家族的始祖，他曾统一并稳固了五姓氏族，为土家族的开基肇业做出过卓越贡献。

[②] 先秦巴人的一支，以擅使板楯而著称。

至明清，此期中央王朝在土家族聚居地区施行土司制度①，土家族人民则被称为"土人"，也正是在这一时期，土家族作为一个民族实体逐渐得以形成。

（一）早期巴人时期

土家族的先民巴人早在4000年前就在清江流域这片神奇的土地上生息繁衍，这是一个以渔猎为主，强悍勇敢而又能歌善舞的少数民族部落。学者们普遍认为，"作为族名兼国名的'巴'，大致与'羌'同时出现，都始见于武丁时期"②。公元前11世纪，商纣无道，巴人曾参与周武王讨伐商纣王的正义之战。据《华阳国志·巴志》载："周武王伐纣，实得巴、蜀之师，著乎《尚书》……武王既克殷，以其宗姬于巴，爵之以子。古者，远国虽大，爵不过子，故吴楚及巴皆曰子。"③武王克殷后，鉴于巴人在灭纣战争中的重大贡献，于是封其姬姓亲族于巴地，建立了巴子国的国家政权。

春秋战国时期，诸侯称霸，列国争雄，社会动荡不已。此期巴人势力消长变化较大，在整个战国前期，巴人实力不俗，在军事上基本能与邻近诸国平分秋色。但是进入战国后期，由于巴与楚、蜀之间长期频繁战争的消耗，导致巴国实力被极度削弱。公元前316年，巴蜀交战，巴国元气大伤，转而请援于秦，而早就垂涎巴蜀之地的秦惠王在轻取蜀国之后继而乘机挥戈灭巴，巴子国随之宣告灭亡。秦灭巴后，除一部分巴人迁徙他地外，巴人的主体则融入当地的土著之中，并世代定居于清江流域及武陵山区繁衍生息。

（二）封建社会前期

自秦至隋，为了加强对巴地的控制，各中央王朝均在土家族地区设郡置县。例如秦就在巴地设置了巴郡、南郡和黔中郡三郡，汉代又将黔中郡改为武陵郡，并相应地将生活于此地的土家族及其他少数民族统称

---

① "土司制度"是封建王朝统治阶级用来解决西南少数民族地区的民族政策，其义在于羁縻勿绝，仍效仿唐代的"羁縻制度"。政治上巩固其统治，经济上让原来的生产方式维持下去，满足于征收纳贡。因此它是从政治和经济两方面压迫少数民族的制度。

② 董珞：《与猛虎有不解之缘的土家族》，湖北教育出版社2006年版，第11页。

③ （晋）常璩：《华阳国志·巴志》，严茜子点校，齐鲁书社2010年版，第2页。

为"巴蛮""南蛮"和"武陵蛮"。三国时期至隋代,由于动荡不安的特殊时局,土家族内部极不稳定,各部之间没有稳固的联系,他们聚居于各溪峒或山寨,从事着简单的农业生产或是在其首领(精夫)的带领下外出征战活动。

清江流域土家族地区虽地处"蛮地",但由于这里一直以来都是入川和进入大西南的屏障和通道,由于其特殊的地理位置,历代王朝均十分重视对这一区域的控制,秦设南郡和黔中郡管理这一区域,西汉王朝在今长阳、五峰等地设佷山县,隶属武陵郡,在今恩施、建始、巴东等地设巫县,隶属南郡。① 其后,建始在三国永安三年(260)建县,巴东于隋开皇十八年(598)设县,施州则始建于北周建德二年(573),隋朝将其改为清江郡。② 就社会经济而言,此期清江流域土家族地区总体上还处于人烟稀少、经济落后的状况,据《史记·货殖列传》载:"其俗剽轻,易发怒,地薄,寡于积聚。"③ 巴人后裔主要过着火耕水耨和渔猎山伐的半农半猎生活,而这种原始落后的生产方式除糊口果腹外几乎没有什么剩余。

唐代,中央王朝在土家族地区推行抚绥性质的羁縻政策④,建立羁縻州县制度,利用土家族首领来治理其地,但作为回报,这些首领们同时也承担着向中央纳贡、提供兵源力役等义务。据《新唐书·地理志》统计,唐王朝总计在土家族地区设置了12个州,其中就包括设置于清江流域的施州。宋代,朝廷依然对巴夷蛮族施行相对宽松的羁縻政策,在土家族地区设羁縻州刺史。"树其酋长,使自镇抚,始终蛮夷适之。"⑤ 刺史

---

① (东汉)班固:《汉书·地理志》,中华书局1962年版。
② 黄柏权:《清江流域民族文化生成机制及其特征》,《湖北民族学院学报》(哲学社会科学版)2006年第4期,第39页。
③ (西汉)司马迁:《史记·货殖列传》,中州古籍出版社2006年版,第913页。
④ 羁縻政策是自秦朝建立郡县制起,直到宋、元交替时期之前,各封建中央王朝为了笼络西南少数民族使之不起叛逆之心而实行的一种地方统治政策。具体而言,"羁"是指用军事和政治的压力加以控制,"縻"则是以经济或物质利益等给以抚慰,其实质就是试图采取一种恩威并重的手段来实现对西南少数民族的控制。与此同时在少数民族地区设立特殊的行政单位,任用少数民族地方首领、酋长等为地方官吏处理相关事宜,但在政治上则隶属于中央王朝。
⑤ 读书人:《宋史》(http://www.reader8.cn/data/20131122/1195495.html)。

拥有极大的政治权力，他们不仅统治土民，还可以任命自己的下属土官，甚至还能够组建自己的武装力量。

唐宋羁縻政策的实施，客观上使得土家族地区局势较前更趋稳定，同时也在一定程度上促进了土汉民族间的交流与互动，有利于清江流域土家族地区社会经济的发展。

（三）封建社会后期

鉴于土家族地处偏僻的武陵山区，而中央王朝对其统治往往又处于一种"鞭长莫及"的无力状态。故而自元代始，统治者开始采取恩威并重的手段，在土家族地区正式施行土司制度。土司制度是封建王朝任命少数民族首领为土司，采取"以夷制夷，分而治之"的办法来治理少数民族地区的一种政治制度。朝廷根据"劳绩之多寡，分尊卑之等差"[①]的原则，分别授予宣慰使、宣抚使、安抚使、长官使等不同土司职级。元代在清江流域设置有容美宣抚使司（今鹤峰县）、施南土司（今恩施等地）、惹巴安抚司（今宣恩县）、师壁安抚司（今宣恩、来凤之间）、唐崖土司（今咸丰县）、怀德土府（今鹤峰县）等土司。明代在清江流域设置有容美、散毛、施南、高罗、唐崖等土司。

在土司制度下，作为"土皇帝"的各大土司拥有自己的武装力量（土兵），他们对内实行愚民政策，禁止土民识字读书，"犯者罪至族"[②]，对广大土民和农奴施以苛虐暴政，对外则恃强凌弱、兼并鲸吞，为掠夺土地人口，各大土司之间世代仇杀、干戈不息，导致社会动荡不堪。同时由于土家族地区施行"蛮不出境，汉不入峒"的政治禁令，使得整个地区处于相对封闭状态，这就在一定程度上阻碍了土家族与外界的交流与互动，从而严重束缚了社会生产力的发展。清雍正五年（1735），清廷采取剿抚兼施的手段，对土家族地区进行改土归流的政治改革，即解散土司，委派流官来治理土家族地区，土司制度随之宣告寿终正寝。改土归流政策的实施，有利于国家的统一和地区的稳定，促进了民族间的互动与交往，同时也在一定程度上促进了清江流域土家族地区经济社会的

[①] 《土家族简史》编写组：《土家族简史》，民族出版社2009年版，第69页。

[②] （明）沈德符：《万历野获编》，中华书局1959年版。

向前发展。

二 清江流域土家族人文生态

（一）衣食住行

长期以来，作为偏隅一方的少数民族，尽管土家族的生存条件十分恶劣，但清江流域的土家人却以大山为灵，以清江为魂，依靠自己的勤劳与智慧，创造出了其独有的生活图景。①

服饰着装方面：土家族传统服饰的特点是俭朴实用，喜宽松，重喜色，服饰主体形式体现为衣短裤短，满襟，袖口与裤管较为肥大。历史上，土家族的先民巴人很早以前就善于纺织"賨布"——一种被称为"幏"的布匹。另据《后汉书·南蛮传》记载，武陵蛮和五溪蛮均"好五色衣"，表明土家先民喜好"色彩斑斓"服饰的审美倾向。改土归流前，土家人崇尚繁丽多姿的服饰习俗，且男女服饰样式基本相同。清乾隆《永顺府志》明确记述："土司时，男女服饰不分，皆为一式，头裹刺巾花帕，衣裙尽绣花边。"②《来凤县志》亦载："男女垂髻，短衣跣足，以布勒额，喜斑斓服色。"改土归流后，清政府的流官不断加强对土民习俗的禁止，在土家族地区施行了所谓的禁革"陋习"的规定，土家族人被强制"服饰宜分男女"，其最大的变化是男子不再穿八幅罗裙而改穿裤装。具体而论，土家族男子服饰较为简单，上穿满襟衣和对胸衣，双排布扣，下着青蓝布大筒裤，小腿绑"布裹脚"，头缠青丝帕或白布帕，脚穿高粱青面白底鞋。土家族妇女上装为矮领或无领右衽大襟，袖大而短，下装为大脚筒裤，裤脚边多镶缀梅花条或异色边以做装饰，女式花鞋有翁鞋、船头鞋、鲇头鞋、气筒鞋、圆口鞋、钉钉鞋等不同款式。新中国成立以来，土家山寨人们的生活方式发生了翻天覆地的变化，土家族的特色民族服饰也随之以较快的速度进行着演变。时至今日，除少数老年妇女仍保留着本民族特色服饰外，其他基本上均与汉族服饰无异，传统

---

① 杨日：《主体选择与身体表述——清江流域土家族跳丧变迁研究》，博士学位论文，中央民族大学，2015年，第19页。

② （清）乾隆《永顺府志》卷10。

宽袖大襟的土家族服饰，大多只是在旅游区及其艺术舞台的空间场域进行呈现。

饮食结构方面：由于清江流域土家族地区峰峦交错、溪河纵横，特殊的气候条件与地理环境使得该地域生物资源丰富、品种繁多，为土家族多样化的饮食结构奠定了基础。改土归流之前，土家族地区"伐木烧畲，以种五谷，捕鱼狩猎，以供庖厨"，漫山遍野的野生植物的根和果，可供猎取的众多的动物，成为土家人生活的主要来源。① 这是一种典型的靠山吃山的原始山地生活状况，"其粮，以葛粉蕨粉和以盐豆存袋中，水溲会之，或苦荞、大豆，虽有大米，留以待客，不敢食也"②。改土归流以后，清江流域土家族地区完成了由刀耕火种向传统农业精耕细作的变革，其饮食结构有了极大的改观，形成了以玉米、马铃薯、甘薯、大米等构成主食，同时依靠养殖业作为其可靠的肉食来源。现今，随着经济的发展与时代的变迁，土家族的饮食结构发生了极大的变化，但油茶汤、炕洋芋、熏腊肉、鲊辣椒、合渣、社饭等仍是土家人最为钟爱的特色饮食。

民居建筑方面：清江流域境内山多坝少、地势陡峭，复杂的地形地貌特征决定了土家族传统民居建筑多依山而建，其选址多在山坡或山脚处，以便建造前低后高的吊脚楼，房屋整体呈带状一字排开。此外，为便于饮水渔猎，不少土家人也有傍水而栖的习俗，将家园建在溪谷边或者河流旁。在改土归流前，土家族大多是以血缘宗族关系联结而成单一的家族村落，改土归流以后，由于汉族及其他民族的大量迁入，从而出现了大杂居、小聚居的村落布局，中华人民共和国成立以后，又形成了大集中、小分散的格局，其中单家独户的现象亦较为普遍。改革开放以后，随着城镇化建设的不断加速，为追求更好的生活质量，不少条件较好的家庭逐渐向乡镇和中小城市搬迁。

土家族传统的民居主要有吊脚楼、一字屋、四水归池等样式，而其中又以吊脚楼最富特色。吊脚楼多依山形就势而建，其最基本的特点是

---

① 黄柏权：《土家族白虎文化》，中国文联出版社2001年版，第86页。
② （清）顾彩：《容美纪游》，吴佰森校注，湖北人民出版社1998年版，第87页。

正屋建在实地上,而厢房的一边靠在实地与正房相连,其余三边则悬空,以木柱支撑,其好处是通风干燥,能防御毒虫猛兽的袭击,楼板下面还可以用来堆放杂物或喂养牲畜。《旧唐书·南蛮西南蛮》中记述:"土气多瘴疠,山有毒草及沙虱、蝮蛇。人并楼居而上。号为'干栏'。"① 唐代诗人元稹亦有诗句:"平地才应一顷余,阁楼却大似巢居。"客观形象地反映出旧时土家族的居住习俗。因此,可以说土家族的吊脚楼是特定自然地理环境下的特殊产物,是土家族人聪明才智的体现。当今随着农村经济的不断发展,以及清江流域实行天然林保护工程以后,钢筋混凝土结构的新式楼房已基本上取代了往昔的"茅檐野户",而吊脚楼样式的建筑更是被列入土家族珍贵的文化遗产。

日常出行方面:清江流域土家族地区山峦起伏、坡陡路险,过去人们出行极为不便,在修通现代化的公路之前,由于道路险阻,人们大多只能在蜿蜒崎岖的山路上徒步出行,或以肩挑背扛背篓背的方式负重而行。清代文人顾彩在其《容美纪游》中就曾记载当地土人的出行方式:"然道路险侧,不可以舟车,虽贵人至此,亦舍马而徒行,或令土人背负。"② 旧时人们出大山一般有两种选择,其一是走水道,乘货船、木船等水上交通工具沿清江航道出行;其二是走官道,骑马,乘马车、牛车等交通工具出行。除此之外,这里还有古代遗留下来的巴盐古道,成为人们外出经商以及各种茶盐货物运输中转的重要通道。昔日南来北往的"盐客""山货客""力夫""挑老二""背老二"等常年川流不息,巴盐古道上留下了盐夫们艰难跋涉的身影。

中华人民共和国成立后,清江流域的交通状况得到了全面的改善与发展,特别是进入 21 世纪以来,清江流域的水陆空立体交通网不断完善,如今在全面建成小康社会和乡村振兴战略的背景下,清江流域边远农村地区更是实现了硬化公路村村通,摩托车、小轿车、小型货车等现代化的交通工具早已开进了农家小院,昔日肩挑背驮的历史已经一去不复返了。

---

① (后晋)刘昫:《旧唐书》卷197《南蛮西南蛮》,中华书局1975年标点本。
② (清)顾彩:《容美纪游》,吴佰森校注,湖北人民出版社1998年版,第1—2页。

图 2—2　出山难：昔日村民出山全靠肩挑背驮①

图 2—3　现代交通：21 世纪沪渝高速清江流域巴东县境内泗渡河段②

---

① 图片来源：恩施地理（http：//cb.essyy.com/article/112.jhtml）。
② 图片来源：恩施地理（http：//cb.essyy.com/article/112.jhtml）。

图 2—4　天堑变通途：清江流域巴东县境内泗渡河大桥①

（二）经济生产

春秋战国时期，巴国不仅在政治和军事上实力不俗，在经济生产上也有了一定的发展，但其经济总体上表现出较为明显的山地经济形态。据《华阳国志·巴志》记载：

> 土植五谷，牲具六畜，桑、蚕、麻、纻、鱼、盐、铜、铁、丹、漆、茶、蜜、灵龟、巨犀、山鸡、白雉、黄润、鲜粉，皆贡纳之。其果实之珍者，树有荔枝，蔓有辛蒟，园有芳蒻、香茗……其药物之异者，有巴戟、天椒。竹木之贵者，有桃支、灵寿……故其诗曰"川崖惟平，其稼多黍。旨酒嘉谷，可以养父。野惟阜丘，彼稷多有。嘉谷旨酒，可以养母"。②

秦灭巴后，巴人后裔世代定居于湘、鄂、渝、黔毗连的武陵山区。由于长期栖息于莽莽苍苍的大山深处，"八山半水一分田"的现实处境决定了清江流域土家族社会经济发展的长期落后状态。由于山高谷深、岩

---

① 图片来源：交通运输（https：//www.sohu.com/a/245540816_394933）。
② （晋）常璩：《华阳国志·巴志》，严茜子点校，齐鲁书社2010年版，第2页。

石遍布，且土地贫瘠，除了一些狭窄的坡地、少量的小盆地、小台地适合种植作物外，可供农耕的土地极为稀少。因此，历史上的土家族在相当长的时间内一直处于原始粗放型的农业生产阶段，体现为刀耕火种或火耕水耨兼事渔猎采集并经营林副业，表现出特有的山地经济形态。

土家族的先民早在汉代就开始了作物种植，他们在相对肥沃平坦之处种植少量水稻，在山区丘陵地带种植杂粮，以渔猎山伐为业。但其耕作方法还停留于原始的火耕水耨阶段，东汉人应劭解释火耕水耨为"烧草下水种稻，草与稻并生，各七八寸，因悉芟去，复下水灌之，草死独稻长，所谓火耕水耨"。唐宋时期，土家族地区仍以刀耕火种的原始农业兼事渔猎和林副业为生。唐代著名诗人刘禹锡的竹枝词句"长刀短笠去烧畲"是其农业生产情景的生动写照，每到春季，用长刀砍倒荆棘草木，放火烧山，以草木灰烬作肥料，然后种植豆、粟、稻等农作物。南宋诗人陆游在《老学庵笔记》中描述"皆焚山而耕，所种粟豆而已。食不足则猎野兽，至烧龟蛇啖之"①。除种植农作物之外，唐宋时期的土人还善于纺织賨布，被称为"溪布""峒锦"和"僚布"，做工十分精美。林副业以采茶、取蜡、采药、割漆、织锦等为主，其中不少产品还被列入贡品入贡朝廷。

明清时期，土家族地区总体上依然停留于刀耕火种的山地经济生活状态，乾隆《辰州府志》对此作了生动的记载："辰地山多田少，农民刀耕火种，方春砍杂树，举火燔之，名曰剁畲火。熄乃播种，其田收获恒倍，然亦能尽然，自始耕至秋成，鲜片刻之暇。近溪河者，遇桔槔声相闻，刘禾既毕，群事翻犁，插秧芸草，……高坡侧壤，广植荞麦。苞谷诸杂粮，虽悬崖之间亦种之。或栽桐、榆、茶、漆。耕作勤苦，贫者佣工取给。冬则伐山，鱼水。岁稍歉，则入山采蕨，掘葛根滤粉以充食。"②在土司制度的统治下，土家族地区的社会经济缓慢向前发展，此期已经开始使用牛耕，并以筒车提水灌溉，虽然生产工具有所改进，但在偏远的山区，刀耕火种仍是主要的生产方式。

---

① （宋）陆游：《老学庵笔记》，中华书局1979年版。
② （清）乾隆《辰州府志》卷14《风俗》。

土司制度废除以后，土家族地区打破了长期以来"蛮不出境，汉不入峒"的封闭状态，由于受到汉人的影响，其农业经济生产状况有了较大改进。此期农作物的种类逐渐增多，稻谷已有了中、晚稻之分，且品种多样，鉴于山区地势的限制，其粮食作物仍以玉米、小麦、红薯、荞麦等为主。在耕作方法上，土家族人民吸取汉族的先进经验，田间按季节播种、复种、施肥、除草，还积累了休耕、稻田过冬、沤青肥等生产经验。① 由于生产工具、耕作方法及水利设施的改善，其农作物的产量随之有了显著的提高。与此同时，土家族人还注重利用山区丰富的自然资源，发展茶叶、油茶、油桐、油漆、养蜂、采集药材等林副业，同时手工业与纺织业亦有相当的发展，其工艺水平不输汉人。

"水性使人通，山性使人塞"，一定的生存环境决定着人们的生产生活方式。总体来看，由于深居大山之中，生存环境恶劣，生产技术落后，耕作方式原始，直接导致了生产力水平的相对低下，清江流域土家族人们过着"一层麻布一层风，十层麻布也过冬。饱餐稀饭懒豆腐，格兜火畔热烘烘"② 的简朴生活。他们大多以农业营生，全家的生计主要依赖于地里的收成，在农闲时节也会从事一定的副业或外出务工以贴补家用。在长期的生产实践过程中，在对大自然"天道变化"规律的不断体悟与认识中，清江流域土家族人们也总结出了一套适合本地的农事生产月令习俗。

表 2—1　　　　　　　　清江流域土家族农业生产节气

序号	月份	节气	农业生产安排
1	正月	立春、雨水	农闲，准备春耕
2	二月	惊蛰、春分	为耕种培育作物和加工积肥
3	三月	清明、谷雨	除草、播种，清明前后十天种苞谷，谷雨时下谷种，采摘新茶
4	四月	立夏、小满	插秧、锄草、施肥

---

① 《土家族简史》编写组：《土家族简史》，民族出版社 2009 年版，第 110 页。
② 杨发兴、陈金祥：《彭秋潭诗注》，中国三峡出版社 1997 年版，第 190—191 页。

续表

序号	月份	节气	农业生产安排
5	五月	芒种、夏至	插秧，收粮，种苞谷、红薯、豆类粮食等
6	六月	小暑、大暑	作物生长过程中除草除虫
7	七月	立秋、处暑	秋收，插二道秧，翻红薯，种萝卜等蔬菜
8	八月	白露、秋分	收苞谷，补种蔬菜
9	九月	寒露、霜降	挖红薯，储藏
10	十月	立冬、小雪	种植果树、播种、翻田
11	十一月	大雪、冬至	窖洋芋，积肥，赶仗（打猎）
12	十二月	小寒、大寒	农活扫尾，杀年猪，置办年货

资料来源：参见杨日《主体选择与身体表述——清江流域土家族跳丧变迁研究》，博士学位论文，中央民族大学，2015年，第22页。

（三）节庆活动

传统节日是各族人民为适应生产、生活、交往和信仰等方面需求而创造出来的约定俗成的民俗文化活动。[1] 作为民俗文化的重要载体，传统节日集中展现了人们的信仰、生产、娱乐等种种习俗，从不同角度反映了一个民族物质、文化生活的方方面面。土家族在长期的生产生活实践中，形成了种类繁多的传统节日，并由此衍生出了丰富多彩的传统节日文化事象（见表2—2），其中许多传统节日都与土家族自身的历史与文化紧密相连，"凝聚着深深的民族记忆，成为维系其民族生存与发展的动力"[2]，体现了土家族人民重根、重节的民族性。

表2—2　　　　　　　　清江流域土家族传统节日一览

节日名称	时间	传统文化习俗
赶年节	大年农历二十九/小年农历二十八	玩龙灯、踩高跷、荡秋千、唱傩戏
舍巴节	农历正月初三至十五日	摆手舞、茅古斯、三棒鼓、板凳龙

---

[1] 吉灿忠：《"武术文化空间"论绎》，博士学位论文，上海体育学院，2011年，第38页。
[2] 谭清宣：《论清代土家族岁时节日文化的变迁》，《黑龙江民族丛刊》2009年第3期，第107页。

续表

节日名称	时间	传统文化习俗
元宵节	农历正月十五日	玩狮子、地龙灯、彩龙船、打莲湘
社日	农历二月初二	吃社饭、打猎、拦社、跳社巴舞
三月三	农历三月初三	对山歌、踩脚定亲
牛王节	农历四月十八日	上刀梯、牛王节歌会、唱牛王戏
大端阳	农历五月十五日	挂艾草菖蒲、赛龙舟、荡秋千、比武
末端阳	农历五月二十五日	挂艾草菖蒲、赛龙舟、荡秋千、比武
六月六	农历六月初六	祭农神、晒龙袍、祭风神
女儿会	农历七月初七至十二日	赶场相亲、对歌猜谜
七月半	农历七月初一至十五日	对歌跳舞、放河灯、祭祀祖宗
中秋节	农历八月十五日	守月华、拜月、"偷"瓜
大重阳	农历九月十九日	打粑粑、推豆腐、祭"家虎"

土家族的传统节日按其来源主要有两种类型，第一种是源自于民族自身历史与传说而形成的节日，是其民族独特的文化符码所在，诸如"过赶年""舍巴节""牛王节"等节日均属此类。

"过赶年"是土家族最为隆重的传统节日，所谓"过赶年"，也即提前一天过年，据说是在明嘉靖三十三年（1554）冬天，正值年关，恰逢朝廷征调土家族土兵远赴东南沿海抗击倭寇。为保卫祖国的海疆，土家将士积极应征，为了不延误战机，遂决定提前一天过年。土兵奔赴抗倭前线后，英勇作战，创下了"东南战功第一"的功绩。后人为纪念此次出征，于是便将年节提前一天，遂习以为俗，成为土家族的传统节日。"土户田覃二姓，土司时于除日前一日祀神过年，今多仍之"；① "社巴节"，是土家族传统节日中最为隆重的一个综合性节日，该节日拥有严格的祭祀仪式、独特的祭祀方式、丰富的表达内涵。节日期间，在完成一系列祭祀酬神仪式后，土家人还要进行节日的狂欢，届时人们齐聚"摆手坪"或"土王庙"，兴高采烈地表演"摆手舞""茅古斯""猴儿舞""厄巴舞"等土家族特有的民俗舞蹈，整个节日现场呈现出一片欢腾的

---

① 吉钟颖：《鹤峰州志》卷6《风俗》，道光二年（1822）刻本。

海洋。

"牛王节"亦是土家族独具特色的传统节日，一般在农历四月十八日举行。《中国民间节日文化词典》对土家族"牛王节"的来历进行了详尽记叙。相传很早以前，土家族一直过着原始的刀耕火种的生活，生活极其清苦。有一年突遇大旱，地里颗粒无收，人们无粮食充饥，以至于饿殍满地、臭气冲天。玉皇大帝询问缘由，有些天官为讨好玉帝，谎称是凡人为庆贺五谷丰登而举办道场，杀猪宰羊的味道。而牛王则据实汇报此乃凡人尸体散发的腐味，并请愿下凡为土民耕地，玉帝同意了他的请求，但同时规定凡人只能三日一餐。于是牛王变成一头老牛，下到凡间为土民耕地，由于它不忍心见人挨饿，待到粮食丰收后，他便私下里教人一日三餐。后来此事传入天庭，玉帝迁怒于牛王违背圣旨，于是将他贬谪凡间，常年耕地，且只准吃草不许吃肉。后来人们感念牛王的功德，为他修建庙宇，并将农历四月十八日定为"牛王节"。① 节日当天，土家人都会让牛休息一天，并为其提供精良饲料，一般都需喂猪肉坨和糯米蒸馔肴，不少人家磨豆腐，备办酒肉、鸡蛋、五谷、香纸，用竹筛盛着，由一家之主端到牛圈前供上，边烧纸边念道："牛王，牛王，赐你酒肉尝。每年四月八，没把牛王忘，盼你常年膘肥体壮，上坡吃草口齿好，下河喝水像瓢舀，犁田打耙脚力好，四季健壮昂昂叫……"；牛王节当天，除在各家牛圈旁举行祭拜外，还要在牛王庙举行庙祭，当天中午合族男女齐聚庙堂，养牛户牵牛入外场，神案上摆放三牲供品，由土老司主持念诵牛王经，引众祭拜，祈求五谷丰登、人畜兴旺。紧接着选出一健壮大水牛为牛王，为其披红挂彩，喂酒担谷草。此时号角响起，鞭炮齐鸣，欢声雷动。祭祀完毕，群众打花鼓、打靠灯、打安庆、对山歌、武术杂技绝活等争相竞技，尽兴表演。

第二种类型主要是清代"改土归流"以后，对汉族相关节日加以借鉴、吸收与改造而形成的节日，是土汉文化交流与融合的结果，例如"元宵""社日""三月三""端午""六月六""重阳"等节日。具体而论，这其中又可分为三种形式：其一是"新瓶装旧酒"，即借用汉族

---

① 莫福山：《中国民间节日文化词典》，中国劳动出版社1992年版，第347—348页。

岁时节日的形式，将其转变为自己的民族节日，"社日""三月三"等节日皆属此类，例如"社日"为我国古代民间专门祭祀社神的日子，但土家族的社日则是祭拜东汉名将马援（伏波将军）而非社神；其二是在移易汉族节日时间的基础上增设自己的节日，例如他们在五月五日"端午节"的基础上将五月十五日创设为"大端阳"节，增设五月二十五日为"末端阳"节。在九月九日"重阳节"的基础上将九月十九日定为"大重阳"节。据《龙山县志》载："乡村又以十五日为'大端午'，……乡俗以十九日为'大重阳'。"① 其三是在汉族节日的基础上叠加土家族特色民俗内容，例如土家族在汉族"六月六"晒书籍、衣物的习俗上，就增加了"祭农神""晒龙袍""祭风神"等民俗内容，以凸显民族特色。

清江流域土家族的节日习俗概貌，可从《长乐县志·习俗》中得以窥见：

> 正月初一日，晨开门祝圣，曰"出天方"……正月初九，人为上九日，拜年者以未出上九日为亲厚……正月十五夜，取杉树枝，或腊树枝，于宅外烧之，曰"烧疙蚤"，儿童大声呼逐，谓"赶毛九"，或曰"赶毛狗"。是夜灯演花鼓戏，曰"闹元宵"……二月十五日，为花朝大期，男女多于此时婚配，亦有谓十二月二十四日为大期者，而在二月为多，至土族客户则必择吉……四月初八，浴佛期用红纸二条，作交 X 状，上书佛祖圣诞。书此驱虫，或四言、五言、七言韵文，贴于墙壁之上，谓"嫁毛娘"。端午节，凡附近寺观，必印送张真人图像。至节则悬挂堂中，小儿辈则以雄黄涂额，辫髻内多插榴花、艾叶，谓"可避诸邪毒"……中秋，士人赏月，赋诗无异他处，惟辄夜不寐，谓曰"守月华"，且有戏。摘人园中瓜，窥乡邻之望子者，则将此瓜彩红包裹，箫鼓衣冠送至其家，以为宜男之兆，如来年果举子，则必具盛馔申谢。……十一月十九日，为太阳生辰，各家俱晨起焚香，极恭敬。十二月二十四日，谓"过

---

① 符为霖：《龙山县志》卷11《风俗》，光绪四年（1878）刻本。

小年"。土著是于二十三日夜祀灶神……容美土司,在除夕前一日,盖其先人随胡宗宪征倭,于十二月二十九日大犒将士,除夕倭不备,遂大捷。后人沿之,遂成家风……夜深人静,祭祀祖先、灶神,而后掩门,谓烧关门纸。①

(四) 宗教信仰

宗教信仰作为一种特殊的社会意识形态和文化现象,在人类文化史上一直占有十分重要的地位,对不同时期人们的生产和生活方式产生着重要的影响作用。受自然环境及历史发展等相关因素的影响,清江流域土家族聚居地区历史上是一个巫风浓烈、原始宗教盛行的地区,"信巫鬼、喜淫祀"更是成为当地民风民俗的鲜明体现。"土家族的宗教文化是随着土家族的社会历史发展过程和民族形成过程逐步发展起来的,其宗教信仰体系内容中,既有本民族原始宗教的遗存,又有汉族及其他民族宗教文化的印记。"② 尤其是在清代改土归流之后,诸如道教、佛教等宗教都曾在土家族地区得到广泛传播,继而落地开花。总体而言,延续至今的土家族原始宗教主要表现出多神崇拜的总体特征,而这种信仰的多神性则主要是在万物有灵观念影响下逐渐形成的,主要体现在自然崇拜、图腾崇拜、祖先崇拜等宗教活动中。

1. 自然崇拜

"思维对存在,精神对自然界的关系问题,全部哲学的最高问题,像一切宗教一样,其根源在于蒙昧时代的狭隘而愚昧的观念。"③ 自然崇拜作为人类最初的崇拜观念,是原始社会发展到一定阶段的产物。由于生产力水平以及认知水平的低下,对土家先民来说,变幻莫测的自然物与自然力在带给人们灾难的同时又给予其生存的恩泽,使得他们既恐惧迷

---

① 转引自刘冰清、彭绪林《土家族祭祀祈禳与节日习俗之变迁》,《青海民族研究》2012年第1期,第152页。
② 宋仕平:《土家族原始宗教信仰体系的主要内容及表现形式》,《湖北社会科学》2009年第2期,第193页。
③ 于锦秀、相淑荣:《中国原始宗教资料集成·考古卷》,中国社会科学出版社1996年版,第220页。

惑又感恩崇敬，于是各种动植物、日月星辰、山川河流、雷电风暴等自然物与自然力均被当作一种人格化的超自然存在而受到崇拜。土家族的自然崇拜大体包括天象崇拜、土地崇拜、动植物崇拜及其所派生的自然神祇崇拜等几个方面。①

土家族的天象崇拜，主要表现为对太阳神的崇拜，因为太阳会带来光明和温暖，使生命得以繁衍。例如清江流域上游恩施等地的土家族以农历六月初六为太阳的生日，据说旧时土司王还会亲自主持祭祀仪典，土民无不顶礼膜拜，祈求风调雨顺、五谷丰熟。清江流域下游长阳地区的土家族则以农历冬月十九日为太阳生辰，届时各家皆晨起焚香，虔诚祭拜太阳神。

土能生万物，作为常年从地里刨食的土家族而言，他们神化土地、崇拜土地当是情理之中的事情。每逢春播秋收、过年过节以及农历二月初二土地神的生日，土家人都会虔诚祭拜土地神，以求得风调雨顺、人寿年丰。在土家人的潜意识中，土地神神力巨大，不仅管五谷生长，还能管人的吉凶祸福，故而立于村头寨尾或田边地角的土地庙，往往被视为一寨人的保护神，祭之可以灾免邪除。据清顾彩《容美纪游》载："每出必携纸钱压于土地祠炉台下，土地辄来护之，虽酣眠草中无恙也。"②反映出土家人对土地神非同寻常的虔诚与信仰。土家族"薅草锣鼓歌"之"请神歌"便是专门请的土地神。

动植物崇拜亦是土家族最早的自然崇拜之一，土家族动物崇拜的对象主要是牛、狗等家畜，此外还有蛇、蛙（癞蛤蟆）等，例如他们将农历四月十八日定为牛王节，并为其修建庙宇，节日当天举办牛王会，并到牛王庙祭祀牛王。土家族人视古树、桃树以及竹子等植物为灵物而加以崇拜，有人甚至为求孩子健康成长而将其过继给树神，遇到不顺或不祥之事亦会向树神许愿还愿，以求能够消灾免病。此外，土家族的自然崇拜还包括山神崇拜、岩石崇拜、灶神崇拜、火神崇拜以及河神崇拜等，

---

① 吕大吉、何耀华：《中国各民族原始宗教资料集成·土家族卷》，中国社会科学出版社1998年版，第14页。

② （清）顾彩：《容美纪游》，吴佰森校注，湖北人民出版社1998年版，第165页。

不一而足。

2. 图腾崇拜

图腾崇拜是由古代大自然信仰与动植物信仰发展起来的一种氏族标志的信仰形式。[①] 远古时代，由于认识水平的局限性，在万物有灵思想的感召下，原始人往往自认为其族人是由某一特定的物种或生物演变而来的，二者之间存在着某种血缘关系，于是他们便将这种生物当作氏族的图腾加以崇拜。从而使得该图腾在某种程度上被当成了氏族的源头和保护神，同时也是这个氏族的徽号与象征。

虎图腾崇拜，在清江流域土家族的历史上曾经盛极一时。虎乃山中霸主，为百兽之王，在土家族人的潜意识中，他们的祖先是由白虎神演化而来的，因为他们"从威猛无比的虎身上看到了一种神秘的力量，并企图利用这种神秘的力量来为自己的生存服务"[②]。《后汉书·南蛮西南夷列传》载："廪君死，魂魄世为白虎。巴氏以虎饮人血，遂以人祀焉。"[③] 据悉，古时清江流域鄂西一带便有杀人祭虎的习俗，以杀人的形式来祭祀白虎神，后来鉴于人祭过于残忍，便以"歼头血祭"这种变相人祭的形式进行替代，即在祭祀仪式中，巫师用刀在自己的额头上开一血口，以额头血来祭神，再后来又演变为以椎牛取牛头的形式来祭祀白虎神。旧时土家族堂屋神龛上大多都供奉有木雕小虎，并在其下方贴有"白虎皇王地府神群君位"之神符。

土家族的白虎图腾事象在发展过程中逐渐演变为两种类型，即"坐堂白虎"和"过堂白虎"，并且流传着"白虎当堂坐，无灾又无祸""白虎穿堂过，无灾必有祸"的谚语，因而相对应地便产生了"敬白虎"与"赶白虎"的文化习俗。其中"坐堂白虎"为家神，可保一家安康，必须祭奉之，而"过堂白虎"则为坏神，专门兴灾降祸，是危害小孩的凶神，必须请巫师梯玛施法将其赶离。土家族这种既崇虎又赶虎的习俗，反映了图腾崇拜随着氏族的分化而分化。但就整个土家族宗教信仰心理来看，

---

① 石亚洲：《土家族军事史研究》，民族出版社2003年版，第214页。
② 黄柏权：《土家族白虎文化》，中国文联出版社2001年版，第1页。
③ （宋）范晔：《后汉书·南蛮西南夷列传》，中华书局2007年版，第837页。

图 2—5　土家族的白虎图腾

还是以崇虎为族征的。

3. 祖先崇拜

远古时代的人们普遍认为"灵魂"是一种独立于身体之外而不随形体的死亡而消亡的精神实体，它不受时间和空间的控制，具有超人的能力，故而原始人在惧怕它的同时又渴望能够得到它的恩赐，久之这些不死的灵魂便成为普遍崇拜的对象。与此同时，出于趋利避害的本能，人们又认为本氏族首领或自己亲人的灵魂是最能保护自己的，于是便由一般鬼魂的崇拜转向对氏族首领或祖先鬼魂的崇拜，[①] 由之便渐渐演化出了祖先崇拜这一原始宗教信仰形式。

　　祖先崇拜是土家族传统信仰的核心，土家族祖先崇拜主要包括氏族始祖神崇拜，土王神崇拜及其宗族神崇拜。土家族氏族始祖神崇拜的对象主要是廪君（向往天子、白帝天王）、八部大王、大二三神等，这其中又以廪君神崇拜最为突出。相传廪君为土家族的始祖，曾对土家族的开疆肇业做出过卓越的贡献。《长阳县志》载："廪君世为人主，务相开其国，有功于民，今施南、巴东、长阳等地立庙而祝。"[②] 又据《资丘刘氏族谱》的记载，在湖北长阳县就有向王庙、天王寺多达41处，可见土家人对廪君神的崇拜之甚。土王神崇拜又称土司崇拜，是对已故土司王灵魂的崇拜。历史上土家族地区曾经历了漫长的土司制度时期，土司制度对土家族的社会历史发展产生了深远的影响。土司生前为王，声威显赫，死后则被奉为神，供土民祭拜。史载："土司祀，阖县皆有，以祀历代土司，俗称土王庙"；[③] "每逢度岁，先于屋正面供已故土司神位，荐以角肉。……各寨皆设鬼堂，谓是已故土官阴魂衙署。"[④] 土家族的家祖神崇拜始于改土归流以后，主要是指对各自家族的列祖列宗尤其是有血缘关系的先祖的崇拜。土家人认为祖先亡灵能够守卫家园、庇佑子孙、壮大家族，故而家家户户均设有祖先神位，逢年过节都会祭祀祖先神灵。"凡宗族皆建造祖庙宗祠，供列祖列宗偶像，定期献奉祭祀；凡家庭均安设神龛，供近祖近宗牌位，朝朝暮暮定时焚香烧纸。"[⑤] 时至今日，土家族地区还保留着许多祖先崇拜的遗俗，例如在各种节庆办酒席时，均需先盛一碗饭菜，并倒满一杯酒，虔诚静默一分钟后将酒倒洒于地，待祖宗

---

① 张岱年、方克立：《中国文化概论》，北京师范大学出版社2004年版，第231页。
② （清）同治《长阳县志》卷1《地理志》。
③ （清）同治《永顺县志》卷6《风土志》。
④ （清）乾隆《永顺府志》卷12《杂记》。
⑤ 贵州省志民族志编委会：《民族志资料汇编（土家族卷）》，贵州民族出版社1989年版，第148页。

吃过后大家才能入席。又如土家姑娘出嫁时要"哭辞祖宗",还要举行祭祖告别仪式,新娘须虔诚地跪在筛子上,祈祷祖先放行并保其平安。

第三节 本章小结

任何民族文化的产生与形成都必须具备特定的条件,而这些条件又往往是复杂多样的,它包括一个民族所赖以生存的自然地理环境、历史人文环境以及各种外来文化的影响等,这些内在和外在的因素构成了一个民族文化的生存机制。本章主要探究了清江流域土家族民俗体育文化诞育的自然与历史文化土壤。

第一节探讨了清江流域土家族聚居区域的自然地理环境。首先介绍了清江河名称的由来、河段构成、水系支流、水文特征及其水利工程,认为清江作为土家族的母亲河,对清江流域土家族地区生态系统的保护及其经济社会发展均起着不可替代的重要作用。其次阐述了清江流域独特的地理位置、行政区划范围及民族构成情况。再次论证了清江流域的自然地理环境,认为清江流域山重水复、崖高谷深、奇峰突兀,属于典型的喀斯特地形地貌。在气候方面,清江流域属于中亚热带季风性山地湿润气候,雨量充沛,常年湿润。清江流域年平均气温在15℃—16℃,流域内绝大部分地区的无霜期都在230天以上,总体上呈现出冬少严寒、夏无酷暑的特点。在生物多样性方面,清江流域地处武陵山的东北部,被称为"动植物黄金分割线"的北纬30°线横穿其腹地,成为众多濒危野生动植物理想的栖息地,故而清江流域也被称为华中地区珍贵的"动植物基因库"。

第二节论证了清江流域土家族民俗体育诞育的历史人文环境,首先从历史的角度梳理了清江流域土家族的族源及其早期发展的历史脉络。接着从衣食住行、经济生产、节庆活动以及宗教信仰四个层面分别阐释了清江流域土家族的人文生态。土家族传统服饰的特点是简朴实用,喜宽松,重喜色,服饰的主体形式体现为衣短裤短,满襟,袖口与裤管较为肥大。饮食上,土家族钟爱传统的油茶汤、炕洋芋、熏腊肉、鲊辣椒、合渣、社饭等特色饮食。土家族传统民居建筑多依山而建,其民居主要有吊脚楼、一字屋、四水归池等样式，其中又以吊脚楼最富特色。清江流域土家族地区山峦起伏、坡陡路险，昔日人们出行极为不便，由于道路险阻，人们大多只能在蜿蜒崎岖的山路上徒步出行，或以肩挑背扛背篓背的方式负重而行。21世纪以来，在党和政府的关怀下，清江流域土家族地区交通状况得到了全面的改善与发展，水陆空立体交通网不断完善。

在经济生产方面，由于长期生活在莽莽苍苍的大山深处，"八山半水一分田"的现实处境决定了清江流域土家族社会经济发展的长期落后状态。历史上的土家族在相当长的时间内一直处于原始粗放型的农业生产阶段，体现为刀耕火种或火耕水耨兼事渔猎采集并经营林副业，表现出特有的山地经济形态。清代改土归流后，受到汉人的影响，其农业经济生产状况有了较大改进。同时，在长期的生产实践过程中，在对大自然"天道变化"规律的不断体悟与认识中，清江流域土家族人们也总结出了一套适合本地的农事生产月令习俗。

土家族的传统节日按其来源主要有两种类型，第一种是源自民族自身历史与传说而形成的节日，是其民族独特的文化符号所在，如"过赶年""牛王节""舍巴节"等节日均属此类。第二种是对汉族相关节日加以借鉴、吸收与改造而形成的节日，是土汉文化交流与融合的结果，例如"元宵""社日""三月三""端午""六月六""重阳"等节日。

清江流域土家族聚居地区历史上是一个巫风浓烈、原始宗教盛行的地区，"信巫鬼、喜淫祀"成为当地民风遗俗的鲜明体现。土家族的宗教信仰体系内容中，既有本民族原始宗教的遗存，又有汉族及其他民族宗教文化的印记。延续至今的土家族原始宗教主要表现出多神崇拜的总体特征，而这种信仰的多神性则主要是在万物有灵观念影响下逐渐形成的，主要体现在自然崇拜、图腾崇拜、祖先崇拜等宗教活动中。

第 三 章

追根溯源

——清江流域土家族民俗体育的文化寻踪

就文化发生学的视角而言，任何民族文化的形成都不是偶然的，它必须具备某些特定的条件，而这些条件往往又是复杂多样的，包括一个民族所赖以生存的地域环境、历史文化传统以及各种外来文化的影响等，这些内在与外在的因素便构成了一个民族文化的生成机制，这种机制又在很大程度上决定着这一民族文化的进程与特质。德国人文地理学家拉采尔认为，环境不仅与文化的性质有关，而且还决定着文化的内容与形式。清江流域土家族聚居地重峦叠嶂、溪河纵横。历史上，该地域不仅是一个历代豪强割据一方、相互争夺的战略要地，同时也是一个尚巫鬼、重淫祀，民风彪悍，巫觋文化极为盛行的地方。千百年来，勤劳勇敢的土家族人，世世代代生活在清江流域这片神奇的土地上，他们在同自然灾害、凶禽猛兽、兵祸匪患等展开艰苦而英勇的斗争过程中，不仅造就了土家族人健壮的体魄和刚毅的精神，同时也创造出了种类繁多、蔚为壮观的民俗体育文化事象。

第一节 清江流域土家族民俗体育与地理环境的关系

自然地理环境是人类赖以生存的物质基础，同时也是文化创造的自然前提。早在古希腊，学者们就注意到了地理环境对文化产生的影响作用，其后许多学者就地理环境对文化的影响都做过深入的研究，我国著名学者冯天瑜先生曾经指出："地理环境经由物质生产方式这一中介，给各民族、各国度文化类型的铸造，奠定了物质基石，各种文化类型因而都若明若暗地染上了地理环境特征。"他同时指出"地理环境对人类文化创造的作用是真实而多侧面，持续而深刻的，但这种作用主要又不是立竿见影的"。①

清江流域土家族聚居地区属于亚热带山地气候，这里气候温和、雨量充沛，冬无严寒，夏无酷暑，野生动植物资源繁多，这就为采集和狩猎等山地经济活动创造了条件。丰富的动植物资源储备在给土家山寨人们提供必要生存资料的同时，也给他们的生活带来了一定的威胁，由于山高林密、杂草丛生，历史上毒虫猛兽伤人之事时有发生。与此同时，清江流域地处长江中游我国地势第二阶梯向第三阶梯的过渡地段，其整个地区基本上处于大山的环围之中，群山广布、峰峦叠嶂、峡谷幽深，海拔在500—2000米的低山、二高山随处可见。昔日，土家族人多以姓氏为单位居住于各个山湾山脚或溪谷河边台地上，从而形成了大大小小的山寨，由于寨子之间相隔甚远，加之信息交通的闭塞，寨子便成为土家族内部的基层社会组织。

严酷恶劣的生存环境迫使土家山民不断地改善着自己的体力与智力，以采集和狩猎为主要生活来源的土家族，其获取生活资料的过程极为不易，由于地势的险要，到处都是连山叠岭和险峡急流之地，为了采集野果块茎，人们有时候不得不铤而走险，他们往往会爬上高高的树梢、蹚过湍急的溪流、荡过幽深的峡谷、攀上壁立的悬崖。与此同时，在火枪发明之前，为了获取肉质生活资料，土家山民在狩猎过程中与猛兽搏斗也是极为寻常之事，这就要求猎人们拥有强健的体魄并掌握一定的搏杀技能。然而也正是得益于这种险恶的生存环境，使得土家族人练就了各种原始的生存技能与本领，发展了他们的力量、弹跳、灵敏、柔韧、协调和耐力等基本身体素质，造就了其勇敢沉稳的民族心理特质。同时，在这一征服自然环境的过程中，"踩竹马""撑杆越沟""荡藤""倒挂金钩""脚踩独木穿急流""打秋千""茅古斯拳""十二埋伏拳"等一系列土家族原生态体育项目得

---

① 冯天瑜：《地理环境与文化生成》，《文汇报》1998年11月7日。

以应运而生。

例如土家族先辈在日常砍火畲、砍柴、采集、狩猎等活动时，往往需要在悬崖峭壁与深谷中行走，在长期的攀援实践过程中，土家族人发明了"荡藤"这项运动，攀援时将结实的藤条系在树桩或牢固的岩石上，用双手向上攀爬，越沟时则用双手抓紧藤条，双脚蹬地向对岸荡去，到达对岸时松手屈膝团身落地。"撑杆越沟"动作主要是为了轻松跃过徒步难以跨越的山沟或溪流而发明的，其原型是借用长竹竿的弹性，以竹竿的一端抵住地面，手握竹竿另一端，借助竹竿的弹性与自身的力量与柔韧度奋力越过山沟或溪流。"倒挂金钩"是以双脚或双膝倒挂在藤蔓或树枝上，该动作一般多在悬崖边抑或树梢上采摘果实时使用，要求练习者具备较好的下肢力量和身体的柔韧度。"脚踩独木穿急流"是土家先民原始的捕鱼交通工具，要求赤脚踩在一根长 8 米，直径 15—20 厘米大小的圆木上，利用手中 5 米长的竹竿划水，在奔腾咆哮的江面上航行。再如"踩竹马"运动，其原始形态是土家族人雨天走村串寨预防湿滑的交通工具，人们戴上斗笠，踩在竹马上出行，可以轻松跨过溪河、稻田，穿过乡间泥泞小道而不会打湿裤子鞋袜。而"茅古斯拳"和"十二埋伏拳"则是直接由土家族地区设卡捕猎的狩猎技术演变而来的古老拳术。

与此同时，自然地理环境所提供的丰富资源也为土家族民间体育活动的开展提供了取之不尽的活动器材。① 诸如"荡藤""倒挂金钩""打秋千"等土家族原始体育项目就是利用山中随处可见的藤条②与韧性树枝做器材。深受土家族人喜爱的"踩竹马"则大多是用该地特有的荆竹、斑竹或坚硬木材制作而成。而各种藤条、青草、竹篾等亦是制作土家族集体性民俗体育项目"发界鸡"③ 所用器械"鸡"的天然原材料。由此

---

① 谭永洁：《土家族传统体育文化起源刍议》，《中国体育科技》2005 年第 6 期，第 54 页。
② 这里的藤条，多为深山绵藤、葛藤和青杠藤，这些藤条质地坚硬柔韧，不易折断。
③ "发界鸡"是土家族地区盛行的一项富有乡村气息和泥土芳香的集体性民俗体育项目，其器械"界鸡"多用葛藤或竹条编织而成，形如鸡蛋，大如拳头，分为实心与空心两种。比赛分甲乙两队，以中线为界，双方队员手脚并用，采用各种技战术将"界鸡"抛掷向对方阵地，"界鸡"不能停止或落地，否则视为"死"鸡，"死"鸡后就要向对方贡"鸡"，比赛以发球得贡的次数多少决定胜负。

可见，在当时的环境条件下，如果没有各种丰富的自然资源，许多简便易行的土家族民俗体育项目就很难开展。

可见，清江流域土家族民俗体育与地理环境之间存在着密切的关系，清江流域独特的山地自然环境不仅为土家族人提供了天然的物质生活资料储备，造就了一个勤劳沉稳、坚韧顽强的山地民族，同时也为各种原生民俗体育活动的萌发提供了土壤，而这些原生的体育项目经由岁月的洗礼，在不断地发展与变迁中逐渐演变为土家族现今的民俗体育项目。

第二节　清江流域土家族民俗体育与经济生产的关系

马克思主义认为，生产活动是人类社会最基本的实践活动，是其他一切社会活动的根基与源泉，人类的其他活动最初都是由生产活动发展演变而来的。依据这一观点，民俗体育的萌芽与产生从一开始便与人类的生产劳动结下了不解之缘。而人类在采集、渔猎、刀耕火种等原始物质生产劳动过程中所萌发的体育文化元素，伴随着社会文明的进步而不断发展，其中的一些逐渐演变成为现今的民俗体育活动。

土家族民俗体育的起源同样与土家先民的生产劳动实践存在着千丝万缕的联系。水性使人通，山性使人塞，一定的生存环境决定着人们的生活方式，清江流域土家族地区独特的自然地理环境使得其经济形态表现出特有的山地经济形态。狩猎活动曾在土家族原始经济生产中占据着重要的地位，而流行于土家族地区的民俗体育"赶仗"，起初完全就是纯粹的围山狩猎活动。土家族聚众"赶仗"活动一般在粮食成熟的秋天或农闲的冬天进行，也有的是在农历的正月初一至十五进行。"赶仗"的工具包括猎网、角哨、套扣、标枪、弩枪、火铳、棍棒、猎刀等。"赶仗"属于集体性民俗活动，需要团队协同配合才能完成，因此土家族"赶仗"活动一般都有明确的分工。包括"侦察组"（理脚迹），由经验丰富的猎手组成，他们能掌握野兽出没的规律，主要工作是负责侦察猎物（野猪、豪猪、羚羊等）的大小、活动的地理环境以及可能的逃跑路线；"环网组"（安壕），由勇敢强壮之人组成，主要负责布置猎网，将猎物围困在预定的围猎范围之内;"闹山组"(赶山),由嗓子洪亮、眼疾足快之人组成,主要工作是携带猎狗将猎物驱赶至预定捕获地点;"堵卡组"(断堑),由刀法快、枪法准、沉着勇敢之人组成,堵卡是整个"赶仗"的核心环节,其主要工作是埋伏在预定的捕猎点,负责用刀枪杀死猎物;"祭祀组"的主要工作是负责进山前的问卦以及对土家族猎神①的祭祀。相关史志曾专门对土司围猎赶仗情景进行过生动的描述:"深林密箐,往日皆土官围场。一草一木,不许轻取。每冬行猎,谓之赶仗。先令舍把、头目等视虎所居,率数十百人用大网环之,旋砍其草,以犬惊兽,兽奔,则鸟铳标枪立毙之,无一脱者。"②后来,随着物质生活条件的改善,以及地方政府为保护生态环境而制定的相关禁猎措施的出台,土家族的集体狩猎活动基本上退出了历史的舞台。但"赶仗"这种活动形式却保留了下来,经过不断地创新发展,逐步演变成为现今这种以娱乐锻炼为主要目的的集体性民俗体育活动。

历史上,土家族先民的经济生产活动除了经营渔猎和林副业之外,作为原始农业的开端,他们大都会在山间的一些小盆地、小台地和狭长的坡地地段种植农作物,但这种农作物还只是停留在原始的刀耕火种阶段。"春耕时,砍去荆棘杂草,用火焚烧以做肥料,种植几年地力贫瘠时,又到别处开垦,叫做烧畲。"③"农民刀耕火种,方春砍杂树,举火燔之,名曰剁畲火。熄乃播种,其田收获恒倍。"④ 由于耕地稀少,种在山坡的粮食作物常被成群的禽兽偷食。为了保护庄稼,土家族人便常常以抛打石头、木棒的形式来驱赶飞禽走兽。久之成习,石头、木棒等成为各种体育器械,而模仿打禽兽的动作亦演变成了一项体育活动,如土家族民间流行的"甩叫岩""打飞棒""打罚碑"等民俗体育项目就是从驱

---

① 土家族视梅山为猎神——一个叫作梅山(梅嫦)的土家族姑娘。相传梅山姑娘是土家族有名的女猎手,她身怀绝技,箭法超群。在一次狩猎过程中,梅山为保护族人的安全而与猛虎展开激烈搏斗,最与猛虎一起掉下了万丈悬崖。后来梅山被仙人所救,玉皇大帝封她为梅山菩萨,专管打猎之事。土家族猎人每进山"赶仗"之前,都会祭祀梅山神,祈求她能够保佑安全,并能满载而归,当打到猎物后也会割下一小块肉来祭祀梅山猎神。
② (清)乾隆《永顺府志》卷12《杂记》。
③ 《土家族简史》编写组:《土家族简史》,民族出版社2009年版,第83页。
④ (清)乾隆《辰州府志》卷14《风俗》。

赶野兽、保护庄稼等原始生产活动中演变而来的，带有浓厚的乡土气息。

五代以后，土家族地区的农业经济生产有了较大改进，特别是在土司制度废除之后，汉区相对先进的农业生产方式传入土家族地区，使得土家族的农业生产逐渐由刀耕火种的粗放型生产发展到开荒挖土、牛耕种植、引水灌溉阶段，农业生产效率得到显著提高。而那些从砍草到播种到培育再到收割等一系列的农事劳作过程，通过提炼与升华，也都逐步纳入土家族民俗体育活动范畴之中。例如土家族民俗体育摆手舞之小摆手中的"砍火畲""烧灰积肥""挖土""播种""扯草""薅草""插秧""撒小米""种苞谷""割小麦""打谷子"等农事动作，其原型就是直接来自土家族传统农事活动，是对土家山寨居民山地农耕生产活动的生动再现，具有很强的写实性。

历史上，除了粮食作物之外，土家族人还种植一定的经济作物"麻"——古代土家族人用以纺线织布的必备物品，勤劳聪慧的土家族先民从种麻纺织的劳作过程中得到启示，于是创编出了"麻舞"这一独具特色的民俗体育舞蹈。麻舞围绕种麻织布的全部过程边跳边唱，其表演共分为十个场景：一是祭祀，念唱开山咒语；二是上山砍火烟；三是烧火烟；四是撒麻种；五是防禽兽糟蹋；六是剥麻；七是洗麻；八是接麻；九是纺麻；十是织布。表演者边唱边跳，其舞蹈动作连贯顺畅、形象逼真，使人有身临其境的感觉。麻舞的歌词内容分为上下两个半段，前半段主要反映山间种麻及其管理的艰辛，包括砍山烧山播种及其用土枪惊吓禽兽的原始农耕情形：

十八幺哥去砍山，砍了中间砍两边，
南边砍到北边转，不却砍了万重山。
十八幺哥砍完山，马上就要烧火烟，
烧了东边烧西边，映红满天大山间。
十八幺哥来烧山，烧了东边与西边，
南边烧了北边去，不却烧了万重山。
十八幺哥来撒麻，麻籽麻种手中拿，
一天要撒三二斤，三天共撒九斤麻。

十八幺哥来打雀，屁股上挂火药角，
走到麻林打一炮，只见毛飞鸟未落。

歌词的下半段内容则是反映丰收的喜悦，主要包括剥麻、洗麻、接麻、织麻等环节。

十八幺妹去剥麻，长麻短麻手中拿，
一天要剥三十斤，三天要剥百斤麻。
十八幺妹去洗麻，长麻短麻手中拿，
一天要洗三十斤，三天要洗百斤麻。
十八幺妹去接麻，白麻黄麻手中拿，
一天要接十多斤，三天要接好多麻。
十八幺妹去织麻，脚踏织机把梭拿，
一天要织好几匹，穿起麻衣走娘家。

脱胎于原始山地农耕经济实践的土家族民俗体育麻舞，在跨越千年的传承过程中承载着土家山地民族的文化记忆，体现了土家族人勤劳朴实的性格品质。其原始朴拙、节奏鲜明的动作表现，生动形象又十分真实地再现了土家先民原始农耕生产的情境。

第三节 清江流域土家族民俗体育与军事战争的关系

土家族的先民巴人早在4000多年前就已经活跃在华夏大地上，这是一个以战争书写历史的民族，在整个先秦时期和封建社会早期，巴人和土家族将士兵戈频动，武风浓烈，军事活动极为频繁，先后参加了一系列的征讨防御战争。[①] 早在上古时代，巴人虎部便曾协助黄帝逐鹿中原，作为黄帝集团的生力军，他们一直都是冲锋在前、敢死陷阵的"领头雁"

---

① 刘尧峰：《土家族武术文化及其传承研究》，中国社会科学出版社2018年版，第166页。

和"排头兵";殷商末年,在武王伐纣的正义之战中,由 3000 巴人组成的虎贲军先锋部队,尤其凸显了其民族凌厉的兵锋;楚汉战争中,一支 7000 人的巴人劲旅如神兵天降,度陈仓、定三秦,为刘邦顺利挺进关中乃至整个汉王朝基业的开创立下了汗马功劳;及至明代嘉靖年间,东南沿海倭患不断,土家族将士更是临危受命,慨然应召,数万名土兵开赴抗倭前线,他们与官军和广西"狼兵"① 协同作战,迅速扭转战局并彻底荡平了东南沿海之倭患,战后,鉴于土兵在抗倭战场的英勇表现,朝廷授予土家族土兵"东南战功第一"的美誉。

在频繁征战的社会历史背景下,不论是先秦巴人社会还是土司制度时期,土家族内部基本上都具有"全民皆兵"的意义。由于战事频仍,土家族军队十分注重军事武艺的操练。在军事武艺方面,巴人以射技、剑术和板楯见长,土兵则以钩镰枪弩和宝塔阵称雄。在武艺操练方面,清代文人顾彩在其著作《容美纪游》中曾对土家族土司练兵情形有过翔实的记载:"其兵素皆练习,闻角声则聚,无事则各保关砦。盔重十六斤,衬以厚絮,如斗大,甲重者数十斤,利箭不能入……一人搏虎,二十人助之,以必毙为度,纵虎者重罚。猎他兽亦如之,得擒则倍赏当先者。"② 频繁的战事以及经常性的军事操练活动,不仅强化了民族英勇顽强的品质,催生了民族浓郁的尚武精神,同时也衍生出了诸多与战争相关的民俗体育项目,例如流行于土家族地区的"大摆手舞""打蘢""偷营""抢山头"等民俗体育项目均与土家族的军事战争有着千丝万缕的联系。

摆手舞是清江流域土家族最具代表性的传统民俗体育项目之一。据考证,土家族摆手舞系列中大摆手舞的原型即是先秦巴人的军前舞或战舞——巴渝舞。大摆手舞中的披甲、列队、冲锋、拉弓射箭等军事舞蹈动作,与唐代史家杜佑在《通典》中所载巴渝舞之矛渝、弩渝如出一辙。土家族的先民巴人勇猛善战、能歌善舞,曾在武王伐纣的战争中立下赫

---

① 这里的"狼兵"专指明代广西出身之战斗人员,不隶军籍。明代广西"狼兵"以骁勇善战著称,其兵源多数为壮人,少数为瑶人,东南抗倭时的统领为田州女土官瓦氏夫人。
② (清)顾彩:《容美纪游》,吴佰森校注,湖北人民出版社 1998 年版,第 86 页。

赫战功。牧野一战，巴人将士冲锋在前，以雄壮豪迈的战歌战舞迅速瓦解了殷人的斗志，从而使得殷军倒戈相向，结果武王大获全胜。据《华阳国志·巴志》载："周武王伐纣，实得巴、蜀之师，著乎《尚书》……巴师勇锐，歌舞以凌殷人，（殷人）倒戈，故世称之曰'武王伐纣，前歌后舞'也。"① 又据《后汉书·南蛮西南夷列传》的记载："至高祖为汉王，发夷人还伐三秦……天性劲勇，初为汉前锋，数陷阵。俗喜歌舞，高祖观之，曰：'此武王伐纣之歌也。'乃命乐人习之，所谓《巴渝舞》也。"② 可见，汉高祖刘邦认为巴人所习歌舞乃武王伐纣之歌舞，于是将其命名为"巴渝舞"而在宫中广为传习。

由于高祖的推崇，汉代巴渝舞被列入宫廷宴乐，这种舞蹈还有"矛渝""弩渝"等专门的舞曲，多与兵器战阵相关，一般多在朝廷举行祭祀大典或接待四夷使者时表演。就规模而言，每场演练少则数十人多则数百人，场面壮观，气势恢宏，其目的不仅仅是娱乐助兴，同时亦有耀武观兵、展示大国实力之意。巴渝舞演练时舞者手执弓、矢、戈、矛、盾牌等武器，唱巴歌，众人列队行进，舞姿多为各种砍杀劈刺等军事武艺动作，节奏铿锵激烈，场面恢宏壮观。在后来的发展过程中，曹魏改巴渝舞为"昭武舞"，晋又称之为"宣武舞"，虽然名称更易，但其内涵却大体相似，"昭武舞"和"宣武舞"均是用于郊庙祭祀，颂扬祖先武功的舞蹈。③ 充分说明巴渝舞与战争武功紧密联系，其原型为古代的武舞。

根据相关学者的普遍观点，起源于军事战争的清江流域土家族大摆手舞，大致经历了古代战舞—巴渝舞—昭武舞—宣武舞—大摆手舞这样一个变迁历程。就舞蹈内容构成来看，土家族大摆手舞演练中除了一些反映生产生活实践的动作外，其主体部分主要是各种反映军功战事、战斗姿态的场景。跳大摆手舞时，要插龙凤旗、吹牛角号、唢呐、咚咚喹，舞者手持齐眉棍，在跑动中不断变换各种队形。其内容包括冲锋陷阵，缴获敌人武器以及比试武艺等，其中的比试武艺环节就有射箭、打拳、

---

① （晋）常璩：《华阳国志·巴志》，严茜子点校，齐鲁书社2010年版，第2页。
② （宋）范晔：《后汉书·南蛮西南夷列传》，中华书局2007年版，第838页。
③ 杨爱华、何秀珍、李英：《古代巴人体育——巴渝舞研究》，《北京体育大学学报》2004年第8期，第1040页。

耍板凳、使刀枪、舞流星锤等军事武艺内容。整个大摆手舞的表演过程中，舞者身披铠甲，手持齐眉棍、梭镖、盾牌等兵器，表演各种冲锋陷阵、击刺杀伐以及攻守阵形转换等动作，同时还会吟唱古老的巴语战歌或哀怨婉转的《竹枝词》以壮声势，场面气势恢宏、摄人心魄。① 从某种程度上来说，大摆手舞表演即是其民族原始征战场景的生动再现，足以证明土家族民俗体育大摆手舞与原始民族战争之间的渊源关系。

土家族集体性民俗体育游戏项目"偷营""争江山"等，也都与军事战争有着密切的关系。"偷营"活动时"敌"我双方各设营寨，选拔自己的指挥官，并设有指挥部和关押俘虏的地方。一切准备就绪后，指挥官排兵布阵，命令守营人员严守阵地，谨防对方偷袭指挥部，同时派遣本方队员暗中偷袭对方指挥部，如果本方人员被俘，还得想方设法进行营救，但无论被俘人员多少，只要对方指挥部被本方偷营人员触及即为偷营成功；民俗体育游戏"抢山头"是土家族少年儿童在野外进行的登山运动，整个活动方式类似于军事战争中的攻营拔寨、抢占高地一般，活动时事先选好一个山头，并在上面做好标记（一般插一面旗子或是一根树枝），参加者从山下向山头发起冲锋，第一个登上山头的为"王"，第二、三个登上的依次为左右大臣，后登上者还可与前三人争夺王位，先登上山头的三名队员必须在规则允许的范围内，采取各种办法同心协力推下进攻者，在规定的时间内保住王位才算胜利。

清江流域土家族民俗体育活动不少来源于民族战争，或者是受到军事战争的启发演变而来。这类民俗体育活动不仅承载着民族的历史记忆，传承着英勇顽强的民族精神，同时也极大地丰富了土家族民俗体育活动的内容。

第四节　清江流域土家族民俗体育与宗教信仰的关系

原始宗教在人类生活早期的远古时代，是人类社会活动的精神寄托，

---

① 刘尧峰：《土家族武术文化研究》，博士学位论文，上海体育学院，2015年，第103页。

为人类社会的秩序建立与调解起到了重要的作用。① 美国著名法学家哈罗德·J. 伯尔曼认为："早期的体育萌芽与宗教有着密切的关系，而且在体育的发展过程中一直受到宗教的影响。"在此前提下，由娱神慰神的祭祀仪式而诞生的原始舞蹈及其各种身体活动作为原生态的游艺民俗，构成了民俗体育在其原始发展阶段的主体，而这种原初状态的民俗体育在其发展变迁过程中也始终携带着原始宗教信仰的文化基因。

清江文化的母体与巫术文化息息相关，清江到峡江一带自古就是中国巫文化最为发达的地区之一，对此《山海经》中记述颇多，传说生活在清江流域的巴人首领廪君就是一个大巫师。② 在土家族的历史发展长河中，图腾崇拜、自然崇拜、鬼神崇拜、祖先崇拜等原始宗教信仰一直留存于民众的生产生活中，而"信鬼重巫"更是清江流域土家族聚居地区民风遗俗的鲜明体现，在这种文化土壤中产生的民俗体育则必然会被打下深深的宗教信仰的文化印记。

就图腾崇拜与祖先崇拜而言，在万物有灵思想的感召下，远古时代的人类往往认为自己的祖先是某种动物或植物的化身，进而认为其祖先与某种动物之间存在着一定的亲缘关系，在此语境下，图腾崇拜与祖先崇拜便自然而然地联系在一起。土家族的先民巴人崇尚白虎，将白虎当作民族的精神图腾，后来又因廪君化白虎的传说，于是他们便将自己的氏族首领廪君与白虎联系起来，"廪君死，魂魄世为白虎，巴氏以虎饮人血，遂以人祀焉"③。再后来，随着血缘宗亲观念的不断强化，土家族人又极为重视对已故亲人灵魂的祭拜。图腾崇拜和祖先崇拜等原始宗教信仰对土家族传统文化影响深远，例如土家族民俗体育舍巴舞、跳丧舞、八宝铜铃舞、麻舞、打廪、绕棺等，大多源于土家族原始的祖先崇拜，或与土家族原始宗教信仰存在着千丝万缕的联系。

土家族跳丧舞实质上是一种民族宗教舞蹈，其原初形态是先秦巴人

---

① 王智慧：《图腾崇拜与宗教信仰：民族传统体育文化传承的精神力量》，《体育与科学》2012年第6期，第13页。

② 黄柏权：《清江流域民族文化生成机制及其特征》，《湖北民族学院学报》（哲学社会科学版）2006年第4期，第42页。

③ （宋）范晔：《后汉书·南蛮西南夷列传》，中华书局2007年版，第837页。

为悼念在战场上所牺牲的士兵而跳的一种祭祀舞蹈。他们企图通过这种载歌载舞的祭祀仪式，能够使战死将士的灵魂升天，同时也祈求那些牺牲将士的灵魂保佑他们在战场上能够所向披靡、战无不胜。后来，巴人后裔对这种能够使死者灵魂升天的原始祭祀舞蹈推崇备至，于是这种战场上的祭祀舞蹈逐渐演变为民间用于祭奠死者的"死神之舞"——跳丧舞。《夔府图经》载："巴人尚武，击鼓踏歌以兴哀，……父母初丧，击鼓以道哀，其歌必狂，其众必跳，此乃盘瓠白虎之勇也。"[①] 正因为氏族祖先廪君死后魂魄化为白虎而升天，故而巴人和土家族人并不以人死而过分悲伤，相反却为之彻夜歌舞、祈祷，祈求逝者能够像先祖一样灵魂得以升天。根据流传下来的跳丧舞曲词，不难发现其中的许多内容都与祖先崇拜相关，旨在歌颂氏族领袖廪君带领族人开疆拓土、开基肇业的英雄业绩。例如跳丧舞的开场歌词："先民在上，乐土在下。先民开疆辟土，我民守土耕稼。"[②]《廪君创业》歌词："向王天子一支角，吹出一条清江河。声音高，潮水涨，声音低，潮水落。牛角号，弯牛角，吹出一条弯弯拐拐的清江河。"[③] 又如流传于长阳境内的《土船变龙舟》唱词："向王天子掌舵，德济娘娘掌艄，驾起土船游夷水（清江），鸡公山下把船靠，一停数个秋，土船变龙舟。"[④] 不难看出，跳丧舞实际上就是蕴含图腾崇拜与祖先崇拜深刻寓意的民族宗教信仰舞蹈，它的产生与流传与土家族的原始宗教信仰不无关系。

流传于清江流域上游利川、恩施等地的民俗体育"打廪"与"绕棺舞"，其本源亦属于土家族宗教祭祀性舞蹈。其最初的形态是巴人为纪念其部族首领"白帝天王"[⑤]的一种军殇祭仪，后逐渐演变为土家族人为悼念寿终正寝的老人离世的一种丧葬祭仪，在土家族人的潜意识中，老人

---

① 杜帮云：《"撒尔嗬"及其民族伦理意蕴》，《理论界》2009年第1期，第163页。
② 田万振：《土家族生死观绝唱——"撒尔嗬"》，中央民族大学出版社1999年版，第20页。
③ 阎颖、田强：《传承与裂变：土家族跳丧舞的文化分野》，《贵州民族研究》2007年第2期，第110页。
④ 阎颖、田强：《传承与裂变：土家族跳丧舞的文化分野》，《贵州民族研究》2007年第2期，第110页。
⑤ 白帝天王又称"天王"或"天王神"，是湘鄂西民间崇拜的神祇，具有战神之神格。

的离世是应祖先白帝天王的征召出征打仗去了，征战完毕祖先白帝天王会保佑其灵魂得以升天。为给其壮行，需要特意跳各种冲锋陷阵、奋勇厮杀、建立军功的舞蹈，同时还要祭酒讴歌以助威助势，营造一种紧张激烈的战斗氛围，以凸显祖先的不朽战功。① 有关土家族民俗体育"打廪"习俗的由来，清道光十八年（1838）杨姓土家族族谱中曾有如下记述，从中不难看出其祖先崇拜的踪迹。

> 且查木本水源，凤属地境之民户，并无廪家之名目一说。惟我乌引里杨、田为廪家是也。父母终世，请祝史"流落"鸣鼓，破竹做弹，打廪、跳牌，源我祖白帝天王，及随同僚属之田、苏、罗三姓，率领将卒，征剿荆楚辰蛮，鸣鼓督阵，用九拳环刀，放弓弩，剿贼党。瑶仡辰蛮，宰杀牲牢，犒赏将卒，碗盏百无一有，只可用岩盘盛肉，瓦块摆菜，吃卡息。平定蛮寇，进京被奸臣用计，以鸩酒毒害，上马遛落而亡。其尸在途，计程十四日。气置盛暑炎蒸，随从人役，折麻叶扫去蚊蝇，采取山中蜜蜡，烧香避秽；夜护尸驱兽，演征战厮杀，发呐喊讴歌。故今杨、田、苏、罗、林、谭、吴七姓，父母终世，请祝史"流落"送丧，效先祖被谋中计，上马遛落而亡；鸣鼓，效先祖打仗督阵；破竹制弓削箭，挥使九拳环刀，效先祖放弓弩挥刀斩杀蛮寇；吃卡息祭碗，曰岩盘，效先祖犒赏将卒；挚大令，效先祖出征督阵旗号；烧黄蜡宝香，效先人焚蜂蜡避秽。……自此而始，名曰"廪卡"，杨、田、苏、罗四姓也。……庶不知百姓之家，岁终宰杀牺牲，祭祀摆列，各有不同，乃是各有根源耳！②

第五节　清江流域土家族民俗体育与节日礼俗的关系

传统节日作为民族文化的盛典，是各族人民为适应生产、生活、交

---

① 刘尧峰：《土家族武术文化研究》，博士学位论文，上海体育学院，2015年，第146页。
② 田万振：《土家族生死观绝唱——"撒尔嗬"》，中央民族大学出版社1999年版，第193页。

往及其信仰等方面需求而创造出来的约定俗成的民俗文化活动。一般而言，传统节日的形成都有两个必不可少的要素：其一是一年之中要有若干个相对固定的节期（我国上古时代人们为了生产劳动的便利而创造的历日、二十四节气等）；其二是节气中必须要有一定的风俗活动。而从最早的风俗活动来看，原始崇拜、巫术与祭祀等才是节日产生的最早渊源。① 这也是传统节日体育产生的先决条件。至迟到东汉魏晋时期，影响中国社会两千多年的传统节日体系基本形成，与这些节日相对应的节日风俗也相对固定下来。②

　　土家族在其民族发展历程中形成了种类繁多的民俗节日，诸如赶年节、舍巴节、土地节、牛王节、大端阳、六月六、七月半、女儿会、中秋节等。传统节日为民俗体育活动提供了良好的场所，而民俗体育活动则为民族节日的内容增添了喜庆的内容和跃动的色彩。③ 土家族传统节日是土家族地区各种民俗活动传承与发展的载体，同时也成为土家族民俗体育寄寓的主要文化场域。例如"舍巴节"是在农历正月初一至十五举行的土家族最为隆重的传统节日，节日期间，除了在舍巴堂④祭祀先祖及各路神灵以祈求人寿年丰之外，还要到舍场坪举行规模盛大的调年活动，人们兴高采烈地表演茅古斯舞、梯玛舞、摆手舞、猴儿舞、扫把舞、厄巴舞、三棒鼓、板凳龙舞等土家族独具特色的民俗体育舞蹈，其中茅古斯舞和摆手舞是舍巴节历史最为悠久、影响最为广泛的民俗体育舞蹈。尤其是茅古斯舞，更被称为土家族远古舞蹈的活化石，主要用以祭祀土家族的猎神和祖先。茅古斯舞表演有众多的曲目，诸如《过年》《赶仗》《钓鱼》《砍火畲》《甩火把》《抢新娘》《做阳春》《纺棉花》《学读书》等，表演者身穿茅草衣或稻草衣，形似"毛人"一般，模拟原始渔猎山伐、祖先征战功绩、日常生产生活等情境，其动作粗犷雄浑，形象逼真。

　　八月十五中秋节这天，土家族人除了吃月饼、拜月、赏月华外，还

---

① 韩养民、郭兴文：《中国古代节日风俗》，陕西人民出版社2002年版，第3页。
② 萧放：《岁时——传统中国民众的时间生活》，中华书局2002年版，第83页。
③ 李延超：《民族体育的生态与发展》，博士学位论文，上海体育学院，2011年，第123页。
④ "舍巴堂"又称"摆手堂"或"神堂"，是土家族供奉祖先神位的地方。

拥有"偷瓜"（亦称"摸秋"）这一奇特习俗，一些年轻人趁着月色到瓜园去"偷"冬瓜，虽被主人家发现也不为怪，然后将"偷"来的冬瓜送到婚后久无生育的夫妇家中，预祝他们能够早生贵子。土家《竹枝词》云："生育艰难暗带愁，乡邻送子贺中秋；冬瓜当作儿子耍，喜得闺人面带羞。"清江流域土家族聚居地区"偷"瓜这一习俗，《长乐县志·习俗》中亦有相关记载："中秋……惟辄夜不寐，谓曰'守月华'，且有戏。摘人园中瓜，窥乡邻之望子者，则将此瓜彩红包裹，箫鼓衣冠送至其家，以为宜男之兆，如来年果举子，则必具盛馔申谢。"后来八月十五夜"偷"瓜习俗逐渐演变为一项极有意义的民俗体育活动。除此之外，土家族其他传统节日中亦有诸多民俗体育的元素，例如赶年节中的玩龙灯、荡秋千、唱傩戏，社日中的社巴舞，牛王节中的上刀梯，大端阳中的赛龙舟，龙袍节中的耍武艺，元宵节中玩狮子、地龙灯、彩龙船、打莲湘等。土家族民俗体育与传统节日之间存在着千丝万缕的联系，民俗体育活动俨然成为土家族传统节日中展现民族魅力不可或缺的重要组成部分。

  人生仪式不是孤立的，特别是对于诞生礼、婚礼和葬礼来说，它们既有时间上的阶段性，也有文化上的延续性和共同性。[1] 清江流域土家族人生礼俗中亦有诸多民俗体育文化事象，例如"打喜花鼓"就是流行于清江流域中游恩施、建始、巴东、长阳、五峰等土家族地区庆贺孩子诞生的传统习俗，一般在满月酒上进行。"打喜花鼓"时，表演者以一男一女或数男数女出场，根据表演的需要，顺手拿起草帽、手巾、芭扇、扫帚等物品，踏着"两步半"的步伐和"三道弯"的舞姿，遵从"脚踏之字拐，手似弱柳飘，腰儿前后扭，屁股两边翘"的舞诀边歌边舞，动作简练，舞姿轻盈，以轻松、柔美、夸张的身体行为传达生活的意蕴；土家族婚俗中有许多的礼仪，在迎亲当日的黄昏，往往都会上演一出令人欢快的恶作剧。女家村寨的少女们都要去找男方派来接亲的青年男子"摸米"[2]，她们三三两两，人人手掌上都涂满锅底的锅灰，一旦发现摸

---

[1] 王丹：《个人·家·社会——清江流域土家族"打喜仪式研究"》，博士学位论文，中央民族大学，2011年，第2页。

[2] 土家姑娘出嫁前一天，新郎家会派一"摸米"代表男方到女方家迎亲，"摸米"往往都是专门挑选出来的英俊潇洒的未婚青年男子，类似于汉族婚礼中的伴郎角色。

米，就会猛扑过去，直接将他抹个一脸黢黑。实际上，很多姑娘往往并不关心真正的摸米是谁，她们要"捕捉"的大多是自己心仪的对象，而被抹黑的小伙子也会心照不宣地将脸上的锅灸抹下来，反向姑娘的脸上抹去，少男少女互相追逐，扭作一团，娱乐性极强。"找摸米"不仅仅是一种婚俗礼仪，同时也是青年人之间一种富于浪漫情调的娱乐活动，许多青年男女往往借此相识，暗生情愫，继而请媒人求婚；"慎终追远，明生死之义"，丧葬礼仪是人生礼仪中最后一个礼仪，清江流域土家族老人过世，丧事礼仪中亦有跳撒尔嗬（跳丧）的习俗，仪式过程中，众人以载歌载舞的方式祭奠亡人，歌声高亢欢快、声震山林，舞蹈刚柔相济、和谐明快。

这种依附于传统节日和人生礼俗的民俗体育活动，大多需要特定的文化空间场域才能存在。然而，随着社会的变迁与人们价值观念的转变，一些活动项目也逐渐从传统节日或礼俗中脱离出来，成为独立的民俗体育项目，诸如土家族民俗体育摆手舞、茅古斯、喜花鼓、撒尔嗬等，已经基本融入了人们的日常生活之中，在地区全民健身中发挥着积极的作用。

第六节　清江流域土家族民俗体育与文化交融的关系

流动性与传播性是文化所固有的特性，任何一种文化形成之后，其本身都不可能完全孤立静止地存在，必然会在不断的变迁过程中融入某些新的元素，从而使其具有某种交融性的特征。① 清江流域土家族生活于我国的内陆腹地，虽地处大山，但自古就与华夏、中原相邻，早在先秦时期，清江流域的巴人就与中原地区互动频繁，清江流域更是成为各种文化交流涤荡的交汇点，在周边文化的不断辐射与浸润下，从而使得清江文化呈现出多元性和丰富性的特征。历史上，其东边是楚文化，西边是蜀文化，北边是汉中文化，南边则是西南少数民族文化，在以后的历

---

① 刘尧峰：《土家族武术文化及其传承研究》，中国社会科学出版社2018年版，第78页。

史发展进程中,周边各种文化的影响从来就没有停歇过。① 也正是因为此,清江流域土家族民俗体育文化深受汉文化及相邻地区少数民族文化的影响,具体表现为:在民族的交流互动中对汉族和其他少数民族民俗体育文化的吸收、接纳与融合。

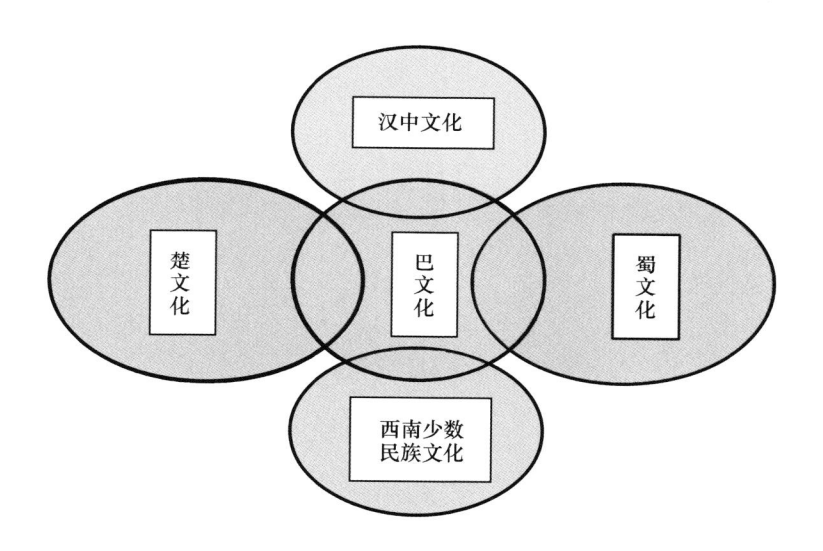

图3—1 清江流域地域民族文化交融关系

清江流域土家族民俗体育文化受汉族影响较大,以端午赛龙舟习俗为例,每年的端午节这天,土家族除了传统的挂艾蒿、吃粽子、喝雄黄酒等民俗之外,同样会举行龙舟竞渡,这显然是受到汉族文化习俗的影响。但相较于汉族而言,土家族赛龙舟又存在着许多的特别之处。首先,赛龙舟本是民间为纪念屈原投江自尽无棺可享,故而在农历五月初五端午节这天进行龙舟竞渡,其目的是向屈大夫争献渡河之器具,以示对爱国诗人的敬意。由于土家族注重过大端午(端阳)节,故而土家族传统赛龙舟的时间一般多在五月十五日举行。据《来凤县志》载:"俱竞渡龙舟,十五日为盛。"其次,土家族传统赛龙舟除了固有之纪念屈原目的

---

① 黄柏权:《清江流域民族文化生成机制及其特征》,《湖北民族学院学报》(哲学社会科学版)2006年第4期,第39页。

外，还蕴含有战胜灾祸的意蕴。选手们集体团结应战，全力争胜，寓意战胜压制各种邪恶、灾祸、瘟疫等，蕴含着祈福禳灾、追求风调雨顺的深层文化信仰，寄托了土家山寨人们纯朴而美好的生活愿景。再次，清江流域土家族赛龙舟还有个不成文的规矩，那就是船上队员禁说"打""扑""翻""倒"等字眼，而改说成"装""趴""起""反"，主要是对谐音"翻船"的忌讳，赢方还要在船头挂艾蒿，以雄黄搽身驱邪。昔日，每逢清江流域端午赛龙舟，周边村寨的人们都会蜂拥而至，尤其是身着节日盛装的土家姑娘，她们即兴而发，热歌对唱，翘首关注河中赛况："龙船锣鼓闹沉沉，妹看龙船最认神，郎在船上喊加劲，妹在岸上望朗赢。"[①]

可见，通过对汉族赛龙舟习俗的移植与文化交融，土家族的龙舟竞渡逐渐融入了本民族的文化特质。此外，土家族民俗体育活动中的"舞狮子""板凳龙""打莲湘""高脚灯""荡秋千"等项目也都是受到汉族民俗体育活动的影响，抑或是从汉族移植过来之后，经过民族化、本土化的改造，从而融合成为具有土家风格的民俗体育项目。

由于其特殊的地理位置，清江流域土家族民俗体育文化除了受汉族影响较大外，与周边其他少数民族民俗体育文化的交融现象也非常明显。有的民俗体育活动是直接从相邻地区移植过来，或是受到相邻少数民族体育活动的启发，经过不断地改造与创新，最终变成了具有自身民族特色的民俗体育项目。而有的项目其本身就是各民族共同拥有的，如"射弩""抢花炮""上刀梯""打陀螺""抛绣球""踩竹马""打磨秋"等体育活动，由于拥有相似的文化生态环境，因此在西南地区各少数民族中成为共同参与的内容。

第七节　本章小结

清江流域土家族民俗体育文化作为一种地域文化是在特殊的自然环境、独特的地理位置、原始的生产方式、古老悠久的历史文化以及多元

---

① 谢娅萍：《土家赛龙舟》，恩施新闻网（http://www.enshi.cn/2016/0428/258852.shtml）。

文化的交融激荡下形成的。本章主要梳理了影响清江流域土家族民俗体育文化形成的各种文化因素，主要体现在以下几个方面。

其一，清江流域土家族民俗体育与其生存的自然地理环境有着密切的关系，土家族人在征服自然环境的过程中使得许多原生态的传统体育项目得以应运而生，同时自然地理环境所提供的丰富资源也为土家族民间体育活动的开展提供了取之不尽的活动器材。其中某些原生态的体育项目经由岁月的洗礼，在不断的发展变迁中逐渐演变为土家族现今的民俗体育项目。

其二，论证了清江流域土家族民俗体育与民族地区经济生产的关系，土家族集体性民俗体育"赶仗"与原始山地经济形态关系密切，起源于土家族的围山狩猎活动，土家族"麻舞""砍柴舞"以及小摆手舞中不少动作均脱胎于土家族原始农事生产活动，是对土家山寨居民山地农耕生产情境的生动再现。

其三，在土家族的历史上，不论是先秦巴人社会还是土司制度时期，土家族内部基本上都是实行"全民皆兵"的军事体制，频仍的战事以及经常性的军事武艺操练，不仅提升了民族英勇顽强的品质，催生了尚武精神，同时也衍生出了许多与战争相关的民俗体育项目，诸如"大摆手舞""打廪""偷营""抢山头"等均与土家族的军事战争有着千丝万缕的联系。

其四，历史上，清江流域土家族聚居地区巫觋文化浓郁，在这种文化土壤中所产生的各种民俗体育文化事象必然会被打上宗教信仰的文化印记，土家族民俗体育"舍巴舞""跳丧舞""八宝铜铃舞""打廪""绕棺"等，其产生、流传与土家族的图腾崇拜和祖先崇拜等原始宗教信仰不无关系。

其五，土家族传统节日是土家族地区各种民俗活动传承与发展的载体，同时也成为土家族民俗体育寄寓的主要文化场域，土家族舍巴节中的"茅古斯""摆手舞"，中秋节的"偷瓜（摸秋）"民俗，牛王节中的"上刀梯"，元宵节中的"地龙灯""打莲湘"等，均为传统节日增添了喜庆的内容和跃动的色彩；在人生礼仪方面，土家族独特的诞生礼、婚礼和葬礼，则为"打喜花鼓""找摸米""跳撒尔嗬"等民俗体育文化提供了特定的文化空间场域。

其六，由于其特殊的地理位置，清江流域土家族聚居地区成为各种文化交流涤荡的交汇点，在周边文化的不断辐射与浸润下，从而使得清江流域土家族文化呈现出一体多元的态势。在此背景下，清江流域土家族民俗体育文化也受到汉族及相邻地区少数民族体育文化的影响，具体表现为在民族的交流互动中通过对汉族和其他少数民族民俗体育文化的吸收、接纳与改造，从而融合成为具有土家风格的民俗体育文化。

第四章

文化图景

——清江流域土家族民俗体育文化整体风貌

清江流域风光秀丽,民风古朴,历史文化厚重。千百年来,生活在这片神奇土地上的土家族人民以清江为魂,以大山为灵,在创造出其独有生活图景的同时,也孕育出了种类繁多、蔚为壮观的民俗体育文化事象,成为清江流域土家族传统文化的重要组成部分。总体而言,清江流域土家族民俗体育文化不仅拥有丰富的资源储备、深邃的文化内涵、鲜明的技术特征,而且还拥有多元化的价值体系,总体上呈现出蔚为壮观的繁盛图景。

第一节 清江流域土家族民俗体育文化种类概览

一 土家族民俗体育总览

土家族民俗体育种类繁多、特色鲜明,根据文献资料、问卷调查及实地调研所获得的资料统计显示,清江流域土家族具有地方特色的活态民俗体育项目共计60余项(见表4—1)。

表4—1　　　　　清江流域土家族民俗体育项目一览

序号—项目	序号—项目	序号—项目
1. 蛤蟆抱蛋	3. 摆手舞	5. 地龙灯
2. 撒尔嗬	4. 茅古斯	6. 三棒鼓

续表

序号—项目	序号—项目	序号—项目
7. 薅草锣鼓舞	25. 跷旱船	43. 打喜花鼓
8. 肉连响	26. 打罚碑	44. 偷瓜（摸秋）
9. 草把龙	27. 追鸭	45. 牵羊肠
10. 板凳龙	28. 巴山舞	46. 抢山头
11. 耍耍	29. 打镏子	47. 拦门
12. 滚龙莲湘	30. 竹梆舞	48. 擒毛
13. 花鼓灯	31. 划干龙船	49. 跑泽田
14. 彩龙船	32. 莲湘舞	50. 偷营
15. 地盘子	33. 肉莲花	51. 推磨摇磨
16. 绕棺舞	34. 跳马舞	52. 找摸米
17. 撑杆越沟	35. 狮子灯	53. 打上大人
18. 打飞棒	36. 冲跷跷板	54. 赛龙舟
19. 荡藤	37. 穿针赛跑	55. 端公舞
20. 抵杠子	38. 甩叫岩	56. 高脚灯
21. 罚界鸡	39. 打磨秋	57. 上刀梯
22. 独木穿激流	40. 跳红灯	58. 抢花炮
23. 骑竹马	41. 赶杖	59. 麻舞
24. 抢贡鸡	42. 蚌壳灯	60. 跳花灯

需要指出的是，在这些民俗体育项目之中，还存在着诸如"竹梆舞""抢花炮""莲湘舞""狮子灯""高脚灯""赛龙舟""板凳龙"等一小部分与周边少数民族或汉民族民俗体育名称或活动方式相类似的项目，这是文化传播与交融的结果。事实上，任何一种文化在其形成之后，其本身都不可能完全静止地、孤立地存在，文化的传播、交流、吸收、接纳与融合是必然趋势，这也正是清江文化开放、兼容、一体多元的鲜明体现。

二 土家族民俗体育分类

分类亦称为归类，即根据事物的同和异将事物集合成类的过程，分类是科学研究不可或缺的手段。由于我国民俗体育历史悠久、内容丰富、形式多样且风格迥异，故而其分类方式亦呈现出多元化的趋向，按照不同的分类标准可以划分为不同的种类。总体来看，目前学界主要是按照民俗体育的文化特质、依附性能、价值功能、地域分布、民族成分以及项目特点等来进行分类。例如按照民族成分可从总体上将民俗体育划分为汉族民俗体育和少数民族民俗体育两大类；按照民俗体育的依附性能则可将民俗体育划分为依附性民俗体育和非依附性民俗体育，其中依附性民俗体育又可再分为信仰祭祀类、农事生产类、婚丧礼仪类和岁时节令类民俗体育，而非依附性民俗体育则可依据参与者主观意图划分为竞技对抗类、健身养生类和休闲娱乐类民俗体育等。

我国著名民俗学家乌丙安先生对于民俗类型的划分有着独到的见解，依据他的观点，民俗至少具有四种形式，即经济的民俗、社会的民俗、信仰的民俗和游艺的民俗。其中经济的民俗是以民间传统的经济生产习俗、交易习俗及消费生活习俗为主要内容的；社会的民俗是以家族、亲族、乡里村镇的人际关系、习俗惯制为主要内容的，其中社会往来、组织、生活礼仪等习俗是其重点；信仰的民俗是以传统的迷信与俗信的诸事象为主要内容的；游艺的民俗则是以民间传统文化娱乐活动（其中包括口头文艺活动）的习俗为主要内容，也包括竞技等事象在内。[①] 这种分类方法得到了民俗学界的普遍认可与赞同。

参照乌丙安先生对民俗的分类，笔者认为清江流域土家族民俗体育总体上可划分为五种类型：一是经济类民俗体育，即以民间传统的经济生产习俗、交易习俗及其消费生活习俗等为主要内容所进行的各种体育活动形式，主要包括"薅草锣鼓舞""打飞棒""麻舞""赶仗""甩叫岩""打罚碑""跷旱船""三棒鼓"等项目；二是社会类民俗体育，指以家族、亲族、乡里村镇的人际关系、生活礼仪、习俗惯制等为主要载体发展而来的民俗体育项目，主要包括"花鼓灯""追鸭""抢贡鸡""打镏子""跳花灯""拦门""偷瓜""找摸米"等项目；三是信仰类民俗体育，特指以传统的宗教信仰及其祭祀活动为依托而形成的民俗体育项目，清江流域土家族民俗体育中绝大部分都属于这一类，其代表项目

[①] 乌丙安：《中国民俗学》，辽宁大学出版社1985年版，第68页。

有"撒尔嗬""摆手舞""茅古斯""地龙灯""八宝铜铃舞""草把龙""板凳龙"等；四是游艺类民俗体育，指由民间传统文化娱乐活动习俗演变而来的民俗体育项目，主要包括"肉连响""耍耍""滚龙莲湘""狮子灯""蚌壳灯""翻茶盘""划干龙船"等；五是竞技类民俗体育，指以民间传统文化娱乐活动习俗所进行的富有竞争与对抗性质的民俗体育活动，主要包括"抵杠子""抢山头""偷营""骑竹马""穿针赛跑""赛龙舟""跑泽田"等项目。

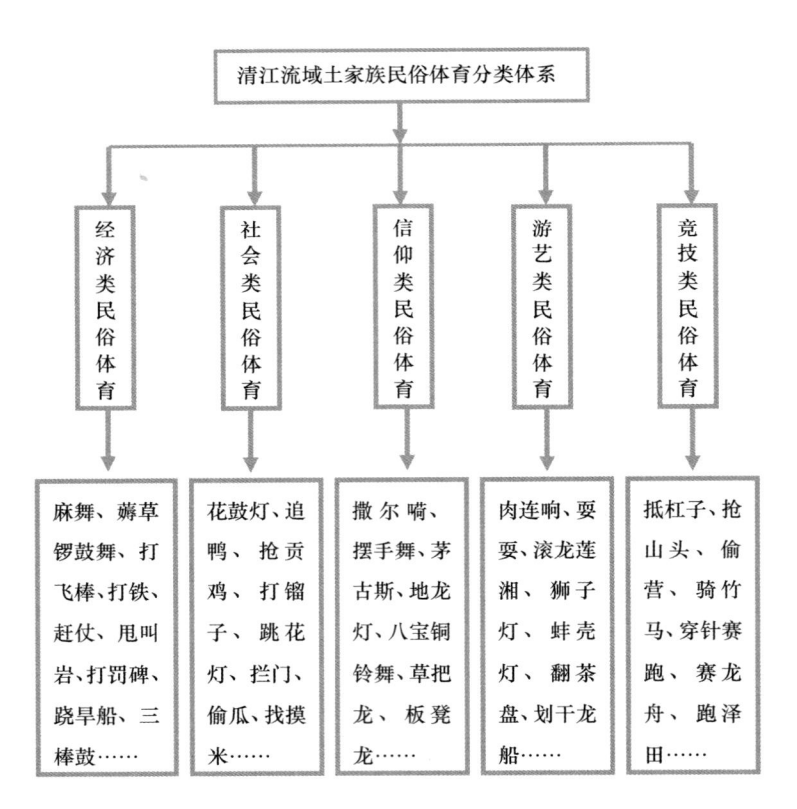

```
                   清江流域土家族民俗体育分类体系
        ┌──────────┬──────────┬──────────┬──────────┬──────────┐
     经济类      社会类      信仰类      游艺类      竞技类
     民俗体育    民俗体育    民俗体育    民俗体育    民俗体育
        │          │          │          │          │
        ▼          ▼          ▼          ▼          ▼
   麻舞、薅草   花鼓灯、追  撒尔嗬、   肉连响、耍  抵杠子、抢
   锣鼓舞、打   鸭、抢贡    摆手舞、茅  耍、滚龙莲  山头、偷
   飞棒、打铁、 鸡、打镏    古斯、地龙  湘、狮子    营、骑竹
   赶仗、甩叫   子、跳花    灯、八宝铜  灯、蚌壳    马、穿针赛
   岩、打罚碑、 灯、拦门、  铃舞、草把  灯、翻茶    跑、赛龙
   跷旱船、三   偷瓜、找摸  龙、板凳    盘、划干龙  舟、跑泽
   棒鼓……      米……       龙……       船……       田……
```

图4—1　清江流域土家族民俗体育分类体系

第二节　清江流域土家族民俗体育的文化特征

一　历史传承性

传承是对传统惯性的保持和继承，没有传承，传统文化将会被割裂，社会也将停滞不前，正是由于这种传承性，才使得民俗文化能够自古相传，世代延续。[①] 清江流域土家族民俗体育文化自诞育之日起，便以顽强的生命力世代绵延流传至今，同样得益于传承的力量。例如起源于先秦巴人军前舞的土家族民俗体育"撒尔嗬"，流传至今至少已有三千年的历史了，然而这一古老的民俗祭祀活动却并没有随着清江流域恶劣的生存环境以及岁月的变迁而消逝于历史的尘埃中。相反，历经千百年的传承与洗礼，至今仍然鲜活地活跃于清江流域土家族民间。

在历史的传承过程中，民俗体育大多历经风雨，虽然其不可避免地遭受到来自内外部各种因素的冲击与影响，但民俗体育始终会顽强不屈，直至走到今天。当然，为更好地满足人们的某种需要，民俗体育的这个传承过程又不是一成不变的，而是一个不断自我更新、不断丰富文化内涵的过程。例如起源于殷商时期先秦巴人战舞的土家族民俗体育大摆手舞，就经历了"古代战舞"—"巴渝舞"（汉）—"昭武舞"（曹魏）—"宣武舞"（晋）—"大摆手舞"（明清）这样一个传承变迁过程，直到明清时期，才最终定格为"摆手"这一特色鲜明的土家族大型民俗祭祀歌舞。清代土家族文人彭施铎就曾作《竹枝词》形容大摆手舞的壮观场面："福石城中锦作窝，土王宫畔水生波。红灯万盏人千叠，一片缠绵摆手歌。"千百年来，这种融入了民族情感和习惯的民俗体育文化，已经内化成了一种持久而稳定的民族认同感和内聚力，世代传承于土家山寨、服务于山寨民众的精神文化需求。

[①] 尚金霞、刘尧峰：《土家族跳丧舞"撒尔嗬"的文化解读》，《武术研究》2016年第10期，第113页。

二 文化变异性

辩证地看,文化的均衡与稳定是相对的,变异与发展则是绝对的。任何文化产生之后,都不可能原封不动、毫不走样地传承与传播,而是随着时间的推移及空间的转换,由形式到内容或多或少地发生一些变化。文化变异性作为民俗体育文化的一个显著特征,不仅是其本身所固有的特质,同时也是民俗文化发展的动力源泉。

清江流域土家族民俗体育文化自诞育之日起,便在穿越时空隧道的过程中不断地实现着"解构—重构"这一周而复始的变化过程,直至发展成为现今这一相对稳定的文化形态。例如流传于清江流域宣恩等地的八宝铜铃舞,其最初乃是土家族民间为酬谢祖先愉悦神灵的一种祭祀舞蹈,由于其驱鬼逐疫、酬神纳吉的原始功能,一度在土家族民间拥有较大的生存空间。在后来的传承发展过程中,随着社会的进步以及人们认识水平的不断提高,八宝铜铃舞的社会功能发生了较大的变化,为顺应现代人的需求,其宗教鬼神思想逐渐淡化,娱乐健身价值得到凸显,最终发展成为现今这种以康健身心、娱乐审美为主要价值追求的民俗体育舞蹈。又如起源于"泥神道"① 的土家族民俗体育肉连响,其前身乃是旧时穷人沿街卖艺的一种行乞手段,在后来的发展过程中相继融入了耍耍、秧歌、跳丧、莲湘等民间舞蹈动作元素,通过不断地发展演变,最终演变成为当今这种独具民族特色且普适度极高的民俗体育样式。可见,正是通过"变异"这一有效手段,促使民俗体育文化不断地进行着自身的"新陈代谢",从而推动了民俗体育文化的传承与发展。

三 鲜明地域性

地域性是民俗体育在空间上所显示出来的特征。决定民俗体育具有

---

① "泥神道",即旧社会穷人乞讨的一种方式,乞讨人为了能讨到些许食物或零钱,于是他们口念鼓锣经,同时赤裸上身,身上糊满稀泥,双手在身上拍打,使得稀泥四溅,以此方法沿街乞讨,各小摊贩们为了避免泥浆污染商品而不得不对其进行施舍,久之,这一独特的乞讨方式便被人们称为"泥神道"。

地域性特征的因素主要包括自然环境、社会环境、文化心理等方面的因素。① "十里不同风，百里不同俗"，《礼记》中亦说："广谷大川异制，人生其间异俗，刚柔、轻重、迟速异齐，五味异和，器械异制，衣服异宜。"② 指出了人和地域环境的密不可分。清江流域土家族民俗体育作为在清江流域特定的自然人文生态环境中积淀发展而来的民俗文化事象，其本身不可避免地会受到特定地域自然与人文生态环境的影响，从而使其表现出鲜明的地域性特征。

首先，自然地理环境是文化创造的自然前提，清江流域土家族民俗体育文化在其产生与发展的过程中不可避免地会受到特定地域自然环境的制约。由于清江流域土家族地区群山广布，沟壑纵横，地势起伏跌宕，属于典型的喀斯特地形地貌。为了生存与生活的需要，土家族人民在适应与改造自然环境的同时，也使得"踩竹马""撑杆越沟""荡藤""倒挂金钩""脚踩独木穿急流""打秋千""茅古斯""十二埋伏拳"等原生态的民俗体育项目得以应运而生，体现出鲜明的地域自然特征。

其次，地域文化是民俗体育生存的"血液"，清江流域土家族民俗体育在其发展演变过程中又受到了特定地域人文环境的熏陶。例如在土家族聚居地区，狩猎作为一种传统的经济形态一直延续至近代，成为土家族获取生活资料的重要途径之一。而广泛流行于土家族地区的民俗体育"赶仗"，其原初形态就是纯粹的围山狩猎活动。又如，由于清江文化的母体与巫术文化息息相关，清江到峡江一带自古就是中国巫文化最为发达的地区之一，而"畏鬼神、喜淫祀"更是清江流域土家族民风遗俗的鲜明体现。在这种浓厚尚巫崇鬼文化土壤中诞育出来的民俗体育文化事象也必然会被打上宗教信仰的文化印记。也正因为此，"撒尔嗬""茅古斯""绕棺舞""八宝铜铃舞"等清江流域土家族信仰类民俗体育项目均与原始宗教信仰不无关系，体现出鲜明的地域人文特色。

---

① 汪蓉：《我国民俗体育的特征及其传承研究》，《时代文学（下半月）》2008 年第 3 期，第 131 页。

② 谭国清：《四书五经·礼记》，西苑出版社 2003 年版，第 234 页。

四 较强依附性

在传承与发展的过程中，清江流域土家族民俗体育文化又表现出较强的依附性特征，其依附的载体主要包括宗教信仰、人生礼俗、传统节日及生产劳动等文化事象。具体而论，依附于宗教信仰的民俗体育项目主要有"摆手舞""茅古斯""地龙灯""板凳龙""八宝铜铃舞"等，这些项目大多与土家族的图腾崇拜、祖先崇拜及鬼神崇拜有着千丝万缕的联系；依附于人生礼俗中的民俗体育主要包括诞生礼中的"打喜花鼓"和婚俗中的"找摸米""拦门"等项目，以及丧俗中的"撒尔嗬""打廪""跳红灯""绕棺舞"等项目。前两者意在营造一种欢快热闹的气氛，后者则是以载歌载舞的特殊方式祭奠亡灵；依附于传统节日中的民俗体育项目有舍巴节中的"摆手舞""厄巴舞""梯玛舞"，牛王节中的"上刀梯"，端午节的"划龙舟""追鸭"，中秋节的"偷瓜"，元宵节的"地龙灯""打莲湘""狮子灯""彩龙船"等，为传统节日增添了喜庆祥和的氛围。此外，还有不少民俗体育依附于土家族传统生产劳动之中，例如"麻舞""草把龙""薅草锣鼓舞"等项目，表达了土家族人祈求风调雨顺、五谷丰登的美好生活愿景。

民俗体育与人类风雨同舟、悲欢与共，真诚地追随着人类前进的步伐。[①] 作为从民俗文化母体中衍生出来的一种特殊文化事象，民俗体育对传统民俗文化具有很强的依附性。清江流域土家族民俗体育本身即是土家族传统民俗文化的重要组成部分，是顺应清江流域土家族民众日常社会生活需要而产生并流传的。直到今天，清江流域土家族民俗体育仍活跃在人们的各种活动中，丰富着土家族人的文化生活。

五 娱乐观赏性

富有情趣的民俗体育活动，通过声、色、形、象诸要素结合而构成了形式优美的审美价值，给运动者和观赏者以愉悦身心、沟通情感、撷

---

① 涂传飞、余万予：《对民俗体育特征的研究》，《武汉体育学院学报》2005 年第 11 期，第 7 页。

取运动感的审美体验,满足人们精神文化生活的需求。① 清江流域土家族民俗体育具有较强的娱乐性特征,人们在民俗体育活动中自由地抒发情感,发掘潜在的心理能量,增强对生活的信心,享受生活的乐趣。例如被誉为鄂西南地区"二人转"的恩施耍耍,其整个表演过程几乎都在营造一种欢快愉悦的氛围。耍耍又称"耍神"或"喜乐神",其原型是巫师端公用以敬神还愿的祭祀仪式。耍耍表演时说唱结合、载歌载舞,其表演风格古朴粗犷、滑稽风趣,极力突出"喜"与"乐"的主题,以此来达到逗神乐、惹人笑的目的,极尽娱乐之能事。

清江流域土家族民俗体育又具有很高的艺术审美价值,例如八宝铜铃舞的表演集歌、舞、乐于一体,动作古朴优美、刚劲矫健,充满了民族舞蹈的翩翩神韵,极具观赏性。又如龙舞多是蕴含娱乐性、技巧性、趣味性及艺术观赏性于一体的民俗体育活动,游动于清江流域土家山寨的"板凳龙舞"和"草把龙舞"均是融体育、舞蹈、杂技、音乐为一炉的艺术综合体,龙舞表演粗犷而奔放、细腻而严整。尤其是"板凳龙舞"表演达到高潮时,多条板凳前后相随、起落有致,时而摇头摆尾,时而左右翻腾,时而温顺可爱,时而又咆哮如雷,分开后幻化为一条条独立的小龙,合起来又成为一条长长的巨龙,翻江倒海气势如虹。舞者齐声高呼,观者欢声喝彩,场面震撼刺激。在忙碌的生产劳作之余,土家山寨人们通过亲身参加或观赏民俗体育展演活动,在锻炼身体宣泄情绪的同时,也获得了美的享受,求得了精神上的安慰与满足。

第三节　清江流域土家族民俗体育的价值功能

一　土家族民俗体育在传统社会的价值功能

(一) 特定场域的祭祀功能

历史上,在"信鬼重巫"这种民风遗俗的长期浸淫下,清江流域土家族民俗体育文化被打上了浓厚的宗教信仰的文化印记,体现出以图腾

---

① 涂传飞、余万予:《对民俗体育特征的研究》,《武汉体育学院学报》2005年第11期,第9页。

崇拜和祖先崇拜为核心的民间宗教信仰特征。有鉴于此，"摆手舞""草把龙""打廪""地龙灯""八宝铜铃舞"等蕴含浓郁巴人遗韵的土家族民俗体育，其最主要的原始社会功能便体现为在特定场域的祭祀功能。总体来看，祭祀的目的主要体现在三个方面，其一是告慰祖先，祈求庇护，例如每年舍巴节期间在摆手堂举行的摆手集会活动，本身便是土家族最为隆重的祭祖、祭神仪式，其中小摆手主要祭祀的是土司王、彭公爵主、田好汉、向老官人，大摆手则主要祭祀"八部大王"①。又如土家族民俗体育"打廪"，其原初形态便是先秦巴人为纪念其部族首领"白帝天王"的一种军殇祭仪，其整个祭仪展演多是围绕各种冲锋陷阵、奋勇杀敌的情境展开，以凸显祖先不朽的功绩。其二是酬神纳吉、驱鬼逐疫，例如盛行于清江流域土家族地区的民俗体育八宝铜铃舞，其前身就是土家族巫师梯玛在酬神还愿祭仪上所跳的一种古老民间祭祀歌舞。旧时，每当遇到某些疾病或灾难之时，土家族人便会请来巫师跳神还愿，通过一整套祭祀仪式来表达对神灵的虔诚与敬畏，期望借助神灵的力量来达到驱逐鬼魅、护佑族人的目的。其三是祈福禳灾、驱瘟祛邪，祈求人寿年丰，每年新春佳节或端午节，土家山寨人们便会将地龙灯舞进农家院落，在各家各户的房前屋后、牛栏猪舍等处进行"清扫"活动，寓意扫除障碍、祛除瘟疫，同时祷告求福，祈求人寿年丰。而每年农历五六月间，舞动于田间院落的草把龙，通过特定的祭祀仪式，寄寓着土家族人祈求风调雨顺、五谷丰登的美好生活愿景。

（二）民族文化的认同功能

文化认同是指个体对于所属文化以及文化群体内化并产生归属感，从而获得、保持与创新自身文化的社会心理过程。人类都对自己的族群有一个特别的认同感，不仅是出于自身与族群之间所具有的血缘上的联系，而且在于自己与族群之间所具有的文化上的依附性。② 由于拥有共同的思维方式、价值观念、生活习惯及其行为方式，孕育于民族文化母体

---

① 八部大王为土家族八个部落的酋长，分别是西梯佬、西科佬、那乌米、熬朝合舍、里都、苏都、拢迟地所也冲、节耶会也那非列也。他们生为八部大王，死后被封为八部大神。

② 冯萌：《民族传统节日中民俗、民间体育的价值》，《中国体育科技》2006年第5期，第34页。

中的民俗体育对族群自身存在着较强的文化认同功能。例如过去土家山寨在做摆手活动或是茅古斯展演之时，整个山寨无论男女老少都会从四面八方云集而来，人们身披西兰卡普，手持梭镖或齐眉棍，吹响牛角、咚咚喹，点响三眼铳，浩浩荡荡地开赴摆手堂，待完成一系列祭祀仪式之后，在梯玛或族长的统一指挥下集体跳摆手舞或做茅古斯展演，通过摆手舞或茅古斯这一载体，族人们得以慰藉心灵、交流感情，从而萌生出强烈的民族文化认同感。

传统节日习俗彰显着一个族群的特色生存方式，它使成员个体获得在族群内相互之间的关系密切感、文化认同感。① "舍巴舞""上刀梯""赛龙舟"等清江流域节日类民俗体育，通过舍巴节、牛王节、端阳节等土家族传统节日的文化空间得以呈现，族人们在节日的狂欢中感受着本民族民俗体育的独特魅力，在形成集体记忆的同时也提升了民族的凝聚力，增强了民族文化的认同感。

（三）个体品德的教化功能

自从有了人类社会，就有了社会习俗、生活经验、劳动技能等的传习与教化，并渗透到社会生活的方方面面。② 而所有的教化，如"教民以猎""教民以渔""教民以耕"，甚至是"教民以战"（《管子》），都是从生存出发把生存立为"教化之本"（《论语》）。③ 历史上，清江流域土家族人们的生存环境极为恶劣，由于身处大山深处，山高林密、岩石遍地、土地贫瘠的客观自然环境，导致了生产力水平的低下，刀耕火种配以渔猎山伐这种原始粗放的农业生产方式一直为土家山民所沿用。而在这一过程中，各种渔猎、农事生产的动作也被吸收融入了民俗体育之中，例如摆手舞中就有由"空拳斗虎""赶猴子""拖野鸡尾巴""鲤鱼标滩"等渔猎动作组成的狩猎舞，以及"砍火渣""烧灰积肥""挖土""播种"

---

① 李军：《西部少数民族传统节庆中民俗体育的文化特征及价值》，《成都体育学院学报》2011年第1期，第17页。
② Boyum, Steinar. The Concept of Philosophical Education, Educational Theory, 2010, 60 (5): 543–559.
③ 唐韶军、戴国斌：《生存·生活·生命：论武术教化三境界》，《北京体育大学学报》2016年第5期，第38页。

"扯草""薅草""插秧""洒小米""种苞谷""割小麦""打谷子"等动作组成的农事舞。这些舞蹈动作无一不是土家先民通过长期的生产劳动实践总结和提炼出来的,是土家先民集体智慧的结晶,而通过跳摆手舞这一活动,即可起到向族人传授各种生产知识技能的教育作用。

与此同时,清江流域土家族民俗体育中还蕴含着许多对族人品德起教化作用的内容,例如土家族传统大摆手舞中便有"披甲""列队""冲锋陷阵""夺长杆""拉弓射箭""试武艺"等各种渲染军功战事以及战斗姿态动作组成的军事舞,以教化土家族人不忘先祖"将帅拔普"曾率领族人奋勇克敌击退客兵入侵的英勇壮举,从而感念先祖们开基立业的艰辛。此外,土家族民俗体育"撒尔嗬"的唱词中还有不少劝诫后人勤苦学习、积极上进、恪守道德伦理的内容。在土家人眼里,"灵堂就是学校,歌场就是课堂,歌师就是教师,鼓槌就是教鞭,歌唱的进行过程也就是教育的实施过程。歌师们相互斗法,人人是教师,个个是受教育者,在教育别人的同时也教育了自己"①。例如教化族人勤奋上进的歌词有:

> 天高不为高,人心第一高。长到高,学到老,几多事情要学到。人到十一上学去,要学哪吒去闹海。哪吒三岁就出门,闹得四海不安定。人到二十要学艺,要学甘罗把名扬。甘罗十二为丞相,习文练武是高强。人到三十敢上船,桅杆尖上心不乱。即使再上也还行,不怕前头英雄将。人生活到四十岁,赶上唐朝薛仁贵。赶在薛仁贵的前,要在前头站九年。

又如教化人们重视耕读和恪守道德伦理的《姐劝郎》:

> 盘古有三皇,尧舜禹顺汤。一朝君王讲,听唱姐劝郎。一杯茶劝郎,劝郎进书房。诗书勤苦读,文章可在身。二杯茶劝郎,劝郎色莫贪,胭花巷里少夭亡。三杯酒劝郎,劝郎在家乡。劝郎多种田,坪田多打埂,天干水不欠。五谷丰收乐田园,一年当两年。四杯茶

---

① 田万振:《土家族生死观绝唱》,中央民族大学出版社1999年版,第68页。

劝郎，劝郎莫赌博。一碗揭了黑，输个空壳壳。

此外，撒尔嗬唱词中还有不少劝诫人们孝敬长辈、弃恶从善等传统美德方面的谆谆告诫，作为一种无形的教育力量鞭策着人们，潜移默化地对族人的性情进行着陶冶，并最终内化为土家人的民族性格，成为土家人长期以来的精神食粮。

（四）村落秩序的治理功能

仪式性民俗体育，"仪式表演时运用仪式化的身体运动来强化族群认同，不仅能够让参与仪式的成员形成共同的情感，达成团结的目的，而且能规范社会成员，维持社会秩序，整合社会资源，目的在于促进社会良性运转，有助于社会秩序的维系"①。"撒尔嗬""摆手舞""茅古斯"等仪式性民俗体育同样在清江流域土家山寨中发挥着社会治理的积极作用。例如在专为悼念长者辞世的土家族民俗体育撒尔嗬文化事象中就蕴含着诸多维系村民关系、促进乡村社会和谐的文化因子。土家族有一句俗语叫作"人死众人哀、不请自然来""人死众家丧，一打丧鼓二帮忙"，某家老人辞世，乡亲们便会主动伸出援手帮着张罗各项事宜，"打不起豆腐送不起礼，打夜丧鼓送人情"，其实人们并不在乎送多少礼，最重要的是为丧家排忧解难、分担共扛的这种精神，反映了邻里乡亲之间互帮互助、和睦相处的优良传统，以及精诚协作、同舟共济的信念。在土家山寨，撒尔嗬这样的民俗体育活动，便成为一种凝聚、捆扎人们集体意识的纽带，成了鼓动、集合群体力量的一种号角。② 同时，在土家族人的潜意识中一直存在着一种逝者为大的观念，当人去世后，再大的恩怨也都随之烟消云散了，即便是与逝者生前结过怨仇的人也都会不计前嫌赶来帮忙。在土家山寨，撒尔嗬还发挥着化解仇怨、解决邻里纠纷的作用，通过撒尔嗬可以使得村民更加精诚团结、和平共处。从某种程度上来说，撒尔嗬成为维系乡民间关系和谐的黏合剂与润滑剂。

---

① 韦晓康、蒋萍：《民俗体育文化在社会治理中的作用研究》，《中国体育科技》2016年第4期，第33页。
② 田玉成、刘光菊：《人类非物质文化遗产的代表作——土家撒叶儿嗬》，《民族论坛》2006年第1期，第25页。

在传统社会，乡村社会精英（族长、乡保、乡绅等）往往作为国家政权的"神经末梢"参与乡村基层社会治理。著名汉学家孔飞力提出的"士绅操纵"理论认为，我国古代社会精英是支配基层社会秩序与变迁的核心力量，强调了乡村社会精英的内生性与独立性。① 在"皇权不下县"的传统社会中，乡村精英在乡村社会治理体系中既是政府政权的有力补充，同时又能起到政权所无法起到的特殊作用，乡村社会精英往往凭借着自身正统道德性文化知识及其在民众中的威望，自然而然地成为乡村社会秩序的维护者及各种民俗活动的组织者。千百年来，在聚族而居的传统社会中，"摆手舞""茅古斯"等土家族民俗体育活动相关事宜同样是在传统乡村社会精英（族长、梯玛、寨老、长老等）组成的权力机构领导下，以宗法血缘为基础的"合议"制度及各种族规村约来保障、维系和组织开展的。寨老们通过共同合议，民俗体育活动仪式的祭司（主持人）、祭祀程序、开支预算、物资来源、临时组织机构等相关事宜被安排得井然有序。与此同时，参与仪式的族人则通过"进退有序的程序、尊崇规避的禁忌、膜拜顶礼的演绎、喜怒哀乐的宣泄"② 等形式化的活动规范了其行为举止，继而养成了自觉遵守各种族规村约的习惯，构建了一种团结有序的集体村落格局。

二　土家族民俗体育在当代社会的价值功能

（一）娱乐休闲的彰显功能

娱乐是人类在基本的生存和生产活动之外所获取快乐的非功利性活动，包括生理上获得快感，更主要是指心理上得到愉悦。③ 与现代体育相比，传统民俗体育更倾向于娱乐性和随意性，具有较强的自娱与娱人功能。胡小明先生指出，农耕社会里产生的身体娱乐，具有与大自然融为

---

① 辛允星：《农村社会精英与新乡村治理术》，《华中科技大学学报》（社会科学版）2009年第5期，第92页。

② 韦晓康、蒋萍：《民俗体育文化在社会治理中的作用研究》，《中国体育科技》2016年第4期，第33页。

③ 冯萌：《民族传统节日中民俗、民间体育的价值》，《中国体育科技》2006年第5期，第35页。

一体的特征。①"偷瓜""追鸭""找摸米""抢贡鸡""花鼓灯"等社会类民俗体育项目，与土家民众日常生产生活关系密切，活动形式以游戏为主，项目独特，异趣横生，具有浓郁的乡土气息和生活气息，能给人耳目一新的感官享受，正是由于其较强的娱乐性和项目参与性而成为人们节日之余喜庆之余休闲之中的生活点缀。

清江流域土家族祭祀类民俗体育的原初功能多以祭神驱鬼为主，而随着时间的推移与社会的发展，其"娱神"功能逐渐淡化，"娱人"功能不断凸显。发展至今，这些民俗体育活动的组织开展几乎完全以娱人为中心，娱神的内涵已成为潜在、深层的民族心理。通过删繁就简，剔除迷信陋习，同时增强表演性与娱乐性等手段，"撒尔嗬""草把龙""地龙灯""摆手舞""八宝铜铃舞"等清江流域土家族祭祀类民俗体育的文化场域也逐渐由祭台搬上了舞台，由村寨院落转到了城镇广场，成为现代人们在工作生活之余娱乐休闲、康健身心、陶冶性情的重要文化载体，在地区民众全民健身与传统文化建设中发挥着积极的作用。

（二）旅游经济的促进功能

清江流域土家族地区风光秀丽、民风淳朴，拥有丰富的旅游资源储备。就自然资源层面来看，清江流域地处湖北省"鄂西生态文化旅游圈"的核心地段以及"湘鄂渝大旅游圈"的中心地和连接带，境内拥有众多著名的风景名胜。就历史人文资源层面而言，清江流域又恰好处于荆楚、巴蜀两大古文化圈之间，拥有特色鲜明的民俗文化。得天独厚的区域优势及其丰富的旅游资源储备，为推动清江流域旅游经济的发展奠定了坚实的基础。

"摆手舞""撒尔嗬""肉连响""八宝铜铃舞"等清江流域土家族代表性民俗体育项目，较为全面地折射了清江流域土家族的文化个性与特征，不仅是了解和探寻土家族民俗文化的重要窗口，同时也是最具吸引力和价值的旅游资源之一，能够在很大程度上满足现代人求奇、求新的文化心理追求。因此，民俗体育与乡村旅游的融合，将促使地区旅游焕发出新的生机与活力。例如为吸引游客，促进旅游收入，大峡谷、腾龙

---

① 胡小明：《娱乐促健康》，《体育文化导刊》2005年第3期，第4页。

洞、野三峡、土司城、女儿城等清江流域著名旅游景区都有反映土家族历史人文画卷的大型歌舞表演，土家族民俗体育在其中担当着重要的角色。2009年，为推动旅游经济的发展，恩施州来凤县更是抓住机遇将土家族民俗体育摆手舞做成了精品，并成功举办了首届"中国土家摆手舞文化旅游节"，在旅游节上，万人蹁跹摆手、踢踏起舞，原生态摆手舞的独特韵律响彻云霄，吸引了数以万计的中外游客前来观光旅游，地方政府借助摆手舞文化旅游节的契机，变文化资源优势为经济资源优势，强力推动文化软实力向经济硬实力的转化，举行民族产品展销会、招商引资会，成功签约21.85亿元，带动了地方经济的发展。

（三）文明乡风的助推功能

党的十八大报告指出，要坚持面向基层，服务群众，加快推进重点文化惠民工程，加大对农村和欠发达地区文化建设的帮扶力度，继续推动公共文化服务设施向社会免费开放。广大农民在劳作之余开展丰富多彩的文化体育活动，使得日常生活张弛有度，能够改善农村单调的社会人文环境，体现出一种乐观、积极向上的精神面貌。体育活动作为一种文化活动，其本身就是一种健康文明的生活方式，是一种时尚的文化品位，是科学、健康、文明乡风的一种体现。①"摆手舞""肉连响""撒尔嗬""清江舞""巴山舞"等清江流域土家族民俗体育，拥有广泛的群众基础，通过政府部门的大力提倡并组织群众参与，不仅可以强健体魄、愉悦身心，有效地丰富民众业余文化生活，同时还可以通过充分发挥其促进交往、增进乡邻间团结互助等文化价值，从而营造一种积极、健康、乐观、向上的生活方式，摒弃各种腐朽、落后的不健康的生活方式，有效占领余暇生活阵地，促进乡镇精神文明建设。

以清江流域土家族民俗体育"撒尔嗬"为例，首先，其极富民族特色的表演仪式对人们具有一种品德的教化和感召作用，通过它可以折射出土家族人尊亲孝祖、礼赞生命的传统伦理意蕴，"撒尔嗬不仅是安慰报答死者，它还是对后人进行伦理教育的重要形式，这种教育不是枯

---

① 胡庆山、郭小海、黄爱峰等：《论村落农民体育》，《体育文化导刊》2008年第6期，第15页。

燥的说教，而是让人们在特定场合中带着特定情感去深深体验"①。其次，"撒尔嗬"中所体现出来的安定团结、互帮互助、群体意识和凝聚力以及弘扬民族精神、建设精神家园等亦是现阶段社会主义精神文明建设之道德建设所大力提倡和弘扬的。总之，随着传统"撒尔嗬"现代流变的不断进行，其传递的健康、积极、乐观、豁达的先进文化风貌不断体现，对文明乡风起到了一定的助推作用，彰显着新农村的新气象、新风貌。

第四节 清江流域土家族民俗体育典型项目列举

一 豪迈奔放的摆手舞

（一）源流探析

摆手舞是土家族人为缅怀祖先，追忆民族迁徙的艰辛，再现田园生活的恬静而创编流传下来的大型舞蹈史诗，同时也是清江流域最具代表性的民俗体育文化之一，流传至今已有上千年的历史。

关于土家族摆手舞的起源，学者们的观点众说纷纭、莫衷一是，先后提出了祭祀说、战争说、劳动习俗说等不同的观点，至今没有一个确定的说法。其中最具代表性的观点认为摆手舞最早起源于殷商时期先秦巴人的军前舞（战舞），其依据主要是《左转》《华阳国志·巴志》《后汉书·南蛮西南夷列传》等相关古籍的记述。在传承演变过程中，该舞蹈历经了"古代战舞"—（汉代）"巴渝舞"—（曹魏）"昭武舞"—（晋代）"宣武舞"—（明清）"大摆手舞"这一变迁过程，到明清时期最终演变为"摆手舞"这种特色鲜明的祭祀歌舞。

（二）技术体系与文化内涵

"摆手"，在土家语中被称为"舍巴"或"社巴"，其意为敬神跳，亦称玩摆手。根据表演的形式、规模和持续时间的不同又可分为"小摆手"和"大摆手"。"小摆手"每年都举行，其时间短、规模小，仅限于一村一寨范围。"大摆手"一般三年一摆，或者以三年两摆为定则，其时

---

① 曹毅：《土家族民间文化散论》，中央民族大学出版社2002年版，第118页。

间长、规模大，跨村连寨，甚至跨区连县。"大摆手"场面宏阔、气势恢宏，晚清土家族文人彭施铎曾作《竹枝词》形容大摆手的壮观场面："福石城中锦作窝，土王宫畔水生波。红灯万盏人千叠，一片缠绵摆手歌。"①无论"小摆手"还是"大摆手"，都是祭祖、祭神的歌舞。"小摆手"所祭的主要是土司王、彭公爵主、田好汉、向老官人，"大摆手"所祭的是八部大王，体现了土家族人朴素的祖先崇拜和宗教信仰。

举行摆手活动的时间没有一定之规，有的地方在农历的二三月举行，有的则推至五六月才举行，分别称为"三月堂"或"五月堂"，但绝大部分地区均在农历正月初三至十七举行，持续时间多为3天到7天不等。摆手活动一般在"摆手堂""摆手坪"或"土王庙"等地方举行。旧时，土家族地区大都建有专供摆手活动的摆手堂，据清乾隆《永顺府志·风俗篇》载："各寨有摆手堂，又名鬼堂，谓是已故土官阴司衙署。每岁正月初三到十七日，男女聚集，跳舞歌唱，名曰摆手，此俗犹存。"可见古时举行摆手活动即有相对固定的表演时间和表演场所。大摆手活动规模宏大，跨村连寨，参与表演的人数众多，场面宏伟壮观，其组织形式一般是以一个村寨为一排，每排人数根据村寨的人数多少有一定的差别，一般在50—100人。

在整个队伍中，首列为龙凤彩旗队，龙旗和凤旗系红、蓝、白、黄四色绸料制成的四面三角大旗，旗长丈余，边缘镶有鸡冠形花边。彩旗队并排走在队伍的最前列。次列为祭祀队，由梯玛、族长、寨老和其他德高望重的老人组成，人数多达20人。他们身穿皂色长衫，手持神刀、齐眉棍、朝筒灯等道具，一尊者手捧贴有"福"字的酒罐，率领担五谷、担猎物、挑团馓、端粑粑、提豆腐等祭品的人，跟随掌堂师傅一道行祭事、唱祭歌。祭祀队伍后面是舞队，男女老少皆可参加，舞队成员身穿节日盛装，手拿朝筒或常青树树枝列队入场。舞队之后是小旗队，每户一面，色彩艳丽，包括三角形和长方形两种样式，并饰以荷叶边，敬献于"八部大王"坛下，以感祖宗恩泽。接下来是乐队、披甲队、炮仗队。乐队分摆手锣鼓和镏子两种，同时配以牛角、土号、唢呐、咚咚喹等，

---

① 湖南省少数民族古籍办公室编：《历代土家族文人诗选》，岳麓书社1991年版。

奏出土家族节日的独特旋律。披甲队由青壮年组成，他们身披五彩斑斓的"西兰卡普"，手持梭镖、弓箭等器具，以锦为甲，以示威武雄壮之姿。炮仗队主要负责燃放炮仗，有鸟铳和三眼铳两种形式。[①] 各队按照以上程序浩浩荡荡开赴摆手堂，在完成扫邪、安神等一系列祭祀仪式后，鸣礼炮三响，撼天动地，继而鼓乐声起，在掌堂师傅的指挥下，人们翩跹起舞，其场面震撼，摄人心魄。

摆手舞动作原始朴拙，韵律感强，主要有单摆、双摆和回旋摆三种形式，以单摆动作为例，表演时左脚向前迈一步，双手向下摆，继而迈右脚，双手顺势向后摆，重复两次以后则出右脚做同样的动作，要求手脚配合默契、动作协调一致，手的摆动幅度一般不超过双肩。双摆的舞步与单摆相同，只是每拍甩手（摆手）需要重复一次，回旋摆的舞步也与单摆和双摆无异，只是转体的幅度稍大。摆手舞的技术特点可概括为："手脚同边，膝盖微屈，腿肩颤动，气往下沉。"[②] 其动作特点与藏族的康定锅庄舞有异曲同工之妙，都是顺、曲、颤，整体显得协调、自然、敦实、稳健。

摆手舞动作取材丰富，其内容多模拟日常生活，再现民族迁徙、狩猎征战和农桑耕织等情境，分别对应有渔猎舞、生活舞、农事舞和军事舞。其中渔猎舞主要是表现渔猎活动中的狩猎场景，模拟禽兽活动的各种姿态，典型动作有"空拳斗虎""赶猴子""拖野鸡尾巴""磨鹰展翅""鲤鱼标滩""跳蛤蟆""犀牛望月"等；生活舞展现了土家族人宁静祥和的生活场景，饱含着浓厚的乡土气息，例如"打粑粑""打蚊子""打草鞋""水牛打架""扫地""挑水""梳头发""抖虼蚤""比脚""擦背""团鸡游戏"等，形象生动，妙趣横生；农事舞是土家族人为了掌握并传习各种劳动生产技能而创编的，反映了土家族进入农业社会后的劳动生活情境，主要由"砍火渣""烧灰积肥""挖土""播种""扯草""薅草""插秧""洒小米""种苞谷""割小麦""打谷子""纺棉花""挽麻团""织布"等动作组成；军事舞则主要是为了纪念土家族祖先

---

① 百科通俗版：《摆手舞》（http://m.zwbk.org/lemma/141225）。
② 龚光胜、袁益军：《土家族的"摆手舞"》，《民族艺术》1988年第2期，第210页。

"将帅拔普"率领族人奋勇克敌击退客兵入侵的英勇壮举，歌颂了土家人民不怕牺牲的大无畏精神。军事舞一般只在"大摆手"活动中呈现，其动作大体为渲染各种军功战事及战斗姿态的场景，主要有"披甲""列队""冲锋陷阵""夺长杆""拉弓射箭"等动作，其间还要举行各种武艺的展演与比试活动。

（三）传承与发展

作为清江流域土家族传统民俗体育文化的杰出代表，摆手舞拥有着厚重的文化底蕴与独特的艺术魅力，对于弘扬传统文化，研究土家文化、社会变迁、乡风民俗等有着重要的现实意义。然而随着社会的转型与文化的变迁，土家族人的生产生活方式发生了巨大的转变，传统摆手舞赖以生存的文化空间场域逐渐式微。为更好地保护与传承这项民俗文化遗产，2006年5月20日，摆手舞作为土家族文化的象征与符号经国务院批准列入第一批国家级非物质文化遗产名录。与此同时，为更好地顺应时代发展潮流，服务现代人的生活，2013年，在湖北省民宗委的倡导下，以传统原生态摆手舞动作为原型，融入现代健美操的一些元素，从而加工形成了传统与现代相结合的摆手健身操，2014年，摆手健身操正式成为湖北省第八届少数民族传统体育运动会的竞赛项目。

二　刚劲粗犷的撒尔嗬

（一）源流探析

撒尔嗬又名"跳丧""打丧鼓""散忧嗬"，是流传于清江流域土家族民间为悼念长者辞世的一种传统歌舞仪式，在清江流域中下游的建始、巴东、长阳、五峰等地最为流行，它起源于古代巴人的战舞及祭祀仪式，是土家族独具特色的丧葬文化事象。由于其舞姿粗犷刚劲、雄浑豪迈，动作刚柔相济，旋律昂扬激越，故而该舞被人们称为"死神之舞"，亦被外国学者誉为"东方迪斯科"之美称。

据考证，撒尔嗬起源于先秦时期古代巴人的军前舞或战舞。土家族是先秦古代巴人的后裔，巴人不仅勇猛善战，而且能歌善舞。历史上巴人曾助力于武王伐纣的正义之战，据《华阳国志·巴志》载："周武王伐纣，实得巴、蜀之师，著乎《尚书》。……巴师勇锐，歌舞以凌殷人，

(殷人)倒戈,故世称之曰'武王伐纣,前歌后舞'也。"① 巴人的军前舞或战舞,成为土家族跳丧舞蹈"撒尔嗬"的文化源头,而在历史的演进过程中,土家族的祖先也世代承袭了这一文化传统,历千年而不绝。《隋书·地理志》对土家族的丧礼做了最早的记述:"始死,置尸馆舍,邻里少年,各持弓箭,绕尸而歌。"《夔府图经》中说:"巴人尚武,击鼓踏歌以兴哀……父母初丧,击鼓以道哀,其歌必狂,其众必跳。"② 宋代《溪蛮丛笑》中言:"乡人死亡,群聚歌舞,舞则联手踏地为节,名曰踏歌。"清《巴东县志》亦载:"旧俗,殁之日……鸣金伐鼓,歌舞达旦,或一夕或三五夕。"③ 历经上千年的历史积淀,巴人的"军前舞"逐渐发展演变成"撒尔嗬"这一清江流域独具民族特色和地域特色的民俗体育文化事象。

(二)技术体系与文化内涵

"慎终追远,明生死之义"。生活在清江流域的土家族是一个乐天知命、敢于笑对生死的独特民族,他们把丧事喜办,以载歌载舞的方式来超脱亡灵,体现了其民族乐观向上的生存智慧,蕴含了浓郁的祖先崇拜的伦理观。在死者面前高歌狂舞,是土家族人祭奠亡灵、安慰生者的独特方式。在土家族人的眼里,生老病死就如同春夏秋冬四季轮回一样,生命也是可以轮回的,因此提倡将丧事喜办。特别是那些寿终正寝的高寿老人离世,被称为是走"顺头路"或"黄金落窖",属于"白喜事",是值得庆贺的大事情,是必须要跳撒尔嗬的。土家族老人离世后,不仅死者亲属前往吊唁,而且邻里乡亲、四山五岭的人也会闻讯而至,叫做"人死众家丧,一打丧鼓二帮忙"。跳撒尔嗬多在死者出殡前夜进行,一般在棺材的左前方摆放一个牛皮大鼓,鼓师唱完开场歌,人们便开始跳撒尔嗬。丧鼓舞鼓点的律动感与感染力较强,让人有情不自禁跟着一起跳动的冲动,"一听丧鼓响,脚板就发痒",跳丧者和着鼓点与唱腔不断变换各种舞姿,时而转肩擦背,时而蹲地打旋,最后往往都会形成多人

---

① (晋)常璩著,严茜子点校:《华阳国志》,齐鲁书社2010年版,第2页。
② 杜帮云:《"撒尔嗬"及其民族伦理意蕴》,《理论界》2009年第1期,第163页。
③ 张世炯:《简述土家族歌舞撒尔嗬与摆手舞、巴渝舞和楚文化的关系》,《民族艺术》1986年第2期,第140页。

集体跳丧的壮观场面。

撒尔嗬舞蹈动作刚劲粗犷，和谐明快，运动特点是手脚同边，舞者需要跟随鼓点的节拍变换各种舞姿，其动作姿态均是哈腰、摆胯、屈膝，身体左右颤动，同时要求手、脚、胯同向顺摆。撒尔嗬舞步步伐主要有"踏步""点步""拧身步""摆身步""车身步""八字步""左右移步""左右撒步"等。舞蹈动作种类繁多，编排象形取意，其原型主要来自大自然及其日常生产生活实践，动作栩栩如生、惟妙惟肖，有模仿飞禽走兽的，有反映生活情境的。典型动作有"虎抱头""猛虎下山""白马悬蹄""犀牛望月""双羊抵角""凤凰展翅""鹞子翻身""猴子爬岩""夜猫戏虾""乌龟爬沙""鹭鸶伸腿""蜻蜓点水""燕儿衔泥""天狗食月""大王下山""将军拔剑""美女梳妆""双拜堂""么姑姐筛锣"等。撒尔嗬舞蹈动作的素材还有许多直接来源于土家人的生产生活实践，是其先人在特定自然环境中长期的攀援、渔猎、跳跃、爬山、驮重等生产生活中演化而来的，带有浓郁的生活气息和乡土气息，① 是土家族人生存生活画卷的集中映射。

撒尔嗬表演集歌、舞、乐于一体，它的声腔以男嗓高八度运腔为主。音乐旋律以"三声音列"结构为主，节奏有2/4、3/4和6/8，以6/8拍最为普遍，节奏鲜明，张弛有度。跳撒尔嗬不需要多种弦乐伴奏，除牛皮鼓带动节奏外，多为清唱，其唱腔以高腔为主，平腔为辅，音调高亢欢快，声震山林。在击鼓之声的烘托下，跳与唱同时进行，唱者声嘶力竭，舞者翻云覆雨，场面气势恢宏。② 丧鼓歌堪称土家族民歌大联唱，其歌词既有千百年来形成的固定内容，亦有歌师为活跃气氛而现场即兴创作的歌词。歌词内容取材广泛，极富文采，有歌颂土家先祖开疆拓土之功德的，有描绘远古渔猎农事生产的、有颂扬历史人物的、有宣扬社会礼仪道德的、有反映当前大好形势的，另外还有猜哑谜对唱以及各种风流情歌等题材。如《祭向王》《杨家将》《薛仁贵征东》《十梦》《十想》《十

---

① 尚金霞、刘尧峰：《土家族跳丧舞"撒尔嗬"的文化解读》，《武术研究》2016年第10期，第114页。

② 戴楚洲：《土家族歌舞奇葩跳丧舞》（http://zx.zjj.gov.cn/c1272/20170918/-i301121.-html）。

爱》《十劝》《十画》《十绣香袋》《怀胎歌》《探郎歌》《探情歌》《荷包歌》《螃蟹歌》《灯草花儿黄》《郎在高山打伞来》等，每唱完一首，大家便会齐声应和一句"跳撒叶儿嗬喂"，以此表示为死者家中"散忧祸"。丧鼓歌的曲牌主要有"叫歌""正宫调""将军令""打安庆""节节高""一字词"等十来个，内容古朴、曲调明快，较好地继承了古代巴歌"杨柳""竹枝"等的格律形式。清代长阳诗人彭秋潭曾作《竹枝词》曰："家礼丧亲儒士称，僧巫法不到书生。谁家开路添新鬼，一夜丧歌唱到明。"说明跳丧并不属于儒、道、释任何一教，作为传统地道的巴、土文化，深受乡民的喜爱，即便是"儒士""书生"等名流亡了父母，同样都是一夜丧鼓唱到天明的。

（三）保护与传承

作为土家族民俗体育文化的奇葩，撒尔嗬从多个侧面展示了土家族的风情习俗。但是在经济全球化、土著文明现代化的大背景下，撒尔嗬屈身边缘化的生存状态愈加明显。为了更好地传承与推广土家族撒尔嗬这项民俗体育文化，2006年6月，作为珍贵的文化遗产，撒尔嗬入选我国第一批国家级非物质文化遗产名录，为其传承与发展带来了新的契机。

与此同时，为更好地普及推广，在广大文艺工作者的共同努力下，按照"标准化、简明化、通俗化，文艺表演与体育健身结合、全民健身与体育竞赛结合、民族性与大众性结合"的要求，对传统跳丧舞撒尔嗬进行了改革和创新，淡化其神圣的一面，剔除其中一些不合时代潮流的元素，从而创造了"巴山舞"这项更具表现力的民族体育舞蹈，为进一步发挥巴山舞在全民健身中的作用，国家体育总局将巴山舞列为全国广场健身舞之一，面向全国进行推广。作为人们休闲娱乐、康健身心、陶冶品性的重要文化载体，巴山舞已经走出清江流域，成为许多地区广场文化的一道亮丽风景线。

三 轻缓柔曼的喜花鼓舞

（一）源流探析

喜花鼓舞是清江流域土家族民间的一项传统民俗体育舞蹈，因民间家庭生孩子"整酒打喜时舞蹈狂欢"而得名，主要流行于清江流域中游的建始、长阳、五峰、鹤峰等土家族聚居地区。千百年来,由于地瘠民贫,加之自然灾害与各种战争的频仍,生计艰难、生命珍贵,大山深处的清江土家人将对生命的热爱与重视集中体现在人生礼仪之中。在土家族民间,每当添丁进口,尤其是生了男孩后,为庆生祈福,一般都会在孩子满月当天举行隆重的庆祝仪式,称作"打喜"或"整竹米酒"。"打喜"之日,主人家会设宴答谢各方亲友,彼时,孩子母亲娘家人便会相约前来贺喜,孩子父亲家的亲戚邻里也会带上礼物赶来道喜和帮忙,夜间,由于宾客众多没有足够的床铺睡觉,客人们便以唱歌跳舞的方式来混时坐夜,土家族民间称这种歌舞为闹"喜花鼓"。

（二）技术体系与文化内涵

关于清江流域土家族民俗体育喜花鼓,《长阳县志》中有较为形象的描述:舞蹈时不用伴奏,不化妆,表现形式自由,不受场地和人员的限制,乐者可乘兴而舞,观者可即兴而歌。舞蹈步伐为"两步半",舞姿为典型的"三道弯",舞诀称为"脚踏之子拐,手似弱柳飘,腰儿前后扭,屁股两边翘"[①]。这是对土家族喜花鼓艺术技巧的凝练与总结。"喜花鼓没得巧,屁股要崴腰杆要筛,身子要有点翘才好看。"由于喜花鼓舞是基于女性身体产生的行为艺术,因而其曼妙的身体动作与轻柔的艺术风格自然而然地便与传统女性的生理特点与性格特征关联在一起,女性的身体决定了舞蹈的动作和情韵。[②] 清代改土归流后,由于受汉文化的影响,土家妇女普遍以小脚为美,以"三寸金莲"为审美标准,反映在舞蹈中,则表现为动作幅度小、节奏缓慢,很少有快速穿梭挪移的动作,只能是轻缓柔曼。随着社会的变迁与时代的发展,现如今许多男性也参与喜花鼓舞,男女搭配使得舞蹈更具观赏性。

喜花鼓舞动作讲究对称性,多为两人配对而舞,表演者一左一右同边上步,提胯下沉,一步一拍,步伐为"两步半",其中半步为息步,动作稍作停歇。表演时两两相对,间隔一米至二米的距离,伴随歌声的响

---

① 湖北省长阳土家族自治县地方志编纂委员会:《长阳县志》,中国城市出版社1992年版,第595页。
② 王丹:《个人·家·社会——清江流域土家族"打喜"仪式研究》,博士学位论文,中央民族大学,2011年,第112页。

起，两人先分别向相反的方向同步走两步半，然后踏着节奏再往回走两步半，当走回到正位相对的时候，二人侧肩擦背而过，于是交换位置，继而又各自改变方向，朝相反的方向走两步半，接着返回原地，如此往返数次，直至整个曲目结束。喜花鼓典型舞步有"碎步""双环步""矮子步""小拐弯""大拐弯""弓步小跳"等。运行轨迹包括"走∞字""穿十字"（俗称"豆腐架架"）"转圆圈""前后交换""左右横穿"等。整个过程中，舞者始终保持含胸、撅臀、屈膝的身体姿态，随着步伐的移动和手臂的摆动继而带动腰部扭动，即"走动摇晃扭，臀部两边翘"，侧面观之，舞者头部前倾、腰背后翘、膝部前弯，整个身体呈"S"形，即喜花鼓舞姿所要求的"身成三道弯"。为营造出一种轻松活跃的氛围，配对跳舞之人往往边唱边互相打趣、调侃、戏谑、"刁难"，至尽兴时，舞者甚至会恶作剧地将事先准备好的锅灰向对方脸上涂抹，结果个个被涂成大花脸，引起众人哄堂大笑，从而将喜花鼓舞的气氛推向高潮。

土家族喜花鼓舞的道具较为随意，没有一定之规，诸如各种丝帕、手帕、毛巾、草帽、芭扇，甚或是扫帚、烟袋等生活用具均可作为道具。因为这些都是土家族人日常生活中最常见、最常用的物品，这种顺手取物、依势而舞的动作情态，将喜花鼓舞的生活属性展露无遗，反映出喜花鼓舞已经融入了土家人的日常生活，喜花鼓舞就是土家人的生活、土家人的艺术。

清江流域土家族喜花鼓舞是歌舞结合的艺术，除了优美的舞蹈外，其歌曲内容亦十分丰富，歌词内容取材广泛，主要来源于土家儿女的爱情、道德伦理，日常生产、生活、娱乐及对生命的感悟等，其歌词风趣、幽默，朗朗上口，既有固定的词牌，亦可即兴创作。常见的歌曲包括《闹五更》《黄四姐》《货郎歌》《探郎歌》《郎爱姐好人才》《二十八宿闹昆阳》《结婚歌》《怀胎歌》《荷包歌》《推船歌》等三十多首。与此同时，喜花鼓舞中所演唱的歌曲也有一定的讲究和忌讳：其一，若生的是女儿，则忌讳唱一些荤段子类（下流）的"丑歌"。其二，忌讳唱不吉利、丧葬类的歌曲，否则会给主人家和新生儿带来灾难和霉运。其三，忌讳唱半头歌，一首歌曲必须唱完，寓意新生命完美无缺、健康长寿。

例如歌颂母爱的《怀胎歌》，详尽地叙述了生命孕育过程中的种种艰辛以及生命降临时的阵阵喜悦，歌颂了母爱的无私与伟大。

《怀胎歌》

怀胎正月正，奴家不知音，水上的浮萍为何生了根，这才是啊那才是，水上的浮萍为何生了根。

怀胎二月末，时时怀不得，新接的媳妇时时脸皮薄，这才是啊那才是，新接的媳妇时时脸皮薄。

怀胎三月三，茶饭都不沾，只想情哥哥红罗帐里玩，这才是啊那才是，只想情哥哥红罗帐里玩。

怀胎四月八，摆上爹和妈，多喂鸡子少是少呀喂鸭，这才是啊那才是，多喂鸡子少是少呀喂鸭。

怀胎五月五，时时怀得苦，只想得个酸的吃到二十五，这才是啊那才是，只想得个酸的吃到二十五。

怀胎六月热，时时怀不得，这是你情哥哥葬啊葬的德，这才是啊那才是，这是你情哥哥葬啊葬的德。

怀胎七月半，扳起指根算，算去的个算来还差二月半，这才是啊那才是，算去的个算来还差二月半。

怀胎八月八，奴家把香插，保护奴家得一个胖啊娃娃，这才是啊那才是，保护奴家得一个胖啊娃娃。

怀胎九月九，时时怀得丑，儿在腹中打一个倒跟头啊，这才是啊那才是，儿在腹中打一个倒跟头啊。

怀胎十月尽，肚子有些疼，疼来疼去疼得满屋里滚，这才是啊那才是，疼来疼去疼得满屋里滚。

丈夫你走开，妈妈你拢来，是男是女一把抓起来，这才是啊那才是，是男是女一把抓起来。

孩子落了地，满屋里都欢喜，收起一个包袱嘎嘎里去报喜，这才是啊那才是，收起一个包袱嘎嘎里去报喜。

舅妈来筛茶，说些急作话，这才是啊那才是，这才是啊那才是，这才是啊那才是。①

此外，还有许多反映民众道德观念、行为规范及处事原则的歌曲，借以规劝世人身正守法、品行端正、孝敬长辈，例如喜花鼓中广为传唱的《二十四孝歌》，将众多历史典故引入歌词当中，鲜明地表达了儿女遵孝道、夫妻守恩情的社会伦理秩序和道德要求，作为一种无形的教育力量时时鞭策着人们，在一定程度上起到了个体品德的教化作用。

《二十四孝歌》

太阳过了河，各位听我说，唱个花名莫笑我。
早晨唱花名，中午唱古人，要在下午唱交情。
各位朋友们，听我唱花名，唱起花名有精神。
哪样花儿白，哪样花儿黑，哪样花儿紫红色。
栀子花儿白，茄子花儿黑，豌豆花儿紫红色。
哪样花儿黄，哪样花儿长，哪样花儿结成双。
南瓜花儿黄，浮萍花儿长，干豆花儿结成双。
正月又见寅，百花都发生，杨香打虎救父亲。
二月又见卯，百花开得好，曹安夫妻多行孝。
三月又见辰，清明祭祖坟，郭巨埋儿天赐金。
四月又见巳，当归红血枝，目连寻母找恩师。
五月又见午，打起龙船鼓，董永卖身去葬父。
六月又见未，荷花遍地蕾，五娘行孝等夫归。
七月又见申，芙蓉花儿芬，王祥为母卧寒冰。
八月又见酉，葵花向日头，庞氏三春多受苦。
九月又见戌，菊花开满地，唐氏乳姑两夫妻。
十月又见亥，小春阳又来，七岁安安救亲娘。

---

① 转引自王丹《个人·家·社会——清江流域土家族"打喜"仪式研究》，博士学位论文，中央民族大学，2011年，第103页。

冬月又见子，雪花万丈深，孟宗哭竹出冬笋。
腊月又见丑，梅花又打柳，日红割股把妻救。
一年十二月，月月花儿白，二十四孝听明白。①

对于清江流域土家族人而言，喜花鼓舞是人的一种自然而然的状态与情感流露，在这一过程中，人们以轻松、柔美、夸张的身体动作传达着生活的意蕴。在清江土家人的社会生活中，喜花鼓舞作为最具内聚力的文化认同，成为一种凝聚民心、传达民意的公共行为。

（三）保护与传承

近年来，随着社会的发展、现代化进程的加快，清江流域土家族民俗体育喜花鼓的保护与传承受到了严峻的挑战。一方面，随着交通和物质条件的改善，土家山寨村民出行更为方便，去吃"竹米酒"的村民不再会因为交通受限而滞留主人家，即使留在主人家，也有足够的床铺、被子等物质保障，过去那种通过打喜花鼓来混时过夜的情况已经一去不复返了。另一方面，传承主体老化、后继无人现象严重。伍菊平在对恩施州建始县老村村喜花鼓传承人的调查中发现，老村村喜花鼓传承人年龄普遍偏高，年龄最大的81岁，最小的50岁，平均年龄为61.1岁，说明传承队伍老化现象严重。② 随着社会的变迁和经济的发展，土家山寨人们的生活方式、思想理念也在不断地异化，广大土家族人们开始认同并迷恋上现代化的生活方式，对传统文化则渐渐失去了往日的激情与冲动，失去了文化传承的积极性和主动地。与此同时，在市场经济的大背景下，大批农村青壮年走出大山外出务工，从而导致清江流域土家族喜花鼓的传承出现了文化断层的局面。

为了更好地保护与传承土家族优秀民族文化，2005年恩施州制定了《恩施土家族苗族自治州民族民间文化遗产保护条例》，在相关部门的共同努力下，2007年，恩施州建始县成功将土家族喜花鼓申报为湖北省非

---

① 荣先祥：《建始民歌选萃》，建始县民族宗教事务局（内部资料）。
② 伍菊平：《仪式观视角下老村村喜花鼓传播研究》，硕士学位论文，华中科技大学，2019年，第36页。

物质文化遗产,并对其进行了专门的保护。2011 年我国政府正式颁布实施了《中华人民共和国非物质文化遗产法》,法规中明确规定"国家扶持民族地区、边远地区的非物质文化遗产保护、保存工作",为清江流域土家族民俗体育喜花鼓的保护、传承与传播带来了新的机遇。

四 粗犷炽烈的八宝铜铃舞

(一) 源流探析

八宝铜铃舞又名"解钱",是土家族民间为酬谢祖先愉悦神灵的一种传统祭祀舞蹈,在清江流域恩施境内的宣恩县最为流行。八宝铜铃舞起源于梯玛神歌,是土家族巫师梯玛祭仪时所表演的一种古老的民间祭祀歌舞。土家族人有着浓烈的祖先崇拜情结,每当遇到某些疾病和灾难,或是为祈求五谷丰登、人畜兴旺之时,他们便会向祖先和神灵许愿、还愿,同时请来梯玛跳神"解钱"。梯玛跳神"解钱"时头戴凤冠法帽,身穿八幅罗裙,左手握师刀、罡剑,右手持八宝铜铃伴奏,边唱神歌边舞蹈,动作粗犷敏捷、刚劲有力,舞时八个铜铃叮当作响,故名"八宝铜铃舞"。据《鄂西少数民族史料辑录》载:"每到解钱时,非常热闹,杀猪宰羊,亲友云集。土老司头戴凤冠,下穿八幅罗裙,吹牛角,舞司刀,摇八宝铜铃。"形象地记述了土家族跳八宝铜铃舞的热闹场景。

关于八宝铜铃舞的起源,土家族民间至今还流传着一个故事,据传八宝铜铃舞是土家族田氏子孙为祭拜战死的先祖田好汉(田思飘)而编创的一种祭祀歌舞。据《南齐书》载:"齐建元二年,武陵西溪蛮田思飘寇抄,内史王文和讨之……思飘与文和激战,中弩矢死。"民间流传,田思飘战死后,为了使家族血脉得以延续,其膝下七子一女分散逃亡,为便于后世认祖归宗,兄妹八人临别时各自从父亲战马上解下一个铜铃。此后,八兄妹分别逃往武陵山脉的崇山峻岭间定居。为祭祖还愿,田氏后人便用八个铜铃做成马头铜铃杖,以跳八宝铜铃舞的形式来祭祀先祖,发展到后来,在西水流域的彭姓、向姓土家族中也盛行起来,只不过各自祭祀的祖先不同而已。

(二) 技术体系与文化内涵

八宝铜铃是梯玛跳神"解钱"最重要的道具之一,同时又是祭祀舞蹈活动中的指挥乐器。梯玛跳神用的祭器铜铃多安装在硬杂木柄上，共有8颗，杂木柄长约30厘米，直径2厘米，两端各装4个铜铃，杂木柄上端刻有马头像，下端为马尾，柄上系着各种五色布条（或麻丝）示为马鬃。传统八宝铜铃舞舞姿神秘，具有浓郁的古风遗韵，并与梯玛祭仪相互依存，蕴含着浓厚的宗教文化意蕴。土家族"解钱"祭祀的时间大多为正月初三到十五的"新年节"，二月初二的"土王节"，还有七月十二的"亡人节"，祭祀的场所一般在主人家的堂屋。中堂的上方悬挂三亲土王神像，分别为田好汉、彭公爵主和向老官人，其左角立一神位，供奉田氏家神大、二、三郎。祭祀开始时，梯玛右手持司刀，左手握八宝铜铃，在打击乐器的伴奏下，或独自一人边歌边舞，或率众弟子摇铃舞唱，至高潮时，围观者还可与梯玛对唱神歌，场面壮观至极。祭仪过程共分12步，分别为请师、申法、请水、接路、接马、打大卦、架桥、安营、背娃娃、唱神歌、交官钱、送土王，整个仪式过程始终伴随摇铃而歌舞不停。

土家族八宝铜铃舞历经长时间的发展演变，其表演形式相对稳定，有独舞、双人舞、四人舞、八人舞和群舞等形式，基本舞蹈动作有旋转跳跃等。[①] 群舞时，在梯玛的指挥引领下，以铜铃响声为节奏，集体摇铃舞蹈，场面极其壮观。八宝铜铃舞的动作讲究跳三罡步、踏太极图，注重逆顺旋转等下盘功夫。其动作特征主要体现在叩胸屈膝，身体下沉，一步一颤或者一步多颤。表演时要求舞者的腰、腿弯曲成曲线状，使身体重心前移略成弓形，行进中使腿、胯及全身各部位都处于不停的颤动之中，配合"跳罡""踩罡"及"旋转"动作，从而展示出"三角形""太极图"的图案。与此同时，还要尽情地展示"摇铃""抖铃""晃铃"等手上功夫。八宝铜铃舞舞姿丰富，动作多变，基本动作有"左右摇铃""扫堂摇铃""八字步摇铃""十字步摇铃""踩八卦摇铃""踩四方摇铃""踩莲花摇铃""跳火坑摇铃""勒马摇铃""跳马摇铃""马步摇铃""转圈摇铃"等。"手舞之足必蹈之"，整体上显得快慢相间、颤曲

---

① 刘奕含：《梯玛祭祀仪式中的八宝铜铃舞研究》，《戏剧之家》2016年第8期，第161页。

有度、上下相随、进退有序。其中不少动作技巧性强、难度较大，例如"跳火坑"，要求表演者腾空跳起，双腿向前，伸右腿跨过左腿，转身三百六十度。又如"打八岭"动作，要求身体全蹲，两腿交替向前伸出，同时双手交换不断敲打小腿、大腿和肩，动作难度较大，舞姿粗犷、感情炽烈，将八宝铜铃舞原始迷狂的韵律展现得淋漓尽致，充分展示出土家族人对先祖神灵的敬畏与虔诚。

八宝铜铃舞动作形象生动、造型逼真，具有较强的模仿性，尤其是对马的模仿，更是整个八宝铜铃舞中的华彩部分，再现了土家族远古祖先骑马游牧迁徙游猎的生活画卷。梯玛手中所握马头铜铃杖，象征着一匹挂着响铃的烈马，通过各种手型、步型与身体姿态的转换，来展现"牵马""喂马""洗马""逗马""上马""跨马""奔马""赛马""勒马""下马"的成套动作，以及"跨马勒缰""跃马闯滩""勒马望神""卧马射箭"等组合动作，将各种关于马的动作模拟得栩栩如生、惟妙惟肖，故而八宝铜铃舞又被称为"马舞"。

祭祀仪式中的伴奏乐器一般为盆鼓、堂鼓、大锣、小锣和钹，演奏的曲牌多为富于地方特色的夹钹锣鼓、宵锣、戏锣等，演奏起来变化多端，旋律悠扬，充满浓郁的地方民俗特色。八宝铜铃舞的唱词古老，一般固定为历代梯玛所传唱的《神歌》，歌词内容极为广泛，从土家族的起源、民族的迁徙到渔猎的艰辛、战争的残酷，从生产劳动到婚姻爱情等等，无所不包，也可由梯玛根据祈求还愿的内容即兴发挥。八宝铜铃舞的歌词结构通常为四句式、五句式和七句式几种，其格律严密，结构规整押韵，例如"左边将军，五营十哨，右边元帅，三军六号，吹手鼓手，十大旗手，铁坦衙门，斩杀之人，红脸将军，黑脸二神"。

（三）保护与传承

土家族民俗体育八宝铜铃舞是土家族"梯玛"文化的重要内容之一，其表演形式集歌、舞、乐于一体，动作古朴优美、刚劲矫健，充满了民族舞蹈的翩翩神韵，既有较高的娱乐审美价值和身体锻炼价值，同时又具有较强的学术研究价值和文化交流价值。然而，随着社会的变迁与时代的发展，在现代化生活方式的冲击下，八宝铜铃舞这种靠师徒与家族传承的传统祭祀歌舞正面临着不断失传与消亡的危机。据宣恩县"申遗"

小组调查，现在能够完整地跳一套八宝铜铃舞，做一场"解钱"法事的"土老师"已是凤毛麟角了，目前整个宣恩县登记在册的八宝铜铃舞重点艺人只有13人。

对八宝铜铃舞的继承和保护"不仅仅具有文化遗产的意义，而应视为一种极其重要的地方性文化资源，它所具有的人文关怀层面的现实意义理应受到我们更多的关注与更具有力度的保护、培植"[①]。在非物质文化遗产这一大的语境下，2007年6月，作为珍贵的文化遗产，宣恩县八宝铜铃舞入选湖北省第一批省级非物质文化遗产名录。同年，宣恩县沙道沟镇亦被湖北省文化厅命名为"湖北省民间文化艺术之乡"（八宝铜铃舞之乡）。

五 奔放腾跃的草把龙舞

（一）源流探析

"草把龙"又名"稻草龙"，以稻草扎制、青蔓缠身，其表演集民间舞蹈、音乐、技艺与民间信仰于一身，富有浓郁的乡土气息和地域色彩，主要流传于清江流域的宣恩、利川、恩施、咸丰等土家族聚居地区。草把龙多在春节、元宵节、二月二龙抬头等时令节日期间展演，如遇重大灾害，或是瘟疫流行时也会扎制草龙以祛瘟除魔。相传草把龙最初是姜子牙为驱赶瘟疫、祈神降雨、避免灾祸所创的一种祭祀活动，沿袭至今逐渐发展演变成为清江流域土家族人们年年舞动的特殊龙灯，成为地域民俗体育文化的重要组成部分。

根据相关考证，土家族崇龙习俗源于"当地蛇图腾走完了它的历史过程以后，转变成为一种灵物崇拜"，[②] 继而产生了草把龙、板凳龙、地龙灯、泼水龙、晒龙袍等土家族习俗。至清代，土家族地区舞草龙的祭祀习俗逐渐兴盛起来，且拥有固定的程式。据《来凤县志（清同治五年刻本）》记载："土家族地区俗喜巫鬼多淫祀。逢旱祈雨，都要举行隆重

[①] 张士闪：《乡民艺术的文化解读——鲁中四村考察》，山东人民出版社2006年版，第103页。

[②] 吉成名：《中国崇龙习俗》，天津古籍出版社2002年版，第4页。

的仪式送瘟神。送瘟神时，要打醮龙。祈祷的人群举着草和篾扎成的草龙走村串寨。玩龙时，家家户户门口放一盆水、一碗谷，谷上插一木牌，上写'瘟火二部，两界神王'之类的祈语。玩龙结束后，要把草龙和木牌一起烧掉。许多地方都用这种方法来送瘟神和祈祷风调雨顺。"① 在土家族人的潜意识中，带有灵性的龙能够祛除邪恶、保佑苍生，故而龙也必然会成为他们心目中至高无上的崇拜物。

（二）技术体系与文化内涵

草把龙从功能上可分为"干龙"和"湿龙"两类，"干龙"主要供人们娱乐所用，多在春节、元宵节等传统节日期间进行。"湿龙"则主要是求雨，起娱神的作用，每遇干旱季节，靠天吃饭的土家先民面临着极大的生存压力，祈求风调雨顺、五谷丰登是他们最大的心愿，他们认为带有灵性的龙能够保佑苍生，于是人们便扎草龙以舞之，以此来取悦龙王，祈求神龙能够普降甘霖、解除旱灾。

草把龙由民间艺人在腊月编织，其主要材料为干稻草、龙灯草（藤草）、竹篾条、木棍、麻绳、红绸布等，根据舞龙人数的多少，龙身可扎七节、九节、十一节、十三节、十五节不等。舞草把龙一般都有专门的打击乐器伴奏，其伴奏乐器主要由鼓、锣、钹组成，舞龙者需根据乐器的节奏变换不同的动作和套路。在一阵铿锵有力的锣鼓声中，龙头在耍宝人的带领下时起时落、穿来拐去，犹如出水蛟龙，舞动起来的龙在场上追逐龙珠，时而飞腾跳跃，时而滚缠托举，令人赏心悦目。草把龙的典型动作有"老龙出洞""古树盘根""黄龙盘柱""左圈右圈"等，舞草把龙还可以像高台狮子灯一样搭台。在宣恩县两河口村，草把龙被称为青龙，传统龙灯布龙则称为黄龙，传说黄龙是青龙的儿子，在玩龙灯时如果两条龙碰到一起，出场的顺序还很有讲究，以青龙为大。一般惯例是先玩青龙，后玩黄龙。如确需同时登场表演，则当黄龙与青龙相遇时，黄龙必须叩首让道，并从青龙腹下穿过以示敬重。

舞龙表演者都是从寨子里挑选出来的精干结实的年轻少年，能够使草龙活跃而有生气地在寨子里游动。除此之外，还要挑选两名年轻人，

---

① 丁世良：《中国地方志民俗资料汇编》，北京图书馆出版社1997年版，第445—449页。

其中一人用竹筒枪射水，另一人用竹制弓箭射箭，在"梯玛"①的指挥下进行舞龙表演。龙队出发前，需要在溪谷或河谷边举行一个简短的仪式。人们将龙尾浸泡于水中，同时抬起龙头面对岸上，取意龙王出水。"梯玛"身穿祭祀礼服，一阵手舞足蹈后，插香、点蜡、烧纸，口中念念有词，祷告河神，保佑此次舞龙活动能够顺利圆满，更保佑新的一年中土家山寨能够风调雨顺、人丁兴旺。祭罢河神，随着一声悠长的牛角号响起，舞龙活动在锣鼓声、鞭炮声和人们的欢笑声中正式拉开序幕。舞龙者腰扎黄绸带，个个精神抖擞，在龙珠的引领下使出浑身解数，变换着各种花样和舞技使草把龙穿腾活跃于土家山寨的家家户户。舞草把龙一般从寨子里地势最高的一户玩起，直到寨子下面最后一户人家为止，挨家挨户都要玩遍。按照习俗，如果一个寨子中草把龙丢掉一家没有游走，那么这家人一年四季便会遇瘟遭灾，继而会使得整个寨子不得安宁，所以舞龙队伍不能亲疏哪一家，在稍大的寨子往往都会扎三四条草龙分片舞动，从而避免落下一家一户。而在舞草把龙的当天，家家户户都是大门敞开，兴高采烈地迎接草把龙登堂入室。

　　为迎接草把龙进门，寨里人家早早预备好香烟、茶叶、粑粑、红包、钱纸等礼品，以示主人家的贤德与热情。舞龙这天，主人家会在堂屋中间摆上一盆清水、一筲筛五谷杂粮，点燃三炷香，然后出门放鞭，迎接草把龙进门。草把龙进门后，在"梯玛"的指挥下，龙头先向神龛点三个头以示向神行礼，接着沿堂屋绕行一圈，在完成"拜四方""穿三门""龙穿花""开荷花"等一系列动作之后，持竹筒水枪之人从盆中抽取清水向东南西北中五个方位射水，持竹弓之人同样向五个方位做出拉弓射箭的动作，"梯玛"则从筲筛中抓起五谷杂粮向五个方位各撒一把，同时口念咒语，请求神仙保佑主人家无病无灾、岁岁平安。与此同时，主人家也参与其中，大家抓起五谷杂粮撒向草把龙，希望草把龙能将各种疾病灾难统统带走，使得家人身体健康、一帆风顺。草把龙表演的重头戏

---

① "梯玛"是土家语，意为敬神的人，汉语称其为"土老师"。"梯玛"是土家族的宗教执业者，土家族人认为"梯玛"是人与神的沟通协调者，凡是土家山寨的祭祀、治病、占卜、赶鬼、解纠纷、赶白虎等事项都由他们管理。

是"取彩头"环节，主人家将红包或用红布包好的上等烟草等礼品放置小方桌上，舞龙者则须使出看家本领，用高难动作将其衔进龙嘴，此环节往往会将整个表演推向高潮。草把龙出门，为答谢舞龙者，主人家会向"梯玛"和舞龙队谢礼，将事先预备的各种礼品悉数交给"梯玛"，意味着他们会行一年的好运道。

每年农历的五六月间，稻田的稻谷常常会受到害虫及其稻瘟的侵袭，严重威胁着山寨人们的收成。此时，村民们便会到田间舞草把龙以驱赶瘟疫。这种草把龙的龙头是专门用水菖蒲草扎制而成的，水菖蒲草本身即是一种中草药，舞动起来清香扑鼻，具有杀菌、驱虫之功效，民间传说中还能够驱瘟、避邪。据清同治《来凤县志·风俗志》载："五六月间，雨阳不时，虫或伤稼，农人共延僧道，设坛诵经，编草为龙，击以金鼓，遍舞田间，以攘之。"村民们跟在草把龙身后，浩浩荡荡地从寨子向田间进发，草把龙游动于每丘稻田的田坎上。人们吹响牛角，燃放爆竹，在锣鼓声中不停地向稻秧上抛撒柴火灰、白石灰等，祈祷年成顺利，稻谷丰收。

在土家族人看来，龙乃神灵之物，不能滞留人间。因此不论何时，草把龙展演活动结束后，都要将其送到溪谷或河谷边集中烧掉，不能留存，来年舞龙时再重新扎制。草把龙烧毕，由"梯玛"将其灰烬全部扫进河沟，意谓送走龙王，归去大海。至此，整个舞草把龙的活动仪式即宣告结束。

（三）保护与传承

随着社会的发展、时代的变迁，土家族草把龙的文化生存土壤不断缺失。为了更好地保护与传承草把龙这一民俗体育文化，2013年，"宣恩草把龙"入围湖北省第四批非物质文化遗产名录。现如今，草把龙活动已不再仅仅是为了祈神、求雨与除灾。作为一项民俗的遗存，草把龙的文化空间场域已由各家各户和田间转到了寨坝、街道与广场，从而使其升华为一种优秀的传统民俗体育文化活动，服务于清江流域土家山寨居民的精神文化生活，在地区全民健身活动中发挥着积极的作用。

第五节　清江流域其他土家族民俗体育项目

一　粗犷奔放的板凳龙舞

（一）源流探析

板凳龙为龙舞的一种，是我国民间传统民俗活动之一，普遍存在于我国南方各省市的年度盛大活动之中。在湖北省主要流传于清江流域的恩施土家族苗族自治州境内，以清江流域中游的恩施、咸丰等土家族聚居地最为流行。板凳龙舞是由两人或多人手举一条或多条扎着龙形的长板凳，在要宝人的引领下完成各种游走、穿绕、翻滚、组图造型等动作而得名的一项极富地域特色的民俗体育运动。板凳龙一般多在农历的春节、元宵节、二月初二（龙抬头）等传统节日以及各种集会、庆典活动期间展演，特别是在春节，土家族人舞板凳龙更是成为一项约定俗成的民俗。由于板凳龙小巧灵活、风格别致，健身娱乐功效突出，在土家山寨深受群众的喜爱，板凳龙目前已被列入湖北省省级非物质文化遗产名录。

关于板凳龙的起源，相关史志并无确切记述，倒是民间流传着多种传说，一说古时土家山寨有个"四脚蜥"的怪人，通过修炼而得以飞升成仙，由于不服管束而与天神决斗，结果在酣战中败下阵来，被天神砍去一爪，剩下三足成为"三脚蜥"，战败后的"三脚蜥"被迫逃往仙乡，隐匿于王母山中。由于十分思念故土，"三脚蜥"怪人经常潜回山寨，但其来去之时都是脚踏云雾，要么迷雾沉沉，要么飞沙走石，给土家山寨带来了无尽的灾难。无奈之下，山寨居民只好杀猪宰羊烧香许愿，并雕塑"三脚蜥"神像，举着神像游走山寨，逐户敬神，以求"三脚蜥"不再兴风作浪，危害土家山寨。后来逐步演变为玩"板凳龙"以求风调雨顺、五谷丰登这一传统民俗体育活动。其二是说板凳龙起源于汉代，由"舞龙求雨"的宗教活动演变而来的。传说在很久以前，人间遭遇了史无前例的大旱，井枯河干，东海的一条水龙为解除民间疾苦，不顾一切地跃出水面，给当地降了一场大雨，从而为百姓和万物生灵带来了生机。但是水龙的这一行为却因触犯了天条而遭到上天的严厉责罚，水龙被用刀剁成多节后抛向人间。为了感激水龙的恩德，人们将龙体安放在板凳上，并将它们逐节拼凑起来（称之为"板凳龙"），同时模仿水龙的各种活动姿态进行游走，希望能够救活水龙，于是，舞"板凳龙"的习俗也就由此产生。

（二）技术体系与文化内涵

清江流域土家族板凳龙由龙头、龙身、龙尾和龙爪等几个部分构成，制作精细，气势雄伟。板凳龙的制作材料主要有竹篾片、彩色布匹、木板以及各类花纸等。制作时先将土家山寨特有的斑竹或金竹划成竹篾片，在三脚高凳或四脚长凳上扎好龙骨架，然后用各种彩色布匹做成龙套，将龙套固定在龙骨架上，然后糊上透光白纸和彩纸，饰以龙眼、龙眉、龙须、龙角、龙珠，画上龙鳞、彩云及各种彩色花纹图案，经过一系列工序后，一条活灵活现的板凳龙便制作出来了。支撑龙体的板凳被称为灯板，其长度在 1 米至 1.3 米，采用家用四脚长板凳（长条凳）或专门制作的三脚高凳，将凳脚打磨成圆柱状以方便捏握，用红绸覆盖凳面，并以布带系牢，然后贴上波纹状的金箔纸以示龙鳞。板凳龙的制作集雕塑、刻花及其扎制编糊工艺于一体，一条板凳龙几乎就是一个艺术的综合体。

最初的板凳龙舞没有固定的活动场所和程式，其活动场所主要是土家山寨的田坎、院坝、打谷场等地，动作的随意性也较大，在舞动过程中，可根据需要随意变化动作。在后来的发展过程中，板凳龙借鉴吸纳了其他优秀文化艺术的元素，从而发展成为具有一定情节，拥有固定套路，既可自娱自乐，亦可登台表演的极具地域特色的民俗体育文化。

板凳龙有独凳龙舞（一条板凳）和多凳龙舞（多条板凳）之分，伴奏乐器主要由鼓、锣、钹、叉子、碰铃等各种打击乐器构成，当然也可以加上一些吹奏乐。除了舞龙人和伴奏乐队外，还有一名耍宝人，耍宝人以宝珠为诱饵，引导龙体分别做出各种翻、缠、游、跃、摆等动作，同时负责指挥龙队整体动作以及队形的协调与调度。独凳龙舞主要是由1—3人同舞一条板凳龙（长条凳）。单人舞龙，舞龙者以双手分执板凳的前后腿。双人舞龙，一人执前腿，另一人执后腿。三人舞龙则依照两人在前，一人在后的方式站位。舞龙者按照既定套路，踏着锣鼓点的节奏，有规律地舞出各种花样。其二为多凳龙，即由多条板凳同时参与的舞龙，根据需要可由5—11条甚至更多的板凳组合而成，每人各举一条板凳，最前面的为龙头，最后面的为龙尾，中间之人构成龙身，整条龙随着吹打乐器的节奏以及耍宝人舞姿的变化而飞旋起舞。多凳龙舞动起来时凳凳相随，起落有致，时而摇头摆尾，时而左右翻腾，时而温顺可爱，时而咆哮如雷，分开后幻化为一条条小龙，合起来又是一条巨龙，翻江倒海气势如虹。板凳龙舞的典型动作有"黄龙出海""二龙戏珠""双龙抢宝""双龙抱柱""巨龙腾空""黄龙穿花""懒龙翻身""黄龙缠腰""金蝉脱壳""蛟龙翻滚""蛟龙潜水"等，舞到高潮时唯见龙身不见人影，水泼不进，令人眼花缭乱，场面壮观至极。板凳龙舞作为一种彰显力量与美的集体运动，不仅需要舞龙者具备较强的腰力、臂力、腕力，拥有良好的灵敏度、柔韧性和协调性，同时还必须具备吃苦耐劳、通力协作的品质，充分展现出舞龙者的基本功。

与草把龙相似，土家族板凳龙舞亦有"干龙"与"湿龙"之分，"干龙"多用以娱乐活动，主要在各种传统节日及其庆典活动中举行。"湿龙"则主要是求雨，起娱神的作用。龙到之处，村民们泼水助威，希望它能行云布雨、消灾解难。传统土家族板凳龙舞有很多的禁忌，例如在节庆期间，舞龙之人必须戒酒色、不熬夜、不杀生，在节日的前一天，要拜祭龙神菩萨，活动结束前一天，要再次拜谢龙神菩萨。

板凳龙舞融体育、舞蹈、杂技、音乐等于一炉，游动起来的板凳龙，粗犷而奔放，细腻而严整，充满了激情与自然哲理。千百年来，象征着吉祥、欢乐与幸福的板凳龙舞为土家山寨村民们的生活增添了色彩，带来了希望与欢愉，人们在锻炼身体宣泄情绪的同时，也求得了精神上的安慰与满足。随着社会的发展以及人们价值观念的转变，原始以求雨为目的的板凳龙舞活动已经基本退出了历史的舞台，而现今的板凳龙舞则被赋予了新的时代内涵，更多的是以传统民俗体育文化的身份呈现出来，成为清江流域土家山寨一道亮丽的风景。

二 诙谐洒脱的地盘子

（一）源流探析

"地盘子"又名"三人转""丁丁猫"，因其表演时似盘子在地上转动而得名，其表演集民间音乐、舞蹈、戏剧于一体，富有浓郁的乡土气息和地域特色。"地盘子"主要流传于清江流域中游恩施州咸丰县境内，尤以咸丰县朝阳寺、尖山乡、水井槽、甲马池、丁寨、金银坝、大路坝等乡镇最为盛行。在传统春节、元宵节以及各种节庆活动中，"地盘子"往往都是不可或缺的表演项目。作为一项具有浓郁地方特色的民俗体育文化，"地盘子"反映了土家族民众的日常生产、生活及思想感情，成为土家民众闲暇之余的主要娱乐活动和精神依赖。

据悉，土家族"地盘子"起源于隋朝，兴盛于唐朝太宗年间，大致经历了隋唐时期的"花花灯"、清末民初时期的"三人转"、中华人民共和国成立后的"地盘子"等几个从孕育到发展再到完善的不同时期。[①] 关于土家族"地盘子"的缘起，民间流传着一个美丽的传说：

> 据传唐朝太宗年间，太宗皇帝的生母患了眼疾导致双目失明，御医久治未见好转，太宗皇帝焦急万分，于是他暗自许下心愿，如若上苍能够保佑其母亲双目复明，愿择吉日大办光明灯会，以谢神明护佑之恩。不久，奇迹果然出现了，国母双眼痊愈得以重见光明。太宗皇帝欣喜万分，他没有忘记曾经许下的心愿，遂下旨招募能人工匠筹办光明灯会事宜，于是命肖庭贵为灯头，执灯笼、揽全事；寇先生命题写词，专一提腔唱板，张果老打鼓，吕洞宾击锣；丫鬟等敲咚子锣。各班人马准备就绪，唯独缺少了跳花灯的人选。某日，一大臣在大街上偶遇男女二乞丐，又唱又跳地沿路乞讨。虽衣衫褴褛，但却面目不俗，问及缘由，方知乃母子二人，因子父早亡，家贫如洗，不得已才乞食于大街之上。大臣奏请太宗同意，邀约母子

[①] 白童：《咸丰〈地盘子〉的审美特征和发展现状初探》，《2011—2013 中国民间文化艺术之乡全集》，2013 年。

二人参与光明灯会跳花灯表演。于是母为旦角，子为丑角，一时间鼓乐齐奏，在御街前载歌载舞，热闹非凡。丑角因是与家母共舞于大庭广众之下，故面带愧色，低首驼腰，不敢正视母面；旦角同样面带羞色，总不能放开欢跳。正舞间，一刁头（游手好闲之人）见旦角虽年近四十，但却姿色颇佳，风韵尚存，便想近前调戏一番。正当观众专注忘情之际，刁头遂学丑角之态，边跳边舞，伺机向旦角靠近。旦角晓其意，转身扭头避之。丑角见状，亦舞而阻之。于是三人一进一避一阻，在场上穿梭跳跃，氛围更加热烈，舞蹈色彩更加浓厚，久之便形成了一种自然而然的舞蹈。此后，人们便模仿光明灯会上的表演形式，扮一旦两丑，取名"花花灯"，在每年春节和元宵期间表演，并逐渐在民间流传开来。

清同治《咸丰县志》详尽而形象地记述了土家族"地盘子"舞蹈的来历、艺术表现形式及其表演的盛况：

> 地盘子，三人舞，内容灿采，形象生动，舞姿丰呈，鼓乐清扬。故自唐千载而下，日陶月铸，历久弥新。平唱锵锵，盖动于梁尘；万舞奕奕，攸赞乎霓裳。妙语解头，常逗掩口于葫芦；插科打诨，总起众兴之哄堂。白雪同调，催放岭头之梅；青睐宜群，常爆热烈之掌，实土家族民间之独特歌舞。春节灯花之期，宴集庆典之会，不可或缺也。

至清末民初，咸丰县朝阳寺人李宗顺、刘桃安、李仁堂等人以"七仙女下凡"的故事为依据，将原先"花花灯"中的三个人物分别变为生角、旦角和丑角。其中生角为董永、旦角为七仙女、丑角为土地公公。在表现形式上，突出生角的潇洒、旦角的娴静、丑角的滑稽与诙谐，将三个角色始终固定在三个点上，形似等腰三角形，彼此之间基本呈弧形旋转，酷似一个转动的圆盘，因此人们形象地称之为"地盘子"。

（二）技术体系与文化内涵

"地盘子"表演多为两男一女三人共舞，在服饰打扮上，旦角头缠青丝帕，上穿花便衣，下套绣花裙，左手拿手巾，右手撑花边折扇。生角头戴瓜皮帽或草帽，身穿蓝长衫，手持棕叶大蒲扇。开场时，生、旦二角在欢乐的锣鼓声中分别以"蹲颤步"和"丁丁步"上场，随即丑角以边舞边跳的方式入场。"地盘子"舞蹈动作极为丰富，共计有"梭步""丢一字""鹤鹰展翅""半推磨""半边月""怀中抱月"等十几个动作，总体上以下沉、顺边、颤步、丁丁步贯穿始终。表演上三个角色各有特点，其中旦角右手持花扇，左手舞花手巾，脚踏"丁丁步"，同边同甩，顺边顺摆，动作轻盈灵活，既要表现出女子娇羞妩媚的神态，又要衬托出其扭捏作态的心理活动；生角要文静潇洒，其动作以屈膝下沉为主要特征，但下沉并非是下坠有沉重之感，而是挺腰、撅臀以控制身躯，凸显一种朴实婀娜的姿态；丑角则要粗犷诙谐，脚步轻踏快提，灵活健美，富有弹性，体现出一种嬉戏顽皮之意。在整个过程中，表演者始终要做到"气沉丹田、头顶虚空、全凭腰转、两肩轻松"的技术要求，所谓"气沉丹田"就是气要下沉，采用腹式呼吸；"头顶虚空"就是排除杂念，凝心聚神，以便能够完全进入角色；"全凭腰转"是指以腰为主宰，借助腰部的旋转来带动肢体完成各种动作；"两肩轻松"是指两臂膀要灵活自如，甩膀摆臂要顺势而为。此外还要求表演者善于灵活运用各种面部表情以增强表演效果，例如嘴型有歪嘴、逗嘴、啄嘴、斜嘴，鼻型有皱鼻、哄鼻，眼神则有笑眼、呆眼、媚眼、冷眼、恨眼、调皮眼等。

"地盘子"的音乐和唱腔丰富多彩，其伴奏乐器主要有鼓、钹、马锣、大锣等民间打击乐器。音乐有锣鼓长路引（引子），唱腔包括高腔、平腔、颤腔、大板腔、梅花腔等多种曲牌，腔调多为五声羽调式、五声徵调式和六声商调式，表现形式上高腔高亢优美、平腔舒展柔和、颤腔节奏鲜明、大板腔平稳端庄。表演时且歌且舞，一问一答或一领众合，一段唱腔一阵锣鼓。唱词中间以问答的方式，唱词没有一定之规，既有固定的内容，诸如各种民间传说、典故等，亦可即兴发挥创作，还有闹五更、十二月等各种民间小曲，出口成章，朗朗上口，例如大板腔唱词：

正月里来抛绣球，快乐无忧，大仁大义刘皇叔，桃园结义增（呐）手足，亲生如骨，请师傅顾茅庐摆下八阵图。

二月里来百花香，震动朝纲，为只为那关云长，百万人中斩（呐）颜良，英雄百倍强，过五关斩六将，英雄百倍强。

平腔唱词：

造灯原是哪一（也）个（哦），（也哟荷哟荷喂），玩（哪）灯（嘛）又（啊）是哪一（也）个（哦）？

造灯原名孔明（也）灯，玩（哪）灯（嘛）本是（嘛）罗幺姐。

梅花调唱词：

旦角（呀）本是（呀）哪（呀）哪一个（啊依得儿哟），哪（呀）哪一个（啊依得儿哟），生（哪）角原是（嘛），梅花溜溜，梅花溜溜枝子花儿香，杨啊杨柳青了（哟伙嘿）哪又是哪一人。

旦角（呀）本是（呀）张（呀）张七姐（啊依得儿哟），张（呀）张七姐（啊依得儿哟），生（啊）角原是（嘛）梅花溜溜，梅花溜溜，枝子花儿香，杨啊杨柳青了（哟伙嘿）董又是董永。①

表演中生、旦、丑三角边唱边跳，唱完一段后立即交换位置，三人一进一退一阻，配合默契、妙趣横生。

作为少数民族地区民间传统文化发展的一个缩影，在文化传承上，"地盘子"历史悠久、根基深厚，具有独特的完整性，没有发生明显的断层现象。在艺术表现上，"地盘子"虽是一种民间传统舞蹈，却具备专业戏剧所特有的生、旦、丑三大基本角色，且每个角色都有不同的风格和特色。在普适性上，"地盘子"来源于民间，又深深植根于民间文化沃土，其唱词多为即兴创作，讲究"到什么地方说什么话，在什么山上唱

---

① 白童：《咸丰〈地盘子〉的审美特征和发展现状初探》，《2011—2013 中国民间文化艺术之乡全集》，2013 年。

什么歌"，充满乡俗、乡音、乡情，贴近生活、贴近实际、贴近群众，易懂易学易记易练，对地区群众业余文化生活及其全民健身活动的开展起着重要的推动作用。为更好地保护与传承"地盘子"这项土家族传统文化瑰宝，在相关部门的共同努力下，2007年6月，恩施州咸丰县"地盘子"成功入选湖北省第一批省级非物质文化遗产名录，2008年，咸丰县朝阳寺镇被文化部命名为"中国民间文化艺术之乡——地盘子艺术之乡"，为其当代传承与发展带来了新的机遇。

三　武舞交融的三棒鼓

（一）源流探析

三棒鼓是广泛流传于清江流域中游恩施、宣恩、咸丰等县市的一种集地方曲艺、民间杂耍于一体的古老民间艺术形式，因表演者轮番抛动三根嵌有铜钱的棒子击鼓而得名。作为土家族古老的民间曲艺及其传统文化的特殊方式，三棒鼓体现了土家族人的宗教信仰、语言习惯、民风民俗、价值观念等。

关于土家族三棒鼓的产生源流主要存在着两种说法，一种是"本土来源说"，持此说法的学者认为，三棒鼓产生于土家族生活的本土地区，土家先民在农闲或节庆时，利用山歌小调自编唱词，打鼓助兴，把农业生产、历史传说及神话故事说唱给人听，借以传授农业生产、生活等知识，同时自娱自乐、积极抒发感情。在土家族山寨，人们都有玩三棒鼓的习惯，茶余饭后、喜会丧堂、田头地角、村院街巷，花鼓咚咚，听众津津入迷。① 另一种是"外来传入说"，认为三棒鼓是土家族与汉族文化交融的结晶，三棒鼓来源于汉族，自明代起开始传入土家族地区，在长期的传承实践中，经土家族民间艺人不断地加工提炼，三棒鼓这一土家民间艺术形式才得以日臻完善并世代相传。

研究认为，三棒鼓的原形是唐代的三杖鼓，宋代《乐书》中记载："唐咸通中有王文举好弄三杖，打撩万无一失，近世民间犹尚此乐。"元朝称之为"花棒鼓"，元代李有《古杭杂记》载："花棒鼓者，谓每举法

---

① 田荆贵：《中国土家族习俗》，中国文史出版社1990年版，第169页。

乐则一僧以三、四棒在手，轮转抛弄。"明代沈德符《顾曲杂言》记述："吴下向来有妇人打三棒鼓乞钱者，余幼时尚见之。亦起唐咸通中，王文通好用三杖打撩。万无一失。"① 明人田艺衡《留青日札》亦载："吴越间妇女用三棒上下击鼓，谓之三棒鼓，江北凤阳男子尤善，即三杖鼓也。"② 又据傅起凤《中国杂技史》卷前插图记载："清风俗画有'手持三棒鼓'图，画中一人站立，身前置一鼓，有架，鼓面朝上；此人两手各捉一棒，空中还有一棒在飞舞。"③ 可见，土家族三棒鼓早在明清时期就已在民间广泛流传。

（二）技术体系与文化内涵

三棒鼓表演的道具包括伴奏道具和杂耍道具，伴奏道具主要是鼓和锣，其中鼓的构造十分精美，鼓架一般用六根刷有红白相间颜色的细竹竿做成，用时支开，结束收拢，十分方便。鼓框多绘龙凤花草类的彩画，鼓面则绘以阴阳八卦类的图案。鼓槌一般用硬度适宜的杂木雕制而成，两头各凿一长方形的小孔并嵌以 2—3 枚小铜钱，同时在两端系上红绸带，十分漂亮醒目。杂耍道具主要有短棒（长约 30 厘米）、刀（菜刀、镰刀、尖刀）、斧头、钢叉、火棍等，每种杂耍道具至少不低于三根（把），故其动作技巧难度较大。

三棒鼓表演有单人、双人及多人的不同组合，通常由三至五人组成一个表演班子，在三人班子中，一人击鼓唱词，一人锣鼓配乐，一人耍棒或抛刀，其表演集"唱""乐""耍"于一体。在传统社会中，每年春节期间，三棒鼓艺人们便会结伴走村串寨献艺拜年，其表演对象不分贫富，家家必到，届时主人家也会热情地将提前预备好的礼品悉数奉上。如遇贫寒之户，表演者还会主动将所获得的礼品相送，充分体现出土家人热情好客、心地善良的民族性格。

三棒鼓演唱时，句与句、段与段之间由锣鼓间奏，以鼓为主线，鼓的打法有单槌、双槌、槌打等形式，花样有"单鼓花""双鼓花""白蛇

---

① （明）沈德符：《万历野获编点校本·卷二十五》，中华书局 1980 年版，第 650 页。
② （明）田艺衡：《留青日札点校本·卷十九》，上海古籍出版社 1992 年版，第 352 页。
③ 傅起凤：《中国杂技史》，上海人民出版社 1991 年版。

吐剑"等。而舞棒、抛刀等民间杂耍与三棒鼓演唱似孪生兄弟一般，相映成趣，其主要目的就是增强和丰富三棒鼓的艺术效果，使其更具欣赏审美价值。① 土家族打三棒鼓技艺种类繁多，有"金钱吊葫芦""姑娘纺棉纱""麻雀钻竹林""白蛇吐飞箭""乌龙搅水""跛簸箕""单跨花""双跨花""单背花""双背花""织布""绞花"等。其中又以抛刀动作花样繁多，抛刀表演时表演者需要不断地变换各种身体姿势，接连不断地将各种刀具从身前左右、胯下臀后抛向空中，其典型动作包括"太公钓鱼""美女梳头""苏秦背剑""仙人裹索""双龙出洞""黄龙缠腰""鲤鱼漂滩""丹凤朝阳""猴儿挑担""白马悬蹄""古树盘根""雪花盖顶""画眉跳杆""跑马射箭""砍内四门""纺车""纺纱""退纱"等20多套动作。钢刀在空中欢跳，左右穿梭、银光闪闪，令人眼花缭乱。技艺纯熟者可以同时抛出5—6把尖刀，更有甚者表演时突然将刀抛得极高，然后潇洒地完成一个腾空飞脚外加一个转身摆莲，继续从容地接刀上抛，令人不禁拍手叫绝。

　　三棒鼓的唱词一般以四句为一节，分别为"五言、五言、七言、五言"句式，经常运用排比、比兴、对偶、押韵等手法。唱词内容多从口语中提炼出来，既通俗又雅致，既有反映各种民间传说、英雄人物的内容，例如《目连救母》《孟姜女哭长城》《将帅拔佩》《花木兰从军》《陈木匠做官》《三打华府》《大闹淮安》等，又有《飞夺泸定桥》《贺龙打江山》等革命战争题材的故事，还有《采茶歌》《春耕生产歌》《地膜苞谷就是好》等宣传农业生产的歌词，此外还有即兴演唱群众喜闻乐见之日常生活故事的唱词，例如表现恭贺新婚的唱词："门前喜鹊叫，牧童吹玉箫，洞房花烛是今朝，特意把喜道。"反映土家族日常生活图景的唱词："清晨起了床，烧火进灶膛，喂猪弄饭好快当，一天上坡忙。"宣传计划生育的唱词："少生与优生，铲除旧灵魂，生男或者生千金，都是传后人。"② 作为土家民众思想、情感、智慧的结晶，三棒鼓是土家族民众

---

① 李培芝、段绪光：《宣恩县非物质文化遗产名录》，湖北人民出版社2013年版，第94页。
② 熊晓辉：《土家族"三棒鼓"的艺术特征》，《重庆三峡学院学报》2013年第2期，第11—15页。

日常生活的生动写照。

作为一种雅俗共赏的地方特色民俗体育文化，土家族三棒鼓集演唱艺术与民间杂耍于一体，具有较强的健身价值、娱乐价值和艺术审美价值。其地域特色浓郁，时代特征鲜明，特别是一些口耳相传的三棒鼓唱词，生活化气息浓厚，蕴含着土家族珍贵的历史文化、民俗文化、农耕文化。进入21世纪以来，在国家一系列利好政策的指引下，土家族三棒鼓已于2011年经国务院批准列入第三批国家级非物质文化遗产名录。现如今，三棒鼓作为健康生活的一部分，已经融入了广大土家族民众的日常生活之中。

四　龙吟凤鸣的地龙灯

（一）起源探析

地龙灯又名"巴地梭"，是土家族独有的民俗体育文化事象，主要留存于湖北省恩施州来凤县旧司乡大岩板村和沙界村，传承至今已有300多年的历史。清同治《来凤县志》载："上九日至元宵，城乡有龙灯之戏……箫鼓争喧，爆发竞放，观者填衢达旦。"[1] 土家族地龙灯独特的技艺表演形式，主要是通过舞龙者的密切配合，在鼓乐的伴奏下，生动灵活地展现出龙"游于水、爬于山、腾于空"等神奇的姿态、造型与意境。游走于土家山寨的地龙灯，除了娱乐乡邻外，还蕴含着驱瘟镇邪、祈福禳灾、祈求人寿年丰之意，2010年6月，来凤县地龙灯被收录入第三批国家级非物质文化遗产名录。

有关地龙灯的起源相关史籍并无确切记载，民间传说认为地龙灯来源于楚霸王"龙生虎养凤遮荫"的神话传说，根据《土家族民间故事集》《来凤民族志》等相关文献的记述：

> 当年残忍暴虐的秦始皇得到一稀世珍宝——赶山鞭，该鞭威力无边，只需将鞭子甩响三声，便可达到搬山赶岭之功效。为了验证赶山鞭的威力，秦始皇欲用其来赶山填平北海。秦皇三皇子知悉后

---

[1] （清）同治《来凤县志·风俗志》卷28。

焦虑万分，因为他暗地里与龙王三公主相爱，且三公主已有身孕，若填平北海，龙王家族将无处安身。情急之下，他盗走了始皇的赶山鞭。后来三公主到海滩等候三太子未果，忽然临盆，产下一男婴，又不敢带回龙宫，万般无奈之下，只好弃置沙滩。正在此时，对面山林中一只母白斑虎听见了婴儿的啼哭声，飞奔而来给其喂奶，随后，凤凰山中的一只彩凤也飞来为其遮风挡雨，在虎、凤的精心照料下，婴儿渐渐长大成人，而这个由"龙生虎养凤遮荫"长大的孩子就是后来赫赫有名的西楚霸王，他在建功立业后，便下令民间于每年农历春节、元宵、端午等节日期间举行祭奠仪式，同时扎长龙、白斑虎、彩凤共舞，并配以鱼、龟、虾、蚌等角色伴舞，以此感念这些神兽的生养之恩，后来由于土家族地区出现了"赶白虎"的习俗，故而地龙灯展演便相应去掉了虎的角色而只剩下了龙和凤。

（二）技术体系与文化内涵

地龙灯的道具古朴细致、工艺精美，具有较高的艺术审美性。其整套道具的"骨架"基本上靠竹篾完成，制作材料主要包括篾条、麻线、草纸、彩色布匹、木棍、细铁丝以及各色涂料等。圆宝主要是用篾条扎成直径 30 厘米左右的球形球体，球外裹上红布，球内贯穿粗铁丝以使其能够转动，球的四周安装铃铛，下端装上长约 1 米的木柄；地龙的龙头长 1.8 米，高 0.9 米，制作时首先用竹篾、麻绳扎制骨架，然后将按比例制作好的龙角、龙冠、龙眼、龙嘴、龙舌、龙须等固定在骨架上，最后以韧性草纸外糊骨架并勾线绘色；龙衣主要由一块长 9 米、宽 3 米的布匹制成，布匹的两侧剪成齿状形，龙衣上面衬以红色龙纹、黑色背脊及其橙色鳞甲，然后用竹篾捆扎 7 个半圆形的竹圈，将竹圈缝制于龙衣内用以固定和支撑龙衣，龙衣两端分别缝制在龙头和龙尾上；龙尾长 1 米，直径 0.45 米，整体呈鱼翅状，其内部还有两条便于舞龙者捆绑的腰带。彩凤主要由凤头、凤身、凤翅、凤尾几个部件构成，主体骨架均为竹篾扎制而成，骨架外面蒙上白布，再用五彩纸或彩色布条做成羽毛固定在白布之上。凤头高 0.6 米，并配有凤嘴、凤冠、凤眼等，其制作工艺尤为精巧。凤翅长约 1 米，两翅之间有带子相连，翅内各安一抓手便于抓握。土家族地龙灯道具工艺精美、造型古朴、色彩明丽，整个工序集雕塑、扎制、刻花、美工、涂画于一体，作为一个艺术的综合体，体现了土家族人的勤劳与智慧。

土家族地龙灯是由一人舞圆宝，九人舞龙，一人舞凤，若干人奏乐组成的一种多人配合表演的综合艺术展演形式。所谓"地龙"，顾名思义便是指在地上爬行的龙，民间有顺口溜言："地龙灯，地龙灯，不用篾篓不用棍，巴地梭着走，活像其龙行。玩耍龙人弯着身，站的骑马桩，走的弓箭步，似同狮子灯。"舞地龙灯的表演不用木棍支撑龙体，九节龙体分别由九人控制，一人执龙头，一人背龙尾，其余七人拱背俯身藏于龙身之内，以一手抓握龙身内的圆形篾圈，另一手抓住前者的腰带，双脚为彩色龙衣所遮蔽。

土家族传统地龙灯表演的主要目的是驱瘟祛邪、祈福禳灾、祈求人寿年丰，其表演有一套特别的仪式。地龙灯班子入户表演时，待吉时一到，耍宝之人便在主家堂屋前烧起香蜡纸烛，摆放五谷，并颂念驱瘟祛邪、禳灾祈福的祝辞，念诵完毕，随着爆竹声响，清扫仪式正式开始。首先由耍宝之人率先引龙登场，其间不时转动圆宝，并即兴表演各种跟斗技巧，逗引地龙追珠抢宝，地龙则憨态十足地晃头摆尾紧紧相随。清扫时首先绕大门三圈，继而进入堂屋、猪圈、牛栏、院坝等场所进行清扫，每到一处都会念诵相应的祝辞。整个展演过程中，舞龙者都要藏身龙衣之下，始终保持上体前倾，以蹬马桩和走弓箭步的形式，随着伴奏乐曲的节奏和力度完成各种龙舞动作。

地龙灯套路主要由"龙起身""龙抢宝""龙盘饼""龙出水""龙标滩""之字拐""龙过桥""龙回首""龙盘树""龙困滩""龙抬头""龙盘凤""凤骑龙""龙走太极"等数十个动作组成，整个套路起承转折灵活多变，动作形象栩栩如生。系列动作中尤以"龙盘树"和"龙走太极"这两个动作难度较大，例如在做"龙盘树"动作时，前者需要踩在后者的腿上或肩上，以搭人梯的形式呈螺旋状环绕上树，其动作技巧性强，场面精彩刺激。① 地龙灯仪式表演的重头戏是龙凤共舞,当仪式进行到一定进度时,随着一声长鸣,彩凤翩然而至,并围绕地龙翩翩起舞,时而与龙交相嬉戏,时而展翅为龙遮荫,表演至高潮时,彩凤腾身跃上龙背,顿时鞭炮齐鸣,鼓乐高奏,舞者齐声高呼,观者欢声喝彩,使得整个表演呈现出一派龙凤呈祥、凤鸣龙吟的和谐祥瑞气象。

地龙灯清扫仪式结束后,户主往往会认为经过龙、虎、凤等瑞兽祥禽的清扫,来年必会大吉大利、平安顺遂。在最后一次表演结束后,地龙灯班子须将龙、凤等道具集中烧毁,其用意为助神兽升天。在土家人的潜意识中,龙、凤等神兽乃不可侵犯的灵物,它们不属于凡间,普通人家是没有资格进行供养的,为了不冲撞神灵,在最后一次祭扫结束后便要将龙、凤等道具以燃烧的形式助其升天,而当这些神兽升天之后,顺便又会将仪式中人们的诉求愿望带至天庭,以便各路神仙菩萨能够帮助他们实现愿望。

从某种角度来看,作为原生态村落民俗体育的地龙灯,表面上虽是祭祀祖先、祈福禳灾的祭扫活动,但其仪式过程本身却蕴含着深刻的民俗文化意蕴及其丰富的社会功能。就文化意蕴来看,首先,汉族崇龙尊凤,土家族以虎为图腾,而地龙灯表演以龙、虎、凤等神兽为主要载体以及关于地龙灯起源的传说,深深地体现了楚汉文化与土家文化的交融互渗。其次,每逢新春佳节或端午节,地龙灯便龙舞四乡,进入农家院落,在房前屋后、牛栏猪舍等处进行"清扫"活动,这种"清扫"的寓意在于扫除障碍、祛除瘟疫,同时告事求福,祈求年丰平安,寄托了土家山寨人们纯朴而美好的生活愿景。就社会功能来看,地龙灯的仪式表演使得村民们在释放情志、娱乐身心的同时,也在一定程度上维系着村寨族落间的和谐交往。② 有助于增强村落民众的向心力与凝聚力,形成共同的集体记忆,从而使得传统民俗体育文化得以薪火相传。

---

① 刘鑫、翁成涛:《非物质文化遗产视角下民俗体育的传承研究——以来凤县大岩板村地龙灯活动为例》,《辽宁体育科技》2019年第2期,第95页。
② 秦明珠:《村落民俗体育地龙灯的传承与保护机制》,硕士学位论文,湖北大学,2012年,第13页。

五　古朴粗犷的耍耍

（一）起源探析

耍耍原名叫做"耍神""跳神"，土家族人称之为"喜乐神"，是流传于清江流域中游恩施、宣恩等地极具地域特色的民俗体育文化。耍耍的活动空间较大，传统庙会、民俗节庆、农时休闲以及各种民间喜庆聚会场合等都可进行表演，其表演形式多为一旦（女）一丑（男）两个角色，在后来的发展中也出现了多人集体表演的形式。耍耍表演时旦角持方巾，丑角执扇子，在各种器乐的伴奏下，载歌载舞，说唱并茂，营造出一个歌舞融合的热烈场面。其表演风格古朴粗犷、滑稽风趣，尽情展示土家族人的日常生活情境及其青年男女间的爱恋情感，极力突出"喜"与"乐"的主题，从而达到逗神乐、惹人笑的"娱神""娱人"目的。[①]新中国成立以来，民间文艺事业的发展受到党和国家的高度重视，耍耍以其独特的表演风格及多元的价值追求成为清江流域中游土家族的"狂欢舞"，被誉为鄂西南地区的"二人转"。

土家族耍耍历史悠久、源远流长，但由于缺乏相关史料的记述，故而无从考证。关于耍耍的起源众说纷纭、莫衷一是，目前主要存在着"兄妹寻父说""兄妹拜年说""唐王梦灯说""土司试婚说"以及"祭祀娱神说"等几种说法。"兄妹寻父说"是关于耍耍起源涉及历史最早的一种传说：

> 据说秦朝时期，有一对被称为"耍哥""耍妹"的土家兄妹，去寻找被抓去修筑长城的父亲覃先，一路上忍饥挨饿，历经千辛万苦。某天晚上，兄妹二人夜宿破庙，夜晚梦见一仙翁教授歌舞。于是兄妹二人便凭借仙翁教授的歌舞沿途卖艺乞讨，终于来到长城脚下，却只能将父亲的尸骸找回。后来，兄妹二人便以此技艺为生，二人

[①] 李培芝、段绪光：《宣恩县非物质文化遗产名录》，湖北人民出版社2013年版，第43—44页。

死后,他们留下的歌舞在民间流传开来,称之为"耍耍"。①

"唐王梦灯说"是流传于宣恩一带的民间传说,此传说认为耍耍属于花灯的一种形式,带有明显的汉文化影响的印迹。唐朝初年,鄂西南土家族首领先后归顺于唐,为便于统治管理,唐王朝在该地区正式建立起"以夷制夷"的羁縻制度。宣恩耍耍的一段唱词完整地记录了这一传说:

> 天上人间皆一样,昔日有个小唐王。他是仙根仙体,做了一朝帝王。那年八月十五,龙体睡卧牙床。良宵夜游天上,灵魂驾入仙乡。到了月宫之内,看到很多美娘。人人身穿花衣,个个弹琴歌唱。打得热热闹闹,敲得叮叮当当。有的前面在唱,有的后面在帮。唐王一见记在心上,魂由梦里还阳。唐王醒转细思量,天上神仙娱乐戏彩,凡间也该照样。下令文臣武将,宫内全部女娘,学习天上榜样。玩灯演戏,歌舞弹唱。生旦净丑,冗多名堂。②

在众多传说中又以"祭祀娱神说"最具代表性和说服力,也最符合土家族人的原始信仰。目前学界普遍认为,耍耍的原型是巫师端公用以敬神还愿的祭祀仪式。在旧时的土家族聚居地区,巫教中的端公是天神与凡人之间沟通交流的使者,端公通过"耍神"的法事,用以祭神还愿祈求上苍祛疫消灾、播福于民,从而求得风调雨顺、人寿年丰,给民众以寄托和信念。在这一仪式过程中,端公将民众的诉求之意以载歌载舞的方式向神灵倾诉,继而获得并传达神的旨意。在后来的发展流变过程中,鉴于耍耍在耍神的法事中本身具有相对的独立性,而且是能够独立地表现祭神还愿与驱邪保安的单元法事,这一歌舞展演形式慢慢地便从祭祀活动中脱离出来,由"娱神"为主演变为以"娱人"为主,从而形成了耍耍这种在喜庆活动中开展的民俗舞蹈。

---

① 田世高:《土家族音乐概论》,中央民族大学出版社2002年版,第292页。
② 谭笑:《寻访民间艺术大师》,民族出版社2003年版,第42—48页。

（二）技术体系与文化内涵

传统耍耍表演大多在室内进行，根据需要也可移至室外表演，其表演有特定的场景、道具及伴奏器乐。在场景布置上，一般要求在主家堂前摆放三条高板凳，板凳上供奉一炷香、两支蜡烛，两侧各挂一盏灯笼。服装道具方面，男角头戴青丝帕，身着长衫，腰缠红帕，脚穿白底黑布鞋，手拿油纸扇。女角则女扮男装，额戴花环，上穿白色边开衫，下着八幅裙、绿色蓝带，脚穿绣花鞋，手持鲜艳方巾。器乐方面，耍耍表演由本地花锣鼓伴奏，主要由盆鼓、大锣、钹、马锣组成。

根据表演中歌舞所占比重的不同可将耍耍分为文耍耍和武耍耍两种类型。其中文耍耍的表演特征是歌舞相伴、边歌边舞，将歌、舞、戏巧妙地融为一体。其舞蹈动作朴素简洁、自然大方，主要动作有"美女梳头""犀牛望月""盖天盖地""推扇传情""黄龙缠腰"等。相对于舞蹈动作而言，文耍耍更为注重突出"唱功"，其唱腔明快优美、娓娓动听，唱词可长可短，没有固定的程式，内容既有传统唱段，亦可即兴编唱，演唱中多夹杂着说白，具有独特的地方语言特点，充满了浓浓的乡俗乡音与乡情。

武耍耍只跳不唱，以锣鼓伴奏，表演时男女二人踏着锣鼓点子的节奏，完成各种高难度动作的展演。武耍耍动作套路多、变化大、难度高，旨在突出表演者高超的"舞功"与"武功"。其典型动作有"古树拔根""老鹰展翅""犀牛滚澡""猴子背儿""蛾儿扑水""左右插花""云手扫地花""拉手摇扇花"等，此外还有各种高难度技巧动作，诸如"滚坛子""翻豆腐""翻筋斗"等，其中"翻筋斗"又可演化出"钵钵筋斗""推推筋斗""连枷筋斗"等几种样式，体现出展演者高超的技艺。武耍耍的套路组合一般都在10套以上，故而武耍耍又被称为"十样锦"。总体而言，文耍耍主要侧重于"唱"功，注重以歌叙事，而武耍耍则更多地倾向于"舞"功，讲究以舞达意。但无论是文耍耍还是武耍耍，在表演时有三点是基本一致的。其一是两者的基本舞步大体相同，如"十字步""丁字步""矮子步""鹭鸶步""梭梭步"等。其二是表演时都非常讲究扇子功和方巾功，如扇子功的"内外腕花""小片花""一字片花"等动作，花样繁多，变化无穷。方巾功同样体现出难度大、变化多、要求高的特点。其三是在器乐方面，二者表演时均使用本地花锣鼓伴奏，只不过文要要是以锣鼓间奏，而武要要则是以锣鼓伴奏。演奏的锣鼓曲牌一般都是《牛擦痒》《双飘带》《红绣鞋》等。

要要的舞蹈动作取材广泛，文化意蕴丰富。其中大部分动作都来源于土家山寨人们的日常生产生活实践，例如"搓麻绳""转盘推磨"等动作都是直接取材于生产实践，"作揖""梳妆打扮"等动作则来源于日常生活习惯，带有浓浓的乡土气息。"老鹰展翅""猴儿掰桩"是模拟飞禽走兽的动作形象而成。而"仙女摘花""黄龙缠腰"等动作则表达了土家族人原始的生殖崇拜，各种花式的"翻跟头"则显然受到了民间武术与戏曲文化的影响。另外，传统民间要要的典型动作大都包含着特定的文化寓意，例如"观音坐莲"和"童子拜观音"表示祭拜神仙的特定情景，"黄龙缠腰"比喻身着官袍玉带，寓意主人家中将会人才辈出、官运亨达，"丹凤朝阳"及"犀牛望月"表示万物向阳，预示着一片祥和美好的景象，"古树盘根"则寓意主家乃是名门望族，主人德高望重、身份显赫。

作为清江流域中游少数民族地区土生土长的特色文化，要要具有独特的艺术魅力和丰厚的民间文化底蕴。其原始文化内涵是张扬土家先民的"合""和"精神，即追求天人合一，注重人与神的沟通协调，人与人、人与自然万物和谐共处的精神向往。① 在历史的发展过程中，要要积淀了民间庆典、民间节日、民间信仰、民间礼仪等多种文化信息，极具民族学、民俗学研究价值，是人们研究了解土家族宗教信仰、民俗风尚及文化心理特征的现实素材。为更好地保护与传承这项民俗体育文化，2007年，宣恩要要被收录为湖北省第一批省级非物质文化遗产名录。随后，地方政府部门又相继制定并出台了一系列的保护举措，例如建立生态保护村，保护传统要要赖以生存的文化空间场域；挑选适宜内容编入乡土教材，促进传统文化的学校教育传承；结合民俗旅游开发，积极推进传统文化的品牌建设等。

---

① 李培芝、段绪光：《宣恩县非物质文化遗产名录》，湖北人民出版社2013年版，第47页。

六　雄浑激越的肉连响

（一）起源探析

肉连响又称为"肉连香""肉莲湘""泥神道"等，是土家族最具特色的民俗体育舞蹈，主要流行于清江流域上游恩施州利川市的都亭、汪营、南坪等地。该舞蹈主要是以手掌拍打额、脸、肩、臂、肘、胸、腰、肋、臀、胯、腿、踝、脚等身体部位，使之发出清脆而有节奏的响声而得名。肉连响表演形式灵活，可单人独舞，亦可多人群舞，其动作原始朴拙、刚劲有力，舞风粗犷豪迈、节奏明快，被称为灵与肉的舞蹈，具有"土家街舞"和"东方迪斯科"之美誉，深受土家族人的喜爱。2008年6月，肉连响被列入第二批国家级非物质文化遗产名录，与世界优秀民歌"龙船调"、曲艺"利川小曲"并称为非物质文化遗产领域中的"利川三绝"。

关于肉连响的起源，目前主要流传着"巴人军舞说""泥神道说""城隍菩萨说""拍胸舞说"等几种观点，而这其中又以"巴人军舞说"和"泥神道说"最具代表性。"巴人军舞说"与土家族的历史息息相关，土家族的先民巴人曾参加过武王伐纣这场正义之战，据《华阳国志·巴志》载："周武王伐纣，实得巴、蜀之师……巴师勇锐，歌舞以凌殷人，（殷人）倒戈，故世称之曰'武王伐纣，前歌后舞'也。"[①] 为欢庆胜利，表达喜悦之情，一部分巴人在战后狂舞劲跳，他们以手击打身体的各个部位，使之发出悦耳而有节奏的声响，这便是肉连响的原始雏形，后经过漫长的历史变迁最终演变成肉连响这一优秀民间舞蹈。肉连响起源于"泥神道"是当下许多专家学者均秉持的观点。据悉，清末民初，在利川城区及一些人口较为集中的乡镇，往往会有一些乞丐赤裸上身，为了能讨到些许食物或零钱，他们口念鼓锣经，同时在头上、脸上、四肢及躯干部位涂满泥巴，用双手活泼而有节奏地拍打身体，使得周身泥土飞溅，以此方法沿街乞讨，各小摊贩们为了避免泥浆污染商品而不得不对其进行施舍，久之这些行乞之人便被人们称为"泥神道"。

---

① （晋）常璩著，严茜子点校：《华阳国志》，齐鲁书社2010年版，第2页。

新中国成立后,"泥神道"这一事象渐渐淡出了人们的视线,但"泥神道"艺术表演过程中所呈现出的轻快、明朗且富有节奏的肢体动作不断被后人模仿、继承与改进。1986年,在恩施州举办的湖北省第一届少数民族传统体育运动会上,坐在观众席上的民间艺人吴修富在观看了运动会特色项目展演后,他便自告奋勇上场表演由他自编自导的土家肉连响,其粗犷豪迈、刚柔并济、韵味十足的表演深深感染了现场观众,使得整个体育场均为之沸腾。自此之后,每届省民运会均少不了吴修富的身影,而肉连响也正式以一种绚丽而不失淡雅、华丽而不庸俗的姿态走向广大民众并被其所接受。在其后的发展过程中,经过不断的继承与创新,并在其中融入了耍耍、秧歌、跳丧以及莲湘等舞蹈的元素,最终形成肉连响这种独具民族特色且普适度极高的民俗体育舞蹈。

(二)技术体系与文化内涵

在舞蹈动作形态上,肉连响主要表现为俯仰和屈蹲两种体态。其中俯仰主要体现为舞蹈时躯体含胸弯背、昂首挺胸的体态。有学者认为此体态主要是使得舞蹈者能够更好地拍打后背及其小腿、脚底部位,起到强身健体的作用,同时也表达出一种民族的谦逊之情,仰身则可更好地伸展躯体,增加身体活动幅度,体现出土家族人民自信、乐观与豁达的生活状态;屈蹲则是要求表演者屈膝下蹲,使膝盖上下反复颤动,或一直保持下蹲的状态移动重心。在肉连响的动作中,大多是在屈蹲的状态下进行拍打,在拍打中以腰带动手臂,而在转腰拍打时,基本上都是以屈蹲的状态处理动作连接,由于上身拍打转动时动作幅度大,舞者必须以屈蹲的状态保持平衡。[1]

为体现土家男性威武雄健之姿,传统肉连响多为男性裸身徒手舞,舞者仅着裤衩或短裙,袒胸露乳,在凝重而铿锵的击鼓声中,光膀赤膊飞旋起舞。肉连响舞风原始古朴、粗犷奔放,动作威武豪迈、刚劲有力,舞蹈节奏一般由舒缓渐入紧张激烈,感染力极强,至高潮时让人如痴如狂。就动作体系而言,肉连响步伐主要有"秧歌步""鸭子步""颤步"

---

[1] 鄢钰婵:《湖北利川地区传统舞蹈"肉连响"动作分析》,硕士学位论文,武汉音乐学院,2020年,第21页。

及"蹲步",舞姿形态主要有"拧腰""扭身""顺拐""圆转""踢毽曲身""绕头转身""太极 S 曲线"等,其典型动作包括"青龙探爪""乌龙托盘""鸳鸯穿花""乳燕双响""犀牛望月""金鸡独立""神童滚坛""腋窝共鸣"等。从前跳肉连响是没有配乐的,后来随着艺术的演进发展,在表演过程中逐渐加入了雷鼓、手指弹拨声、舞者清脆的口技声以及随身佩戴之头铃、手铃、足铃、环铃所发出的悦耳声响,从而使其节奏变得更加铿锵有力,风格更显威武粗犷,气氛更为热烈激昂。

图 4—2　铿锵激烈的土家族肉连响展演

源自民间乞讨文化的土家族肉连响,以其独具魅力的艺术展现形式受到了广大专家学者的青睐,学者们围绕肉连响的文化起源、文化内涵、艺术形态、动作结构、健身功效、传承传播等进行了大量的探究,更有诗人以诗歌的形式来歌颂土家族肉连响:

  带着白虎的雄风呼啸而来,条条绽出的肌肤,如道道裸露的山梁,阵阵野性的呐喊,似滚滚松涛的回响,毛绒绒的臂膀,举起森林般的手掌,将苦难踩在脚下,升腾起甜美的梦想,把泥土涂在身上，拍击出花朵的怒放，让汗水融入阳光，汇集成欢乐的海洋，粗犷雄壮的舞步，在征途中镌刻拼搏的主题，铿锵悦耳的音符，在天地间奏响绿色的乐章，烈烈肉连响啊，那是一个民族不屈的脊梁。①

近年来，在党和国家相关政策的指引下，一大批优秀的传统文化相继被发掘出来，土家族肉连响舞蹈经过不断地发展创新，逐渐改变了其"养在深闺人未识"的状态，继而由旧时的里巷之曲登上了大雅之堂，2018 年 9 月，土家族肉连响被列为湖北省第九届少数民族传统体育运动会的正式比赛项目。为了更好地推广这一土家族独具魅力的传统体育舞蹈，年轻的肉连响国家级传承人刘守红先后将肉连响跳进了央视《欢乐中国行》《叮咯咙咚呛呛》《我要上春晚》《非常传奇》等节目，并奔赴北京、上海、重庆、山东、广州乃至俄罗斯等地进行表演与推介，同时探讨出了肉连响"1+6$^+$"的立体化现代传承模式，其中的"1"是指肉连响传承基地，"6$^+$"则是指以传承基地为依托，推动肉连响进机关、进社区、进校园、进村寨、进景区、进专业院团等。现如今，承载并积淀着厚重民族文化基因的肉连响，以其自身所具有的包容性、弹性和开放性特点，已经由男人的绝唱变成了男女老少的共曲，在地区全民健身中扮演着重要的角色。

七 气韵生动的滚龙莲湘

(一) 起源探析

莲湘又名"打莲湘""霸王鞭"或"花棍舞"，是广泛流传于我国各地区集音乐、舞蹈、体育于一身的综合性民间艺术样式，带有浓厚的乡土文化气息，"其具体形式是表演者载歌载舞，手持花棍，忽上忽下、时左时右地舞动，敲击四肢、肩、背等，不断打出有节奏的声响。花棍多用竹、木制成，两端装有铜钱"②。动作灵活多变、调子轻松明快、唱词

---

① 舫公俱乐部：《非遗"肉连响"入选湖北第九届民族运动会》，中国利川网（http：//www.-li chuan.com.cn/fwzwhyc012178ee/1359679.htm）。

② 夏征农：《辞海》，上海辞书出版社 2010 年版，第 72 页。

通俗易懂。滚龙莲湘是莲湘的一种艺术升华，是由恩施州宣恩县李家河村民间艺人周树庭在传统莲湘基础上创编而来的，周将莲湘与莲花落动作巧妙地结合，同时糅进部分民间杂耍与南戏中的精彩武术动作，从而创编出了一种集唱、滚、跳、打于一体的全新表演形式，由于表演时舞者前滚后翻，上蹿下跳，如蛟龙翻滚，故命名为滚龙莲湘。2009年6月，滚龙莲湘被列入湖北省第二批非物质文化遗产保护名录。

关于打莲湘之历史起源，相关史籍并无确凿记载，清初毛奇龄在《西河词话》中有言："金作清乐，仿辽时大乐之制。有所谓'莲厢词'者。"[①] 但经学者们研究认为，此"莲厢"主要表现为一种由多人演出、有角色扮演并带有故事情节的戏剧表现形式，与现今这种载歌载舞的莲湘在表现形式上差距较大。民间流传着许多关于莲湘起源的传说，其一是说很早的时候，土家族地区有一个叫做莲湘的姑娘，自幼父母双亡无依无靠，后来被当地一个别有用心的孤老婆收养，从此，莲湘姑娘受尽折磨。一年冬天，天降大雪，孤老婆让莲湘到山上采蘑菇给她吃，莲湘在山上寻了一天也没找到，只能空手而归，结果可怜的莲湘姑娘被恼羞成怒的孤老婆用竹棍制成的吹火筒活活打死了。左邻右舍为给苦命惨死的莲湘诉苦申冤，于是人人手持打死莲湘的凶器吹火筒沿街诉苦叫冤，同时为引起官府的关注，还特地在竹筒上嵌入铜钱，不停地用竹筒往自己身上敲击，模仿莲湘挨打的模样，自此，"打莲湘"这种特殊形式便逐渐演变成民间舞蹈世代传承下来。

其二是说在旧社会，由于时局动荡不稳，加之天灾人祸，许多百姓被迫流离失所，他们在行乞的过程中手里始终拿着一根竹棍，既当拐杖，亦用来防身。为了博得主人家的同情，他们往往会以"莲花落"或者"快板"的形式来诉唱自己的凄凉身世抑或是各种奉承恭维的话，同时配合说唱的节奏用竹棍敲击身体的各个部位，使之发出一连串清脆的声响，以此迎合主人家的欢心。中华人民共和国成立以后，穷苦人民翻身做了主人，再也不用过那种颠沛流离的乞讨生活，但"莲湘"这种独具特色

---

① （清）毛奇龄：《西河词话》，网易云阅读（http://yuedu.163.com/source/72b4f9bc-290349bfb920e06bfa0003c3_4）。

的表演形式却流传了下来。

其三是认为莲湘乃古代的一种歌舞戏、民间舞蹈抑或是一种傀儡杂耍，来源于古傩——驱鬼、逐疫、避邪、祈福的民俗祭祀活动，多在地方庙会或民间祭祀活动中展演，庙会时一般多跟在"老爷出会"后面，以哨子为口令持棍边走边打，其目的是撵鬼、驱邪、祭奠神灵，祈求五谷丰登、平安顺遂。① 在后来的发展过程中，经过民间艺人们不断地创新、补益与完善，逐渐发展成为莲湘这种集音乐、舞蹈、体育于一身的综合性民间艺术样式。

（二）技术体系与文化内涵

土家族滚龙莲湘的道具为一根长约1米的竹棍，多用水竹、荆竹或紫竹制成，制作时分别在竹棍的两端各挖透两个对称的长方形小孔，然后用麻线或铁丝串上3—5个铜钱嵌入其中，并在竹棍的两头饰以彩带或流苏。表演时，舞者手持莲湘中部，跟随音乐节奏，扭动肢体在手、肘、臂、腰、背、肩、腿、膝、脚等9个部位有节奏地敲打，使之发出"嚓、嚓……"的悦耳声响。

土家族滚龙莲湘的表演不受特定时间和场地的限制，堂屋院坝、酒馆茶楼、街头广场等地，以及各种节日集会、开业庆典、舞台展示、街头宣传等场合，都可随时随地进行表演。滚龙莲湘的表演形式较为自由，可一人独舞，亦可二人对舞，还可多人集体舞蹈。就动作体系而言，滚龙莲湘因"滚"而得名，巧妙地将莲湘、莲花落等动作融为一体，同时糅合了民间杂耍与地方戏剧中的武术精华动作。表演时舞者跟随音乐的旋律翩然起舞，一手舞莲湘，一手打莲花落，动作刚柔相济、流畅舒展，节奏鲜明和谐、气韵生动，翻滚跳跃之际，形似蛟龙缠身，势如虎跃龙腾，令人眼花缭乱、目不暇接，极富艺术感染力。滚龙莲湘代表性动作包括"纱扒子""肩三棒""雪花盖顶""天女散花""黄龙缠腰""鲤鱼板子""鸳鸯采莲""燕子衔泥""腰膝盖花""古树盘根""跑马射箭""美女梳头""梭布""单滚球""双滚球""萧何月下追韩信"等。此

---

① 王学军、丁琴：《浅谈我国民间艺术"莲湘舞"的传承与发展》，《大众文艺》2012年第11期，第185页。

外，还有"三点头""夫妻观灯""鹤鹰展翅""双龙抱柱""太公钓鱼""睡龙翻滚"等一系列高难度动作，对表演者的力量、耐力、柔韧及协调等身体素质具有较高的要求。

　　土家族滚龙莲湘舞蹈配乐简洁优美、婉转悠扬，多采用当地的民歌或小调，曲调以宫调式和羽调式为主，伴奏乐器多为二胡、笛子等。滚龙莲湘的唱词结构多与山歌类似，一般多为七言四句，要求节奏明快，讲究上下押韵，多用对偶和比兴的修辞手法，例如对偶式："南京好走南京走，北京好玩北京游"，比兴式："自古城墙高万丈，内外还要众人帮"等等。滚龙莲湘的唱词内容取材较为广泛，不仅拥有固定的唱段，例如有《送恭贺》《拜码头》《采茶歌》《十二月》《孟姜女哭长城》等。同时还可根据具体情境即兴作唱，要求演唱者具备触景生情、随机应变、随口便答的创作能力。① 其中的许多唱词还从一个侧面反映了岁时节令以及土家族人的生产生活习俗，例如较为流行的"十二月"唱词：

　　　　正月就把莲湘打，柳莲花呀柳莲花呀；
　　　　二月就把风筝扎，柳哇哩咚唧当海棠花；
　　　　三月就把谷种下，柳莲花呀柳莲花呀；
　　　　四月秧苗田中插，柳哇哩咚唧当海棠花；
　　　　五月龙船下河坝，柳莲花呀柳莲花呀；
　　　　六月扇子手中拿，柳哇哩咚唧当海棠花；
　　　　七月月饼无芝麻，柳莲花呀柳莲花呀；
　　　　八月十五赏桂花，柳哇哩咚唧当海棠花；
　　　　九月重阳打糍粑，柳莲花呀柳莲花呀；
　　　　十月就把霜来打，柳哇哩咚唧当海棠花；
　　　　冬月就把大雪下，柳莲花呀柳莲花呀；
　　　　腊月就把猪来杀，柳哇哩咚唧当海棠花。

---

① 李培芝、段绪光：《宣恩县非物质文化遗产名录》，湖北人民出版社2013年版，第55—56页。

生动形象地再现了清江流域土家族人的生产生活情境!

滚龙莲湘作为清江流域土家族地区独具特色的民俗体育文化事象,承载了土家族人的生产、生活、生命、伦理等生活记忆。近年来,在"中国民间文化艺术之乡"及其"一县一品"文化品牌建设中,宣恩滚龙莲湘已被列为重点打造的文化品牌,并建立起了相应的文化传承基地。在全面实施乡村振兴战略的当下,集唱、跳、滚、打于一体的滚龙莲湘,作为乡村一道亮丽的风景,对于打造民俗文化旅游业,丰富地区农村文化生活,培养积极健康向上的文明乡风,及构建社会主义和谐社会均起着重要的推动作用。

第六节 本章小结

本章系统梳理了清江流域土家族现存的民俗体育文化种类,解析了清江流域土家族民俗体育所蕴含的文化特征,诠释了清江流域土家族民俗体育的价值功能,并选取了典型代表性的民俗体育项目进行个案解析。研究认为,在自然环境及其人文环境的长期积淀下,清江流域土家族人民创造出了种类繁多、特色鲜明的民俗体育文化体系,据不完全统计,清江流域土家族现存具有地方特色的活态民俗体育项目共计60余项,清江流域土家族民俗体育从总体上可划分为经济类民俗体育、社会类民俗体育、信仰类民俗体育、游艺类民俗体育及竞技类民俗体育五种类型,其民俗体育文化呈现出蔚为壮观的繁盛图景。

就文化特色而言,清江流域土家族民俗体育突出地体现为历史传承性、文化变异性、鲜明地域性、较强依附性以及娱乐观赏性。其一,清江流域土家族民俗体育自诞育之日起,便以顽强的生命力世代绵延,历经千百年的传承与洗礼,直至走到今天,表现出较强的传承性。其二,文化的传承性并非是原封不动、毫不走样地传承与传播,而是随着时间的推移以及空间的转换,由形式到内容或多或少地发生着一些变异,因此清江流域土家族民俗体育文化又体现出变异性的特征。其三,清江流域土家族民俗体育作为在清江流域特定的自然人文生态环境中积淀发展而来的民俗文化事象,其本身又不可避免地受到特定地域自然与人文生态环境的影响，从而使其表现出鲜明的地域性特征。其四，在传承发展的过程中，清江流域土家族民俗体育又表现出较强的依附性，其依附的主要载体包括原始宗教信仰、人生礼俗、传统节日及生产劳动等文化事象。其五，清江流域土家族民俗体育文化还具有较强的娱乐观赏性，例如耍耍、板凳龙等很多项目的表演都会极力营造一种愉悦欢快的氛围，通过亲身参与或观赏民俗体育活动，人们在锻炼身体宣泄情绪的同时，也获得了美的享受，求得了精神上的安慰与满足。

就价值功能来看，清江流域土家族民俗体育在传统社会的价值功能主要体现为特定场域的祭祀功能、民族文化的认同功能、个体品德的教化功能和村落秩序的治理功能。其一，在"信鬼重巫"这种民风遗俗的长期浸淫下，清江流域土家族民俗体育文化被打上了浓厚的宗教信仰的文化印记，体现出以图腾崇拜和祖先崇拜为核心的民间宗教信仰特征，"摆手舞""草把龙""地龙灯""打廪""八宝铜铃舞"等蕴含浓郁巴人遗韵的土家族民俗体育，其最主要的原始社会功能便体现为在特定场域的祭祀功能。其二，由于拥有共同的思维方式、价值观念、生活习惯及行为方式，孕育于土家族文化母体中的土家族民俗体育对族群自身存在着较强的文化认同功能。其三，在长期刀耕火种、渔猎山伐这种原始粗放农业生产方式的影响下，各种渔猎、农事生产的动作也被吸收融入了土家族民俗体育之中，而通过这些民俗体育活动实践，即可起到向族人传授各种生产知识技能的教育作用，此外，"摆手舞""撒尔嗬"等民俗体育中还有不少劝诫后人积极上进、孝敬长辈、恪守道德伦理等传统美德方面的谆谆教诲，作为一种无形的教育力量鞭策着人们，潜移默化地对族人的性情进行着陶冶。其四，在"摆手舞""茅古斯"等土家族仪式性民俗体育活动过程中，族长、寨老们通过合议的形式，仪式的祭司（主持人）、祭祀程序、开支预算、物资来源、临时组织机构等相关事宜被安排得井然有序。与此同时，参与仪式的族人则通过"进退有序的程序、尊崇规避的禁忌、膜拜顶礼的演绎、喜怒哀乐的宣泄"等形式化的活动规范了其行为举止，继而养成了自觉遵守各种族规村约的习惯，构建了一种团结有序的集体村落格局。

清江流域土家族民俗体育在当代社会的价值功能主要体现为娱乐休

闲的彰显功能、旅游经济的促进功能及文明乡风的助推功能等。其一，随着时间的推移与社会的发展，清江流域土家族各种祭祀类民俗体育的"娱神"功能逐渐淡化，"娱人"功能不断凸显，其文化场域逐渐由祭台搬上了舞台，由村寨院落转到了城镇广场，成为现代人们在工作生活之余娱乐休闲、康健身心、陶冶性情的重要文化载体。其二，"摆手舞""撒尔嗬""八宝铜铃舞"等清江流域土家族代表性民俗体育项目，较为全面地折射了清江流域土家族的文化个性与特征，不仅是了解和探寻土家族民俗文化的重要窗口，同时也是最具吸引力和价值的旅游资源之一，能够在很大程度上满足现代人求奇、求新、求异的文化心理追求。其三，清江流域土家族民俗体育拥有广泛的群众基础，不仅可以强健体魄、愉悦身心，有效地丰富民众业余文化生活，同时还可通过充分发挥其促进交往、增进乡邻间团结互助等文化价值，营造一种积极、健康、乐观、向上的生活方式，去除各种腐朽、落后的不健康生活方式，有效占领余暇生活阵地，促进乡镇精神文明建设。

第 五 章

文化流变

——清江流域土家族民俗体育的文化变迁

人类学的观点认为,文化的均衡与稳定是相对的,变化与发展则是绝对的,变迁是文化的常态现象,是不以人的主观意志为转移的。一般而言,文化变迁主要是指文化的内容和形式、功能(意义)与结构乃至任何文化事象或文化特质,因内部发展或外部刺激所发生的一切改变。[①]有关文化变迁的研究,早期进化学派曾用文化进化理论来阐释文化发展的普遍规律,认为文化的发展如同自然界和人类社会的发展规律一样,是一个由简单向复杂、由低级向高级不断进化演变的过程。由此可见,变迁不仅是文化所固有的特质,同时也是文化发展的动力源泉。清江流域土家族民俗体育文化事象自诞育之日起,便在各种内外部因素的推动与刺激下不断地重复着"解构—重构"的变化过程,即通过改易相应的文化形态、内容结构、功能价值、文化场域的路径来实现着文化的变迁与发展,而这种变迁与发展又是一个动态的、永无止境的过程。

第一节 清江流域土家族民俗体育文化变迁

一 清江流域土家族民俗体育文化空间场域的变迁

任何一种传统文化都有其特定的生存土壤,千百年来,在清江流域

---

① [美]克莱德·M.伍兹:《文化变迁》,何瑞福译,河北人民出版社1989年版,第4页。

独特自然地理环境与历史人文环境中产生的土家族民俗体育,自诞育之日起就在该地域世代流传。作为原生态的民俗体育文化,在传统社会之中,其寄寓的空间场域主要是乡村的神堂庙宇、庙会节场、婚丧现场、堂前院落甚至是田间寨坝等地方,文化空间场域相对比较固定。然而,进入新时期以来,随着社会变迁的加剧,民俗体育文化从乡村走向城镇演艺竞技舞台,从农家院落走向城市健身广场和旅游景区表演舞台已经成为不可阻挡的历史潮流,同时这也是当今时代新的文化传承方式之一。昔日某些庄严神秘,只能在祭祀、庙会等特定场景才能见到的民俗体育活动,如今已经通过多种方式呈现在人们眼前,有的甚至融入了人们的日常生活之中。

值得一提的是,近年来,在相关部门的共同努力下,经由主流媒体特别是央视的推介,"撒尔嗬""摆手舞""肉连响""茅古斯""八宝铜铃舞"等众多清江流域土家族民俗体育早已走出大山,成为家喻户晓的民族文化艺术形态,传统文化的艺术化表演越来越受到现代人的青睐。相比较而言,田野中的民俗体育仪式更加注重其原初功能、组织形式,不仅强调为现实中的人服务,更强调与祖先及其神灵的"沟通"。舞台形式的民俗体育仪式不再注重其原始功能与禁忌,更多是突出对现实关怀或者说更多地满足现实中人们生活的需要。[①] 也正因为此,根据传统撒尔嗬仪式的原型创编而来的"巴山舞"和"清江舞",由"摆手舞"加工而成的土家摆手健身操,由传统"肉连响"改编而来的新潮肉连响等一系列清江流域土家族民俗体育项目,才能够在现代城镇的各大舞台绽放出异彩。

总之,通过传统与现代的碰撞与融合,在国家权力的推动下,清江流域土家族传统民俗体育文化展演的空间场域基本上实现了由祭台到舞台、由村寨到广场、由乡村到城镇的变迁历程。

---

① 谭志满:《土家族撒尔嗬仪式变迁的人类学研究》,《宗教学研究》2012 年第 3 期,第 229 页。

图 5—1 土家族民俗体育肉连响在央视《欢乐中国行》舞台上展演

二 清江流域土家族民俗体育文化依附性能的变迁

从文化发生学的视角来看,地域民俗体育文化的产生与发展是一个对地域生态环境的选择、适应与创造的过程。在传统社会中,清江流域土家族民俗体育表现出较强的依附性,它们主要依附于原始宗教信仰、传统节日、人生礼俗、岁时节令及其劳动生产之中,因此也只有在特定的时空场域,才会进行相应的民俗体育活动展演,同时又由于传统节日、宗教祭仪等某些作为依附的载体在一年之中具有一过性的特征,故传统民俗体育展演的频度相对较低。

然而,随着社会文化的变迁以及人们价值观念的转变,在现代文明的冲击下,清江流域土家族民俗体育原有的依附性逐渐减弱,以往只能在特定场合举行的民俗体育活动,在现代社会的节庆文化、旅游文化、广场文化、社区文化乃至校园文化中都能轻松寻觅到其文化踪迹。例如土家族传统民俗体育"撒尔嗬"以及"绕棺舞",由于是专门悼念亡人的歌舞仪式,过去就只能依附于丧葬仪式现场进行,而到其他场合表演是相当忌讳的,特别是一些土家族老人认为:"只有死了人才跳撒尔嗬,没有死人去跳就不好了。"在他们的潜意识中,无事跳"撒尔嗬"必会有灾祸降临。近年来,在地方文体部门的组织下,土家族"撒尔嗬"通过科学性、规范性的改造,从对丧葬祭仪的依附中剥离出来,以民族文化品牌的身份亮相于各大舞台,从而实现了其神圣空间的置换。[①] 特别是在"撒尔嗬"成功申报国家级非物质文化遗产项目之后,为了向外界展示其风采,使其脱离了原来的环境与场域,继而走向广场、走向舞台,其结果就是变陪亡人为表演给观众欣赏,或者是自娱自乐。由于场地宽阔,一次可以容纳几十甚至一百来人同时起舞,而叫鼓者往往需要借助麦克风才能胜任。

在现代文明高速发展的当下,文化变迁是大势所趋。在这一大的语境下,其他诸如依附于信仰崇拜的"摆手舞",依附于"解钱"还愿仪式的"八宝铜铃舞",依附于岁时节令的"草把龙""板凳龙",依附于人生礼俗的"打喜花鼓",依附于生产劳动的"麻舞""薅草锣鼓舞"等清江流域代表性民俗体育活动,基本上都从其原有的依附体系中脱离出来,继而以崭新的姿态融入多姿多彩的现代群众文化生活中,在地区全民健身工程中发挥着积极的作用。

三 清江流域土家族民俗体育文化价值功能的变迁

清江流域位于先秦巴文化的核心地段,这里自古以来就是中国巫觋文化最为浓郁的地区之一。在此文化背景下,清江流域土家族民俗体育文化的产生大多都与原始宗教联系紧密,体现出以图腾崇拜和祖先崇拜为核心的民间宗教信仰特征。有鉴于此,蕴含浓郁巴人遗韵的土家族民俗体育文化,其最主要的原始功能之一便体现为特定场域的祭祀功能,

---

[①] 谭志满:《土家族撒尔嗬仪式变迁的人类学研究》,《宗教学研究》2012 年第 3 期,第 226 页。

而祭祀的目的则不外乎以下几种：其一是告慰先祖、祈求庇护。其二是酬神纳吉、驱鬼逐疫。其三是祈福禳灾、驱瘟祛邪，祈求人寿年丰。由于拥有共同的思维方式、价值观念、生活习惯及行为方式，孕育于土家族文化母体中的土家族民俗体育对族群自身又存在着较强的文化认同功能。与此同时，某些民俗体育活动通过祭仪这一过程还附带起到对族人的教化功能，例如"撒尔嗬"中就有不少劝诫后人积极上进、孝敬长辈以及恪守道德伦理的词曲，"茅古斯"祭仪中还专门设有规劝小孩"读书"的剧目，"摆手舞"中各种狩猎、农事生产等动作亦起到向族人传递生产生活技能的作用，反映了农耕社会中土家族人希望族人以耕读为重的传统伦理观念。此外，这些仪式性的民俗体育活动还能够起到增强民族向心力和凝聚力，承载着集体文化记忆的作用。

伴随着清江流域土家族地区政治、经济、文化及其社会生态等的整体变迁，特别是进入 21 世纪以后，随着人们认识水平的提高以及传统观念的转变，土家族民俗体育文化的价值功能亦发生了极大的转变。通过删繁就简，剔除祭仪中的迷信陋习，增强表演性和娱乐性等，其固有的祭祀祈禳、酬神纳吉、祈求风调雨顺等原始社会功能正在渐渐淡化，逐渐转化为以休闲娱乐、康健身心为主导的社会功能。与此同时，清江流域土家族民俗体育逐渐成为运动会竞技表演项目、旅游观光项目以及大众健身项目。今日，土家族民俗体育活动参与人群的构成不仅仅局限于地区土家族民众，还有全国各地赶来的体验者和观赏者，其参与的目的则完全出于对强健体魄及娱乐身心等的需求。

与此同时，随着社会的发展与人们价值观念的转变，传统民俗体育文化的经济价值逐渐凸显，许多民间艺人嗅到了商机，他们以组织民间班子演出或开办艺术团的形式，实现着民俗体育的经济价值。例如由土家族民间文化艺人覃远新牵头组织的吹打乐班子和跳丧班子，在各种红白喜事中的出场费一般都在 2000 元左右，而他作为嘉宾参加各种形式的培训班也会获得大约 300 元每天的劳务费，为其创造了不菲的收入，下表是杨日在其博士学位论文《主体性选择与身体表达——清江流域土家族跳丧变迁研究》中记录的覃远新 2013 年全年工作流水账：

第五章 文化流变

表5—1　　　　　　　　2013年覃远新艺人工作记录

月份	日期	工作记录
1月	1日	本镇淋湘溪村田本昌祖父田太贵上山，吹孝宴。
	4日	本镇居委会沈玉山结婚，舞狮。
	7日	本镇五房岭村杨家岭冉一珍坐夜，看地、送葬、打包丧鼓。
	10日	本镇水连村上坪覃守香坐夜，送葬、打包丧鼓。
	12日	到长阳参加清江民俗音乐会，唱南曲。
	17日	本镇居委会沈纯英坐夜，吹孝宴。
	27日	本镇中溪村花屋场葛三俊之子尚维杉结婚，舞狮。
2月	2日	本镇居委会舒布财之子舒春龙结婚，吹打乐抬花轿。
	7日	本镇陈家坪村田泽圣坐夜，吹孝宴。
	13日	本镇居委会田家侬坐夜，吹孝宴。
	15日	本镇资丘村陈家坡胡本礼六十岁，奏期、舞狮。
	16日	本镇居委会蜡树岭田继香坐夜，看地、吹孝宴。
	17日	本镇淋湘溪村田继莲七十岁，舞狮。
	18日	本镇卫生院樊银之母七十岁，奏期。
	19日	本镇泉水湾村九龙头田太锦七十岁，吹打乐送匾、舞狮。
	22日	本镇柿贝村小岩底田克秀坐夜，送葬。
	27日	本镇淋湘溪村九十岁老孺人徐文秀坐夜，看地、吹孝宴、送葬。
	28日	本镇居委会刘德煦坐夜，吹孝宴。
3月	6日	本镇水连村水连坪汤义大坐夜，送葬、打包丧鼓。
	11日	本镇居委会田中程春花结婚，抬轿子。
	12日	本镇黄柏山村曹文烟坐夜，吹孝宴、送葬、打包丧鼓。
	15日	撒尔嗬培训班开班。
	19、22、25日	培训撒尔嗬。
	27日	本镇资丘村白沙坪覃好贵得孙女打喜，奏期。
	29日	水连村上坪覃世佳之母田克月坐夜，送葬、打包丧鼓。
	31日	本镇居委会谢言山之女结婚，吹乐、抬花轿。
4月	10日	五峰县城关镇黄粮坪村后荒屈绍清坐夜，送葬。
	14日	本镇曲溪鹰鸣观覃世友坐夜，送葬、打包丧鼓。
	20日	本镇居委会樊秀梅老师坐夜，看地、吹孝宴、送葬、打包丧鼓。
	21日	鸭子口乡巴山村曾家坡杨家窝子田建华坐夜，送葬、打包丧鼓。
	22日	本镇西阳坡村峰脊岭李友芝坐夜，吹孝宴。

续表

月份	日期	工作记录
4月	25日	本镇水连村低坪尚绪权得男孙打喜，奏期。
	27日	接受《湖北日报》记者采访，介绍南曲。
	28日	配合申报国家级自然保护区，演唱南曲、打花鼓子。
	29日	本镇柳松坪村堰塘坪熊武安六十岁，奏期。
5月	8日	大堰乡盛孺人坐夜，送葬、打包丧鼓。
	11日	本镇居委会王春江生日宴，奏期、舞狮。
	12日	本镇柳松坪村熊家堰田克明坐夜，吹孝宴。
	17日	本镇对舞溪刘德仲坐夜，吹孝宴、两班吹打乐班子36人送葬。
	22日	本镇陈家坪村田家河潘建强坐夜，吹孝宴（中途换人）。
	22日	渔峡口镇茨坪村田甫春坐夜，送葬。
	25日	本镇泉水湾村鼓儿岭覃自秀坐夜，看地、吹孝宴、打包丧鼓。
	27日	自创南曲段子《身残志坚扁舟子》录音。
6月	8日	在歌舞团接受曾老师指导，排练。
	9日	渔峡口镇双龙村田宏炯坐夜，送葬、打包丧鼓。
	11日	淋湘溪村熊家山田继伯坐夜，吹孝宴。
	14日	到县城排练南曲。
	16日	代表宜昌市赴省参加湖北省残疾人艺术汇演，自编自演自弹自唱的南曲段子《身残志坚扁舟子》荣获铜奖。
	18日	省艺术研究所方衡生老师赠我南曲资料，教我研究南曲的方法。
	25日	撒尔嗬培训。
7月	7日	本镇淋湘溪村刘光梅坐夜，送葬、打包丧鼓。
	14日	本镇居委会长安寺田科秀坐夜，看地。
	16日	火烧坪大漩涡田昌禄八十寿辰，奏期。
	17日	本镇淋湘溪村田昌清坐夜，看地、送葬、打包丧鼓。
	18日	本镇居委会蜡树岭田文英坐夜，看地、吹孝宴。
	19日	与中央民族大学林继富教授交谈，共进午餐，谈非遗。
	23日	获赠省残联数字助听器。
	28日	都正湾镇向王桥村刘家坡李德贵老孺人坐夜，送葬、打包丧鼓。
	29日	本镇水连村覃远胜坐夜，看地、送葬、打包丧鼓。
8月	4日	组织16人到黄柏山送葬。
	4日	本镇柿贝村小岩底陈兴豹之母殁，看地。

续表

月份	日期	工作记录
8月	5日	本镇柿贝村向宗莲上山,送葬。
	7日	本镇五房岭村熊家堰毛传英殁,送葬、打包丧鼓。
	13日	渔峡口镇田大甲之父坐夜,送葬。
	14日	本镇柳松坪村堰塘坪刘作富得孙女,奏期、唱南曲。
	20日	本镇水连村田克珍坐夜,送葬。
	27日	本镇淋湘溪村熊家山田昌荣坐夜,吹孝宴。
	28日	火烧坪乡大漩涡村蔡家荒何府卢耀珍坐夜,送葬、打包丧鼓。
9月	1日	本镇资丘村白沙坪沙坡覃自明坐夜,送葬、打包丧鼓。
	3—6日	桃山社区居委会撒尔嗬代表队筹建,培训。
	9日	本镇居委会田克梅坐夜,看地、吹孝宴、送葬、打包丧鼓。
	12日	宜都人邓邦宁在桃山福利院坐夜,吹孝宴、送葬、打包丧鼓。
	13日	社区撒尔嗬排练。
	14日	本镇五房岭村岩磊子曾宏兰坐夜,送葬、打包丧鼓。
	15—21日	指导桃山社区撒尔嗬排练。
	22日	指导柳松坪村撒尔嗬代表队排练。
	23、26日	省民委、文化厅看南曲,选节目上北京。
	29日	撒尔嗬擂台赛,组织并叫鼓的桃山社区队和指导过的柳松坪队荣获最佳表演奖。
10月	2日	本镇桃山居委会高红艳儿子结婚,吹打乐抬轿子;泉水湾村老汪坪田第柏之子结婚奏期。
	4日	本镇小岩底陈兴豹研究宅基。
	12日	本镇五房岭村何家岭田科寿坐夜,吹孝宴。
	14日	本镇桃山居委会腊树岭刘作梅坐夜,吹孝宴。
	15日	本镇资丘老街曹启典坐夜,看地、吹孝宴、送葬。
	16日	资丘村沿江河李小红坐夜,看地、吹孝宴。
	20日	海峡两岸及港澳新闻研讨会在武汉开幕,24日在重庆闭幕,随团演唱南曲。
	25日	回长阳参加县第四届文代会。
	27日	鸭子口乡马连坪(杨志喜老师岳母)李孺人坐夜,送葬、唱南曲。
	30日	本镇柳松坪村堰塘坪吕学祥坐夜,送葬。
	31日	本镇泉水湾村黄昌信归窆,看地。

续表

月份	日期	工作记录
11月	2日	本镇凉水寺村雾头山田启英坐夜，看地、吹孝宴、送葬、打包丧鼓。
	5日	本镇泉水湾村刘德山坐夜，送葬。
	7日	本镇柳松坪村何家岭汪承松之妻坐夜，吹孝宴、送葬、打包丧鼓。
	8日	应杨小强老师之邀到长阳唱南曲。
	9日	三峡大学、四川大学、云南大学、西藏大学等高校教授在长阳清江画廊开会，唱南曲。
	13日	为本镇居委会腊树岭田贞佳研究宅基。
	21日	本镇居委会郑辉菊儿子结婚，吹打乐、抬轿子。
	22日	本镇淋湘溪村九十岁老孺人田明寿上山，看地、吹孝宴。
	27日	武汉王武老师带学生采风，展示南曲、花鼓子、跳丧。
	28日	本镇淋湘溪村田开锦老孺人坐夜，吹孝宴。
	29日	本镇五房岭村岩磊子田明贵坐夜，看地、吹孝宴。
12月	5日	本镇资丘村沿江河徐自梅坐夜，吹孝宴。
	7日	教唱南曲，学员田汉山、覃好松、谢克富。
	8日	同前。
	11—12日	文体局覃局长来资丘指导排练。
	16—18日	文化馆谭馆长来资丘指导排练。
	20日	赴京参加"2013少数民族非物质文化遗产展示周"，演唱长阳南曲。

资料来源：参见杨日《主体性选择与身体表达——清江流域土家族跳丧变迁研究》，博士学位论文，中央民族大学，2015年，第104—106页。

四 清江流域土家族民俗体育文化传承模式的变迁

传承模式是指有关各传承要素的组合方式和运行机制的整体范式，它是对一类传承行为或方式进行抽象化、理论化与概括化的结果。根据传承过程中主导力量的不同，可以将传承模式概括为自然传承模式、政府传承模式和社会传承模式三种类型。[①] 其中，自然传承模式是指原始的

---

① 刘喜山、邓星华：《体育非物质文化遗产的传承模式及其变迁》，《体育学刊》2016年第1期，第22—26页。

自然状态下的传承，主要存在于20世纪之前的传统社会中，主要是以师徒或血缘为纽带实现的传承模式；政府传承模式主要是依靠国家力量的推动，依托于政府行政机构和事业单位而运行的传承模式；社会传承模式则是依托各种社团、协会等非政府组织以及各种营利机构、企业等实现的传承模式。随着社会的变迁与时代的发展，清江流域土家族民俗体育文化传承模式总体上实现了由自然传承模式向政府传承模式和社会传承模式的变迁，具体呈现出如下特征：

（一）传承组织由松散向有序的变迁

组织是指人们为实现共同的目标而承担不同的角色分工，通过相互协作而结成的团体或集体。民俗体育活动的开展需要依赖特定的社会组织体系来保障和维系。在自然传承模式下，清江流域土家族民俗体育文化的传承组织主要有宗族组织、各项目的民间班子等组成。"草把龙""摆手舞""茅古斯""地龙灯"等集体性民俗体育活动的组织主要是传统宗族组织，在这一组织体系中，族长是宗族组织的首领，同时也是土家族民俗体育活动实际的领导者和组织者，在进行民俗体育活动时，各族人之间分工协作并接受族长的领导，同时以族规规定着传统民俗体育的活动内容、程序及相关制度，这种传统的社会组织体系保证着传统民俗体育活动延续千年而不衰。[①] 传统"撒尔嗬""绕棺舞""打廪"等民俗体育活动则主要是依赖民间班子的组织体系进行传承，民间班子一般有3人班子、5人班子、7人班子等，每个班子都有1个领班人和几个成员构成，一般领班人（掌堂师、引领、流落等）负责接活和仪式活动的组织，班子成员按照内部规章制度（行规）团结协作完成仪式活动，不过随着社会的变迁，这种民间班子组织亦显现出一定的松散性。

随着社会的变迁与发展，在国家传承模式下，清江流域土家族民俗体育的传承组织则体现为政府行政机构和各部门事业单位，诸如各级非遗中心、文化部门、文体局、群艺馆、民宗局、博物馆以及各级学校等组织，这些组织体系具有稳定性、规范性、有序性的特征，拥有较为完

---

① 万义：《村落少数民族传统体育发展的文化生态学研究——"土家族第一村"双凤村的田野调查报告》，《体育科学》2011年第9期，第48页。

备的运行机制保障传承目标的达成；社会传承模式下，清江流域土家族民俗体育文化的传承则主要依靠各种营利性机构和非政府组织来推动，前者主要是各种旅游企业、传媒集团、文化演艺公司、健身场馆等，后者则主要体现为各种民间文化保护组织、文艺家协会、传习所、广场舞社团以及各种民俗体育自组织等组织团体。[①]

不难看出，在社会变迁的时代背景下，清江流域土家族民俗体育文化的传承由自然传承模式下依赖宗族组织和民间班子组织，向国家传承模式下以行政机构组织、事业部门组织为主以及社会传承模式下以营利性组织和非政府组织为主的不断变迁。而这种变迁的结果最终会使得民俗体育文化的组织传承由松散与无序逐渐过渡为规范与有序，极大地提高了传承效率。需要指出的是，即使是在以国家传承模式和社会传承模式为主流的当下，自然传承模式下的各种传承组织也并未完全退出历史舞台，特别是在一些农村或边远山区，各种类型的宗族组织或民间班子组织依然存活于某些民俗体育文化活动的空间场域。

（二）传承主体由个体到群体的变迁

在民俗体育文化的传承过程中，传承者与被传承者二者共同维系着传承链条的正常运转。在自然传承模式下，精通土家族民俗体育文化的传承主体多为传统民俗体育仪式活动的主持者（个人），诸如"八宝铜铃舞"中的巫师梯玛，"摆手舞"中的寨老、长老或族长，"撒尔嗬"中的掌堂师，"绕棺舞"中的引领以及各民间师父，传承主体相对比较固定单一。由于传承主体都希望能够寻觅到心仪的传承对象来继承其"衣钵"，故而他们在挑选徒弟时一般都要经过严格的筛选，同时传承对象又必须是那些有意愿且有幸接受技能的少数人（信徒、徒弟），这就在某种程度上导致了传承对象的局限性，不利于民俗体育文化的传承与传播。

在国家传承模式下，政府成立了专门的行政性文体机构负责传统文化的推广和传承，特别是在大力推行文化强国和非物质文化遗产保护传承的当下，民俗体育文化传承主体除了传统的民间传承人之外，各文艺

[①] 刘喜山、邓星华：《体育非物质文化遗产的传承模式及其变迁》，《体育学刊》2016年第1期，第23页。

工作者、学校体育艺术教师、学生等群体也纷纷加入传承主体的行列。在社会传承模式下，由于各相关企业、协会、社团的建立，民俗体育的传承主体则又继续扩展到各社会体育指导员、广场舞骨干、健身爱好者、旅游景区导游等。由此可见，随着社会文化的变迁，清江流域土家族民俗体育文化的传承主体呈现出由个体向群体转变的趋势，与之相对应的是，民俗体育文化传承推广的中坚力量（被传承者）则呈现出急剧上升的态势，从整体上推动了民俗体育文化的传承与传播。

（三）传承手段由单一到多元的变迁

传承手段是传承主体借以传承之方法、途径的总称，它在文化的传承过程中起着联通与桥梁的作用。在自然传承模式下，清江流域土家族民俗体育文化的传承是以家族制或师徒制为精神纽带，传承者借助简单的法器或道具，采用面对面的口传身授、耳提面授等手段进行传承，这种传承方式不仅受众面小，而且传承效率也不高。随着社会的变迁和信息化时代的到来，在国家传承模式下，由于国家权力的行政优势，班级授课、多媒体视听、三维动漫教学等一些先进的、现代化的传承手段被充分调动和利用，各种数字化、科技化、信息化的传承手段应运而生。在社会传承模式下，各社会传承组织为迎合传播对象的需求，充分利用市场的作用，借助现代传媒的传播传承手段，同时适当糅合现代时尚元素来实现对民俗体育文化的传承。例如恩施土司城景区土家风情歌舞《巴风古韵》、利川腾龙洞景区大型土家情境歌舞《夷水丽川》节目中都有"茅古斯""撒尔嗬""摆手舞""肉连响""三棒鼓"及"草把龙"的表演，对清江流域土家族代表性民俗体育文化的传承传播起到了积极的推动作用。

据此认为，清江流域土家族民俗体育文化传承手段的变迁体现出由单一性向多元性过渡的趋向，即由自然传承模式下口传身授、耳提面授等较原始单一的传承手段，逐渐向当今时代国家传承模式和社会传承模式下的多元化传承手段变迁，具体体现为各政府文体部门和社会团体组织开展的各种民俗体育活动培训班、艺术团、专家讲座、音像视频、比赛交流、论文研讨及至舞台剧目等手段，极大地提高了传承的受众面与效率。

图 5—2　清江流域土家族民俗体育肉连响培训班专家讲座

（四）传承内容由仪式到动作的变迁

民俗体育作为一种仪式化的传统体育，往往是和一定的仪式结合在一起的。① 故而传统民俗体育大多都有一套固定的程序或仪式，主要传承有关祭祀、婚丧、节庆等的仪典。例如土家族民俗体育"大摆手舞"的仪式过程就是由"排甲起驾""闯驾进堂""纪念八祖""兄妹成亲""迁徙定居""建设家园""自卫抗敌""扫驾送堂"八个部分组成，整个仪式过程总共持续3天。"茅古斯舞"的仪式过程包括"扫堂""祭祖""祭五谷神""示雄""祈求万事如意"几大部分，而在"祝万事如意"的表演环节中又有"打露水""修山""打铁""犁田""播种""收获""打粑粑""迎新娘"等固定环节。此外，"八宝铜铃舞""草把龙""板凳龙""撒尔嗬""绕棺舞""地龙灯"等清江流域土家族民俗体育均有一定的仪式过程，而各种身体运动动作则蕴含并穿插在仪式过程之中。在传统社会中，这些程式化的仪式过程大多起着承载族群认同及其集体文化记忆的功能，

---

① 涂传飞：《农村民俗体育文化的变迁——江西省南昌县涂村舞龙活动的启示》，博士学位论文，北京体育大学，2009年，第22—23页。

故而自然而然地便成为民俗体育传承内容的重中之重。

进入 21 世纪以来，随着社会文化的变迁以及人们价值观念的转变，在国家传承模式和社会传承模式下，为满足广大群众精神文化生活的需求，运用辩证唯物主义的观点对传统民俗体育文化的传承内容进行重新审视，剔除其中某些不合时宜的元素，保留部分具有代表性的原始动作，在不改变原始文化意蕴的前提下对动作进行增减、改编与重组，使之更具规范性、齐整性、科学性和普适性。有的甚至被改编为固定的套路和程式以便于比赛和推广，例如土家族摆手健身操即是在土家族原生态摆手舞的基础上，融入现代健身操之节奏、韵律、路线及音乐，通过提炼、创新、重新组合，将摆手舞中具有代表性的狩猎型动作、农事型动作以及生活型动作串联起来，从而创编出了一种更具观赏性、锻炼性和普适性的现代摆手健身操，全套动作由"打浪子""拜年""比脚""薅草""插秧""单摆""双摆""纺棉""撒种""挑水""磨鹰展翅""擦背""打谷子""小摆""照太阳""赶鸭子"等 16 个动作组成，2014 年，摆手健身操作为竞赛项目正式亮相湖北省第八届少数民族传统体育运动会，本届民运会总裁判长倪东业教授在采访中指出：

> 从本届少数民族传统体育运动会起，我们要逐步地将我省一些地方特色鲜明、文化意蕴浓厚、健身效果明显、群众基础良好的地方传统体育项目纳入到民运会的竞技比赛舞台，本届民运会我们开创性地将土家族摆手健身操列入了正式比赛项目。其实，早在两年前我们就已启动了这一决议，在湖北省民宗委的倡导下，聘请了中南民族大学、湖北民族大学相关专家学者，会同摆手舞非遗传人及民间文艺工作者，以土家族原生态摆手舞为蓝本，融入现代健美操的一些元素，在不改变其原始文化意蕴的前提下，将摆手舞中的典型代表性动作剥离出来，按照"体育化、标准化、简明化、科学化"的原则进行了改编，从而创编出了现今这种传统与现代相结合，更具观赏性、锻炼性和普适性的摆手健身操。目前，我们正积极筹划

在下一届省民运会将土家族肉连响纳入竞技比赛项目行列。①

在社会传承模式下,民俗体育的传承将更加凸显其健身、休闲、娱乐、观赏功能,例如作为现代广场舞杰出代表的长阳"巴山舞",即是在传统"撒尔嗬"动作基础上加工改编而来,它打破了原始跳丧许多旧程式及其流行区域的界限,其整个舞蹈结构主要包括"百凤朝阳""半边月""风摆柳""双龙摆尾""喜鹊登枝"等8个舞段,动作古朴,舞姿粗犷,具有较强的娱乐性、时代性和普适性。其中的"风摆柳"便是由撒尔嗬"倒叉子"带"犀牛望月"和"怀胎歌"中的部分动作提炼组合而来,而"半边月"动作的原型则是撒尔嗬之"叶儿嗬"和"摇丧"动作。② "巴山舞"一落地,便绽放出强大的生命力,2000年,巴山舞斩获了全国第十届群星奖广场舞金奖。2003年,体育健身型的长阳巴山舞经过改编定型,正式向全国推广,成为全国十大广场健身舞之一。

表5—2　　　　　清江流域土家族民俗体育文化变迁一览

变迁内容	传统社会	当代社会
空间场域	祭台、村寨、乡村、庙会	舞台、广场、城镇
依附特质	宗教信仰、传统节日、人生礼俗、劳动生产等	节庆文化、旅游文化、广场文化、社区文化等
价值功能	祭祀祈禳、酬神纳吉、文化认同、集体记忆等	娱乐休闲、康健身心
传承组织	宗族组织、各项目民间班子	非遗中心、文体部门、群艺馆、民宗局、博物馆、学校组织等
传承主体	梯玛、族长、寨老、长老、民间艺人等	非遗传承人、文艺工作者、学校体艺教师、社会体育指导员、广场舞骨干、旅游景区导游等

---

① 访谈对象:倪东业,访谈时间:2014年10月21日,访谈地点:来凤县龙凤民族体育中心湖北省第八届少数民族传统体育运动会现场。
② 牛丽丽:《巴山舞的文化背景及价值研究》,硕士学位论文,华中师范大学,2006年,第7—8页。

续表

变迁内容	传统社会	当代社会
传承手段	口传身授、耳提面授	班级授课、专家讲座、音像视频、比赛交流、舞台剧目等
传承内容	程式化的仪式过程	规范性、齐整性、科学性和普适性的身体动作

第二节　清江流域土家族民俗体育文化变迁的归因

一　清江流域土家族民俗体育文化变迁的内部原因

（一）民俗体育文化自身发展的诉求

持文化进化论的学者大多认为，文化是活生生的有机体，它同任何生命体一样，也会经历出生、成长、壮年、衰老直至最终死亡的发展历程。① 民俗体育文化要实现自我发展，就必须在原有的基础上发生变迁，通过对民俗体育文化表现形式、内容及功能等要素的部分移除、改易和重组这一"解构—重构"过程，以达到吐故纳新，实现文化积累和增值的目的。

清江流域土家族民俗体育在自身发展过程中，为顺应时代发展的趋势与潮流，通过对原有民俗体育活动空间场域、仪式动作、价值功能及表现形式等的变易，积极主动地寻求与群众体育、竞技体育、学校体育、体育产业相结合等路径，从而实现了自我发展的诉求。现今广泛活跃于舞台、广场、景区的"撒尔嗬""摆手舞""肉连响""茅古斯""板凳龙""干龙船"等民俗体育项目，无不是通过自身的积极转型继而获得更大的生存空间。例如清江流域土家族代表性民俗体育"撒尔嗬""摆手舞"和"茅古斯"，正是通过逐渐淡化其原始的宗教祭祀功能，突出健身功能与娱乐功能的文化变迁，才最终实现了其空间场域的置换，从而以文化品牌的身份亮相于各大舞台。

黑格尔曾经说过："传统并非是个管家婆，只顾忠实的保存，然后原

---

① 李荣善：《文化学引论》，西北大学出版社1996年版，第102—108页。

封不动地传递给下一代。它不可能像自然界的发展过程那样,永远按照原来的规律进行形态和形式的无限变化,没有进步。"① 民俗体育文化也只有主动适应社会的变迁,在时代的氛围中发生蜕变,才能在新的时代焕发出无限的生命力。

(二)民俗体育主体观念意识的转变

在人类社会发展的初期,受认知水平的局限,人们在面对各种变幻莫测的自然现象时往往显得束手无策,于是他们转而诉求于"神灵"的力量,巫术作为最原始的"科学"应运而生。人们认为命由天定,一切都受神灵的主宰,于是他们便试图通过祭仪的方式来谄媚神灵,这种祭仪又会通过语言和身体动作等外向性的方式表达出来,这就使得原初形态的民俗体育文化得以诞生。故而在这种文化背景下诞生的民俗体育活动,其主体参与活动的初衷并不是为了自身的娱乐,而是为了神的娱乐。

伴随着社会文明的迅猛发展,高度发达的现代科技解决了许多以往不敢想象的事情,人类主体意识得到唤醒的同时其自身价值观念也在渐渐地改变,特别是在国家高度重视提高全民身体素质和身体健康的当今时代,在健康就是最大生产力的理念下,广大民众的观念文化得到了根本转变。昔日以酬神纳吉、驱瘟祛邪为主要目的的清江流域土家族民俗体育,通过简化各种祭神仪式,突出自身的健身功能,从而实现了由"娱神"向"娱人"的过渡。例如旧时土家族跳"摆手舞"之前大多都需族人齐聚摆手堂,陈牲醴供品,祭八部大神、土司神和先祖,在完成一系列烦琐的祭仪之后才正式"男女相携,蹁跹进退"。随着人们观念意识的转变,为突出健身功能、娱乐功能、竞技功能和经济功能,现今的"摆手舞"和摆手操已从往日烦琐祭仪中摆脱出来,朝着多元化的方向发展。

与此同时,随着人们主体意识和观念形态的转变,清江流域土家族民俗体育文化的许多禁忌也相应被打破。在传统社会中,人们的思维方式和行为方式大都存在着一种性别文化的强大约束,妇女是严禁抛头露

---

① 中国科学院哲学研究所西方哲学史组:《黑格尔论矛盾》,商务印书馆 1963 年版,第 8—12 页。

面的，妇女的舞蹈活动会被视为是伤风败俗的行为，从身体上束缚、思想上禁锢着女性参与民俗体育活动。① 就跳丧舞而论，遵照传统，女性是不能参与跳丧活动的，因为女性跳丧会被认为对东家不吉利，民间流传的说法是"男人跳丧，越跳越旺；女人跳丧，家破人亡"，故而在丧葬仪式现场是很难见到女性跳丧者踪影的。近年来，随着人们价值观念的进一步转变，只有男性才有跳丧资格的观念被解禁，特别是在地方文体部门将"撒尔嗬"包装成文化品牌推广的过程中就有不少女性参与，并在其中发挥了重要的作用。例如长阳县资丘镇民间艺人覃雄巍，根据妇女的特点，在不改变原生态文化精华的基础上，为女性量身创作了一套由21个段子组成的"撒尔嗬"舞蹈，该舞蹈尽量回避了诸如"蚵蚂晒肚""狗子撒尿"等不雅观的动作，表演起来柔美而不乏洒脱、粗犷而不乏得体。与此同时，他还成立了"女子撒尔嗬艺术团"，专门向女性教授"撒尔嗬"舞蹈。在调研过程中，覃雄巍谈道：

> 女人不能参与跳丧，这在以前确实有这种说法，因为女子跳丧会被认为是伤风败俗的行为，是对亡灵的大不敬，因此妇女们也很识趣的不掺和其中。但是现在不一样了，时代不同，观念也就不一样了，我们土家族的"撒尔嗬"还被列入了国家级非物质文化遗产，女人们也对跳丧感兴趣，现在跳丧的女的比男的还多些，像现在的农村里，男人们大都出门打工去了，老人去世了总得要有人跳丧啊，现在女人们不仅跳丧，还组织班子打包丧鼓呢。俗话说得好："男女搭配，干活不累"，尽管女人们跳不到男人的那种气势，动作也没有那么刚劲，但在灵堂现场多几个女人跳丧，男人们跳起来也越发的带劲呢。②

无独有偶，为适应文化主体的需求，土家族肉连响在传承发展的过

---

① 艾安丽：《汉水流域湖北段民俗体育文化的变迁——以"三龙文化"为例》，博士学位论文，福建师范大学，2015年，第128页。
② 访谈对象：覃雄巍，访谈时间：2017年6月16日，访谈地点：长阳县资丘镇资丘村陈家坡覃雄巍家中。

程中，通过一系列的创新举措，同样成为男女咸宜的健身项目。原利川市文体局孙绘局长在采访中谈道：

> 由于肉连响是由"泥神道"演化而来的，为突出其激烈雄浑、威武雄健的演练风格，表演者需要袒胸露乳、光膀赤膊上阵。故而传统肉连响表演成为了男人们的专利，女人是不能参加的。后来为了扩大群众参与度，在州文体局的领导下，征得肉连响国家级传承人吴修富和刘守红师徒的意见，经中南民族大学和湖北民族大学相关专家学者的集体探讨，我们对传统肉连响进行了大胆的改革与创新，例如删除传统肉连响中滚坛子①、空翻等一些高难度动作，简化并规范一部分原始动作，同时融入现代健身舞的一些元素。在伴奏上，除了传统鼓点伴奏外，还可以选取土家民歌和现代流行音乐进行伴奏，表演和比赛时可根据需要选择有特色的服饰等一系列创新举措，极大拓宽了肉连响的习练群体。②

不难看出，正是由于社会的变迁导致主体观念意识的转变，才极大地拓宽了民俗体育的习练群体。

二 清江流域土家族民俗体育文化变迁的外部原因

（一）民族地区社会经济形态的转变

在马克思主义看来，文化变迁归根结底是由生产方式所决定的，认为生产关系以及由此产生的经济变革可以解释文化变迁的根本原因。③ 由其生活的自然地理环境所决定，清江流域土家族在历史上经历了很长一段时期的自然经济形态，在此期间，土家族人主要以从事火耕水耨的原始农业生产，同时兼事渔猎和经营林副业为生，体现为一种半农半猎的山地自然经济。正是由于这种特殊山地自然经济形态的存在，为某些土

---

① 滚坛子：练习者双手抱头，身体蜷缩呈一圆坛状向前连续滚翻，类似体操前滚翻动作。
② 访谈对象：孙绘，访谈时间：2014年7月13日，访谈地点：利川市文化体育局。
③ 艾安丽：《汉水流域湖北段民俗体育文化的变迁——以"三龙文化"为例》，博士学位论文，福建师范大学，2015年，第122页。

家族民俗体育活动提供了生存的文化土壤,例如脱胎于土家族原始狩猎活动的民俗体育"狩猎舞"(赶仗),以及由土家族原始林副业生产活动演化而来的民俗体育"麻舞"等,都曾在土家族地区繁盛一时。

20世纪70年代以来,随着农业经济和商品经济的发展,清江流域土家族地区基本实现了由自然经济向农业经济和商品经济的过渡,其经济形态发生了根本性变化,土家族人亦不再需要以渔猎山伐来维持生计了,而随着地方政府部门为保护生态环境而制定的一系列禁猎措施的出台,在土家族地区延续了千百年的狩猎文化也基本退出了历史舞台。[①] 与此同时,随着商品经济的发展,土家族人亦不再需要种麻纺线织布,失去了生存土壤的滋润,也就失去了存在的依托,于是乎,土家族民俗体育文化"狩猎舞"(赶仗)和"麻舞"也随着地区社会经济形态的改变而逐渐走向衰落,现如今只能在"摆手舞""茅古斯"舞等民俗体育活动中窥见其文化端倪。

(二)民俗体育社会制度层面的改变

"聚族而居是我国乡村最主要的社会型态,我国的'村',基本上都是由一个或几个聚族而居的自然村落构成的。"[②] 聚族而居就必须有一套完备的制度体系来维持和调整族群内部机制的正常运转。费孝通先生认为,在中国传统乡土社会中,社会权利结构是基于礼治秩序下,由教化权力而产生的长老统治。[③] 在传统社会中,乡村精英凭借其自身正统道德性文化知识及其在民众中的威望,在民俗体育活动等公共事务的组织管理中扮演着重要的角色。清江流域土家族民俗体育活动正是依靠传统乡村精英(梯玛、寨老、长老、族长等)组成的权力机构,以宗法血缘为基础的乡村制度文化来保障、维系和开展的。通过寨老们的共同合议,民俗体育活动仪式的主持人、祭祀程序、开支预算、临时组织机构及其负责人等相关事项均被安排得井然有序。

中华人民共和国成立之后,在历次政治运动与土地改革过程中,传

---

① 刘尧峰:《土家族武术文化及其传承研究》,中国社会科学出版社2018年版,第229页。
② 吴理财:《村落社会与选举制度》,《社会》2000年第11期,第32页。
③ 费孝通:《乡土中国》,人民出版社2015年版,第78—85页。

统以宗法血缘为基础的乡村制度文化逐渐消亡，继之以村民自治委员会行使相关权力，村长替代了族长，国家政策法规制度替代了寨老合议①制度，传统的社会组织体系在村落社会转型中变得支离破碎，村落民俗体育活动逐渐没落。特别是"文化大革命"期间，在所谓的破除旧思想、旧文化、旧风俗、旧习惯的"破四旧"运动中，传统文化受到了极度的摧残。由于清江流域土家族民俗体育活动中存在不少宗教祭祀及性崇拜的内容，故而被定性为"封、资、修、破"的四旧活动而被迫叫停，使得清江流域土家族民俗体育活动发生了断裂。

改革开放后，在中国共产党的正确领导下，全国各项事业呈现出一片欣欣向荣的景象，特别是"三农"政策的实施，进一步提升了广大农民的主体意识。政府倡导民众开展丰富多彩的文化体育活动，同时成立了专门负责文体活动的组织机构，并颁布了《体育法》《全民健身条例》等系列法律规章制度，以维护广大民众参与体育锻炼的权利。在此背景下，"摆手舞""肉连响""茅古斯"舞等一度销声匿迹的清江流域土家族民俗体育活动再度活跃起来。例如绚丽而不失淡雅、华丽而不庸俗的土家族民俗体育"肉连响"，就是在1986年湖北省第一届少数民族传统体育运动会上被人们重新认识与接纳的。

进入21世纪以来，党和国家更加重视传统文化的传承与发展工作，在"文化软实力建设""非物质文化遗产保护与传承""文化繁荣与文化强国战略""健康中国战略"等一系列利好政策的指引下，清江流域土家族民俗体育活动开展得如火如荼，其中许多项目还被列入了国家和省级非物质文化遗产保护名录，在地区全民健身工程中发挥着重要的作用。

（三）现代文化及现代体育的传播

传播学派的观点认为，文化变迁现象是在文化接触过程中产生的，是文化间不断融合的结果。民俗文化在与现代文化的交流与碰撞过程中，不可避免地会受到现代文化的影响，通过不断地抵制、渗透、吸收、融

---

① "合议制"又称为"寨老合议制"，是传统宗族社会中土家族的民间议事制度。在传统社会中，土家族村寨里的各种重大决策、族规村约等都由各寨老或族长共同商议决定。

合等过程，吸收一部分，排斥一部分，从而在不断的变迁过程中融入了某些新的元素，也正是这一变迁过程推动了民俗文化的发展。

民俗体育文化的变迁与发展同样受到现代体育文化传播的影响。近代以来，西方殖民者在强行打开中国大门的同时，也将西方文化和西方近代体育强行输入给了中国，并在近代中国产生了巨大反响。20世纪初，我国学校体育纷纷效法西方体育教学的理念与方法，同时组织各种形式的社会体育竞赛活动。以武术为代表的中国传统体育在教学上更是受到了西方近代操式体育的"洗礼"，马良等人极力倡导的"中华新武术"将原本连贯顺畅的武术组合动作强行拆分为单个动作，并配以口令进行教学，同时改传统的口传身授式教学组织形式为班级授课制。改革开放以来，我国国门初开，西方现代文化与现代体育不断涌入，"更高、更快、更强"，展现个性、超越自我的现代竞技体育理念，对我国固有的民俗体育文化造成不小的冲击。进入21世纪以来，全球化的浪潮更是成为一个趋势，在文化全球化的进程中，不同文化间相互激荡、交融互动，客观上加快了文化间相互交流融合的速度，在此背景下，体育文化的全球化亦是大势所趋。

"全球化浪潮的席卷，本质上是一场全球范围内强势文化对弱势文化的侵入与解构的文化占领运动，它表现为从国际强弱角力到一国之内的'强'进'弱'退。"① 在文化全球化的张力下，清江流域土家族民俗体育文化在与现代体育的接触过程中，不可避免地会吸收现代体育文化中的先进成分，在吸收与融合的过程中，通过对自身动作结构、表现形式、价值功能等的部分"解构"与"重构"，从而实现了由量变到部分质变或质变的变迁过程。例如在现代竞技体育传播的影响下，清江流域土家族传统民俗体育"摆手舞""肉连响""踩竹马""跷旱船"等项目，通过简化并规范技术动作，增强竞技性，同时制定较为完备的竞赛规则与裁判法，从而顺利地进入了少数民族传统体育运动会竞技比赛项目之列，而赛龙舟则更是由最初的民间祭祀活动突变为现代竞技体育项目，从而

---

① 吴永存、张振东：《全球化场域下我国少数民族传统武术文化的传承与发展》，《北京体育大学学报》2016年第1期，第41页。

实现了民俗体育项目的现代化转型，拓宽了清江流域土家族民俗体育的文化生存空间。

第三节 清江流域土家族民俗体育文化变迁的启示

现象是事物的外在表征，因此是表面的、多变的、丰富多彩的，本质则是事物的内在层面，故而是深藏的、单纯的、相对稳定的。辩证唯物论认为现象与本质之间是对立统一的关系，因此要求人们在认识事物的过程中必须透过现象看本质，即透过纷繁复杂的外部现象来探索事物内部隐藏的普遍规律。虽然民俗体育文化变迁的缘由与表现形式多样，但其中仍然存在着某些共性的成分，即必然的规律性的东西。有鉴于此，对清江流域土家族民俗体育文化变迁本质与规律的探寻与把握，也在一定程度上折射着其他民俗体育文化变迁的规律。

一 生存环境的变迁是民俗体育文化变迁的前提条件

客观地讲，环境不仅与文化的性质息息相关，同时还决定着文化的内容及表现形式。克莱德·M. 伍兹在《文化变迁》中指出："只有当社会环境和自然环境的变迁满足人们的行为模式和思维模式时，文化变迁的条件也就准备好了。"[①] 也即当民俗体育文化所赖以生存的外部环境发生变异时，民俗体育文化主体也必将对此作出积极的回应，以适应新的变化了的生存环境。

就自然环境来看，清江流域特殊的山地自然环境使得土家族独特的"狩猎舞"（赶仗）、"麻舞"等原生态民俗体育项目得以诞育并世代传承。但是，近代以来，随着自然经济向农业经济与商品经济的过渡，以及土家族人口由山区向城镇的不断迁徙，土家族"狩猎舞"（赶仗）、"麻舞"等民俗体育也因其生存的自然环境改变而不断衰落。其他诸如"草把龙""龙舟竞渡""薅草锣鼓舞"等清江流域民俗体育项目的变迁

---

① ［美］克莱德·M. 伍兹：《文化变迁》，何瑞福译，河北人民出版社1989年版，第22页。

大多与自然环境的改变不无关系。就社会环境而言，随着社会的变迁与发展，民俗体育文化与社会环境的联系则显得更为紧密。例如单就依附特质与价值功能而言，在传统社会中，清江流域土家族民俗体育文化主要是依附于宗教信仰、传统节日、人生礼俗之中，主要是起到祭祀娱神、民族文化认同的价值功用。然而随着社会的转型与发展，特别是进入当代社会以后，清江流域所处的社会环境发生了急剧的变迁。伴随着社会环境变迁的同时，清江流域土家族民俗体育文化也开始发生变迁，不仅其固有的依附性能逐渐淡化，空间场域逐渐转换，同时其蕴含的价值功能体系也发生了极大的变迁，"娱神"功能减弱，"娱人"功能逐渐增强。

二 主体需求的变迁是民俗体育文化变迁的内在动力

在传统社会中，清江流域土家族民俗体育活动之所以能够开展得较为红火，除了具备赖以生存的自然与社会环境外，主要原因还在于民俗体育所承载的价值功能能够满足文化主体的需求。首先，在经济生产方面，清江流域土家族地区经历了很长一段时期的自然经济和小农经济形态，由于生产力水平低下，靠天吃饭的土家族人们转而将希望寄托于各位"神灵"，于是"摆手舞""茅古斯""草把龙""板凳龙""地龙灯"等仪式性民俗体育项目相应地便成为人们借以酬谢神灵的工具与手段，人们期望通过民俗体育活动的组织与开展能够为其生产生活"保驾护航"，从而达到其风调雨顺、五谷丰登、祛病禳灾的主体需求；其次，就业余文化生活来看，传统社会中人们的文化生活较为匮乏、娱乐方式较为单一，民俗体育文化成为主要的娱乐形式，而村落民俗体育文化则正是因为满足了人们的娱乐需求而获得了极大的生存空间；再次，就社会交往而言，在传统社会中，由于土家山寨的封闭性与落后性，长期固守土地、安土重迁的清江流域土家族人们渴望人际交流，而"摆手舞""茅古斯""草把龙""地龙灯"等大型祭仪类民俗体育活动的开展，则可定期聚集族人与村民，为其提供人际交流与情感沟通的渠道。

进入现代社会以后，随着人们生活质量的普遍提高，在现代化的生活方式与生活节奏的冲击下，清江流域土家族人们的价值观念亦随之发生了较大转变，人们越来越追求健康时尚的生活方式。在此背景下，清江流域土家族民俗体育原有的价值体系已经不能满足新时期人们的需求了，于是民俗体育文化主体积极主动地对清江流域土家族民俗体育进行科学性、规范性与普适性的改造，同时融入现代化的时尚元素，以满足现代人娱乐休闲、康健身心、发展经济等的价值需求。"民俗体育文化变迁规律最终都表现为人的活动规律，表现为文化主体的文化创造、选择及价值追求活动。"① 虽然民俗体育文化的变迁是众多因素协同作用的结果，但其根源还是通过文化主体的需求改变来实现的，故而民俗体育文化主体需求的变迁是民俗体育文化变迁的内在动力源泉。

三 社会制度的变迁是民俗体育文化变迁的外在推力

在"皇权不下县"的传统社会中，由于基层社会秩序的维护多是乡村"精英"依仗纲常伦理进行治理的。于是，活跃在官府与民间的乡绅、乡保、族长等自然而然地便成为各种社会事务及民俗文化活动的组织者。同样，千百年来，在聚族而居的传统社会中，清江流域土家族民俗体育活动相关事宜也是在传统乡村精英（寨老、族长、长老、梯玛）的组织下，以"合议"制度及各种族规村约来保障和维系开展的。此期，由于构成社会制度的各要素总体变迁速度较为缓慢，因而民俗体育文化的变迁也相应显得比较缓慢，程度也较为柔和，清江流域土家族民俗体育基本上是以其原初形态世代传承。

中华人民共和国成立以后，在历次政治运动与土地改革的推动下，以宗法血缘为纽带的乡村制度文化逐渐退出历史舞台，特别是"文化大革命"期间，绝大多数民俗体育活动均被视为封建的、反动的、不科学的东西而遭到排斥和取缔，民俗体育文化主体在这一社会制度环境下也基本上处于被动、失语的地位，从而导致清江流域土家族民俗体育文化活动产生断裂。改革开放以后，随着社会制度的不断发展与完善，清江流域土家族地区沉寂已久的民俗体育活动再次活跃起来。特别是进入 21 世纪后，党和政府高度重视传统文化的发展，为民俗体育文化的发展变

---

① 涂传飞:《农村民俗体育文化的变迁——江西省南昌县涂村舞龙活动的启示》，博士学位论文，北京体育大学，2009 年，第 100 页。

迁提供了较为宽松的社会制度环境。从某种角度来说，有关部门组织的各种形式与规模的民俗体育培训、讲座、展演、竞赛等，成为当代民俗体育的一个重要场域和机制。

民俗体育的生存宝典是在保存其原始意义下，又不断赋予其时代意义；是社会选择民俗体育而不是民俗体育选择社会，民俗体育必须依附于社会、服务于社会，走综合化的发展道路，才能找到自身的生存空间。[1] 诚如高丙中所言："民间仪式进入国家的场合，不可能采取闯入的方式，而大都受到某种征召。国家征用民间仪式，把民间仪式纳入国家事件，成为它的组成部分。在这种情况下，国家提供舞台，或者说国家就是现场，民间仪式应邀走出民间，参与国家的或附属于国家的活动。民间仪式被国家或国家部门及其代表所征用，主要取决于它们潜在的政治意义、经济价值，最后，政府需要民众通过仪式参与国家活动。"[2] 因此，在国家一系列政策法规的推动下，清江流域土家族民俗体育不仅频繁活动于民运会等各大舞台，同时也在总体上实现了传承组织、传承手段、内容形式、空间场域、依附特质及价值功能的整体变迁。

四　创新与发展是民俗体育文化变迁亘古不变的主题

就社会学的角度而言，创新的本质是突破，即突破旧的思维定式、旧的常规戒律。在清江流域土家族民俗体育文化的变迁过程中，这种打破常规的创新举措比比皆是。

随着社会的变迁与时代的发展，清江流域土家族民俗体育文化大多作出了顺应时代潮流的改革与创新之举。例如移除祭仪类民俗体育文化中一些不合时宜的元素，在保留其文化基因的基础上，对其原始动作作出科学性、规范性、齐整性及普适性的调整；为满足当代人的需求，融入一些现代化的时尚元素，从而实现了民俗体育文化空间场域由祭台向

---

[1] 郑国华：《禄村变迁中的传统体育流变研究》，《体育科学》2010年第10期，第95页。
[2] 高丙中：《民间的仪式与国家的在场》，《北京大学学报》（哲学社会科学版）2001年第1期，第42—50页。

舞台的置换；突破口传身授、耳提面授的传统传承手段，充分利用现代网络传媒的优势，采用班级授课、专家讲座、音像视频、比赛交流等形式多样的手段进行民俗体育文化的传承等。尤其值得一提的是，在变迁的过程中，"跳丧舞""肉连响"等清江流域土家族民俗体育还打破了一些传统禁忌，不再限制女性的参与，而以传统"跳丧舞""肉连响"为原型创编出来的"巴山舞"及"新潮肉连响"，均为男女咸宜的健身项目，从而在一定程度上增加了民俗体育参与的文化主体。

当然，从哲学的意蕴来看，创新并非意味着一味地崇尚新事物、否定旧事物，而是要在新旧事物之间找到一个恰当的契合点，通过内容与形式等的移除、调整、置换等手段，实现事物自身的新陈代谢，从而使其能够更加适应社会的变迁与时代的发展。正是得益于上述种种创新举措，清江流域土家族民俗体育文化才能够在现代化与全球化的冲击下始终保持旺盛的生命力。

五 辩证看待民俗体育文化"变"与"不变"的关系

"现代化就像一列快速行进的列车，让我们可以躲闪却无法制止，现代化是一种趋势，也是一个过程，它对任何区域、任何领域原有的生态、原有的生活方式、原有的对世界的认知都会产生重要影响。"[1] 在现代化成为一种趋势和潮流的当今时代，民俗体育文化的变迁需要处理好"变"与"不变"的辩证关系。首先，"变"是必然的，因为从社会发展的视角来看，今天的传统曾经是过去的现代，而今天的现代又将成为将来的传统。变则通，唯有变通才能跟上时代的步伐，才能保证民俗体育文化的适应和存续，否则便会在社会的急剧变迁中走向没落，最终消逝在时代的滚滚洪流之中。但同时，"变"又是相对的，民俗体育文化的这种"变"不是毫无原则地随意改变，而是要在"变"的过程中保留一些"不变"的元素，在对民俗体育外在表现形式等进行改易的同时，其内在的文化基因不能改变，如此才能保证民俗体育文化的原真性，而任何毫

---

[1] 笑蜀：《保护藏文化要防止两个极端——访全国政协外事委员会副主任韩方明》，《南方周末》2009年3月26日。

无章法的胡乱更改将使民俗体育文化显得似是而非、不伦不类，最终丧失掉民俗体育的内在本质。由此可见，在民俗体育文化变迁过程中保持"不变的"则是民俗体育文化的原真性。

从某种角度来说，文化的变迁就是一种"文化的复制"与"文化的再生产"过程，而这种"复制"与"生产"的基础，是不能脱离其固有的文化传统的。① 就清江流域土家族民俗体育文化而言，其变迁同样是需要在保留固有文化原真性的前提下进行的，在保证其特征性仪式、典型动作及内在精神信仰等基本文化内涵不变的情况下，才能对其外在表现形式和内容等进行适度的删减、增补、调整、置换与包装。如若不然，"摆手舞""撒尔嗬""肉连响"等土家族民俗体育文化的变迁，会使得其固有的文化内核荡然无存，其结果也无非增加了几种现代"健身操"项目而已。

选择"变"与"不变"，原生态抑或活生态，这是一个关系民俗体育生存方式抉择的问题。"不变"是相对的，"变"是以"不变"为基础和前提的。只有保留住民俗体育文化最本质的"根"，即民俗体育文化基因"不变"前提下的"变"，才能保证民俗体育文化的原真性，也只有这样，民俗体育文化的变迁才不至于在社会转型发展中被现代体育文化所"同化"或"边缘化"。

第四节　本章小结

在人类历史的发展进程中，伴随着时代的更迭与社会的变迁，所有文化都不可避免地发生着改变，不管是在什么时间，也不管出于何种缘由，不管是抵抗抑或是接受，最终往往都会在潜移默化中变得或接受、或同化。可见，变迁是文化所固有的特质，同时也是文化发展的动力源泉，文化的变迁是一个动态的、永无止境的过程。本章着重探讨了清江流域土家族民俗体育文化变迁的内容及其表现形式，分析了引起变迁的内外部缘由，并在此基础上探究了民俗体育文化变迁的共性规律。

---

① 麻国庆：《永远的家：传统惯性与社会结合》，北京大学出版社2009年版，第121页。

随着社会的转型与发展，为适应时代的需求，清江流域土家族民俗体育文化也在不断地发生着流变。具体表现为：在空间场域上，土家族民俗体育文化基本实现了由祭台到舞台、由村寨到广场、由乡村到城镇的变迁历程；在依附特质上，清江流域土家族民俗体育文化从传统社会时期对于原始宗教信仰、传统节日、人生礼俗、岁时节令及劳动生产的依附中解脱出来，继而以文化新宠的崭新姿态出现在现代社会节庆文化、旅游文化、广场文化、社区文化乃至校园文化中，在地区全民健身工程中发挥着积极的作用；就价值功能而言，土家族民俗体育所蕴含的祭祀祈禳、酬神纳吉等原初社会功能慢慢淡化，而娱乐休闲、康健身心、促进经济增长等现代社会功能则逐渐成为主导，总体上实现了由宗教祭祀功能向体育健身和经济价值功能的变迁；就传承模式来看，清江流域土家族民俗体育文化总体上实现了由自然传承模式向政府传承模式和社会传承模式的过渡，呈现出传承组织由松散向有序，传承主体由个体向群体，传承手段由单一到多元以及传承内容由仪式到动作的变迁历程。

研究认为，清江流域土家族民俗体育文化变迁的原因主要来自内外两个层面。就内部原因来看：其一是民俗体育文化自身发展的诉求，因为民俗体育文化要实现自我发展，就必须主动适应社会的变迁发展，通过对自身表现形式、内容及其功能等要素的部分移除、改易和重组这一"解构—重构"过程，以达到吐故纳新，从而实现文化积累和增值的目的。其二是民俗体育文化主体观念意识的转变，随着社会科学的发展，在唯物论思想的感召下，昔日以酬神纳吉、驱瘟祛邪为主要目的的清江流域土家族民俗体育，通过简化各种祭神仪式，突出自身的健身功能和娱乐功能，从而实现了活动目的由"娱神"向"娱人"的转变。就外部原因而论：其一是民族地区社会经济形态的转变，随着清江流域土家族地区经济形态由自然经济向农业经济和商品经济的过渡，诸如"狩猎舞"（赶仗）、"麻舞"等某些土家族民俗体育项目由于失去了生存土壤的滋润而逐渐走向衰落的境地；其二是社会制度层面的改变影响着民俗体育文化活动的组织开展情况，社会制度是否先进、政府对传统文化支持的力度、相应的政策法规是否完备等，在一定程度上决定了民俗体育文化活动组织开展的顺利程度；其三是现代文化与现代体育的传播，不可避免地会对传统民俗体育文化产生一定的冲击，清江流域土家族民俗体育文化在这一过程中，通过不断地吸收与融和某些先进的文化元素，从而实现了现代化的转型，拓宽了文化的生存空间。

通过对清江流域土家族民俗体育文化变迁本质与规律的解析，可以探寻出民俗体育文化变迁过程中所存在的一些共性规律，并得到一定的启示：生存环境的变迁是民俗体育文化变迁的前提条件；主体需求的变迁是民俗体育文化变迁的内在动力；社会制度的变迁是民俗体育文化变迁的外在推力；创新与发展是民俗体育文化变迁亘古不变的主题；同时还要理性看待民俗体育文化"变"与"不变"的辩证关系，"不变"是相对的，"变"是以"不变"为基础和前提的，只有保留住民俗体育文化最本质的"根"，即民俗体育文化基因"不变"前提下的"变"，才能保证民俗体育文化的原真性。

第六章

清江流域土家族民俗体育文化的传承与发展

文化本身是一个动态的、开放的、不断发展的系统，它肇始于过去，积淀于现在，影响着未来。但是随着社会的变迁与时代的发展，传统文化所赖以生存的原始文化土壤不断消失，其传承与发展也必将受到极大的冲击。在社会变迁日益加剧的当今时代，清江流域土家族民俗体育文化的传承与发展在很大程度上受制于其本身所处的内外部环境。因此，清江流域土家族民俗体育文化传承与发展的首要任务是厘清其自身内在的优势与劣势、外部的机遇与挑战，从而能够扬长避短，把握机遇明确方向，在保护好现有文化空间场域的同时，不断拓展出新的生存空间。

第一节 清江流域土家族民俗体育文化发展环境分析

任何事物的发展均离不开其自身所处的内外部环境，环境的优劣与否在很大程度上决定着事物发展的方向与性质。也正因为此，学者们在评估事物发展态势的时候一般都会采用 SWOT 分析法对其所具备的内外部环境进行综合考量。SWOT 分析法又称为态势分析法，是 20 世纪 80 年代美国旧金山大学管理学院韦里克教授率先提出的，这是一种较客观、全面而准确地分析事物现实利弊情况的方法，主要包括内部优势 S（Strength）、内部劣势 W（Weakness）、外部机遇 O（Opportunities）和外部挑战 T（Threats）四个组成部分，其中"S"和"W"主要用来分析事物所具备的内部条件，而"O"和"T"则用来考量事物所处的外部环境。对清江流域土家族民俗体育文化的发展环境进行 SWOT 分析，能够使我们对研究对象有一个客观理性的认识，从而抓住机遇明确方向，厘清发展中的优势与不足，同时针对威胁采取相应的应对策略。

一　清江流域土家族民俗体育文化发展的优势

（一）丰富的文化资源储备

在自然历史环境及传统民俗文化的长期积淀下，清江流域土家族人民创造出了种类繁多、特色鲜明、极具民族气质的民俗体育文化事象。诸如宗教祭祀类的"摆手舞""茅古斯""八宝铜铃舞"；岁时节令类的"草把龙""板凳龙""地龙灯""舍巴舞""上刀梯""赛龙舟"；人生礼俗类的"打喜花鼓""找摸米""打廪""穿花舞""撒尔嗬"；农事生产类的"麻舞""薅草锣鼓舞"；休闲娱乐类的"赶仗""耍耍""彩龙船""干龙船""打莲湘"等等，不胜枚举，呈现出蔚为壮观的繁盛图景。千百年来，清江流域土家族民俗体育文化作为一种草根性的文化，以其固有的原生性、质朴性、生活性及娱乐性等文化特征，忠实地服务于土家族人的宗教祭祀、族群集会、节日庆典及生产劳动的同时，也为地区人们提供了一种积极沉稳、乐观健康的民俗文化消费方式。在全民健身及健康中国的时代语境下，清江流域土家族民俗体育丰富的文化资源储备，为地区民众的健身活动提供了更多可供选择的健身项目。与此同时，随着旅游经济的发展，也为地区民俗体育旅游资源的开发提供了较大的弹性空间。

（二）深邃的民族文化内涵

土家族民俗体育是在土家族独特的文化生态土壤中孕育出来的，蕴含着丰富而深邃的文化内涵，透过民俗体育这一独特的外在表现形式，可以折射出土家族独具特色的人生礼俗、岁时节令、生产劳动等生产生活情境，同时还可以探究其宗教信仰、价值观念、思维意识、民族性格等深层的民族心理文化特征。从某种程度上来说，土家族民俗体育就是土家族民俗文化的一个缩影，例如清江流域土家族民俗体育"撒尔嗬"，通过在丧葬现场载歌载舞这种特殊的外在展演形式，则能够映射出土家族祖先崇拜、图腾崇拜、生命轮回、孝道伦理等深层次的民族心理特征，同时通过"大悲之日的狂欢"，也"体现了土家族人积极向上的人生观、价值观，以及乐观豁达的民族性格与民族精神"①。反映了土家族人的生存智慧。此外，清江流域其他民俗体育诸如"摆手舞""肉连响""草把龙""板凳龙""地龙灯"等，都从某一层面深度反映了土家族的民族文化内涵。在全面倡导文化繁荣与文化软实力建设的当今时代，在文化生产力、文化产业化高速发展的当下，具有浓郁乡土气息及深邃文化内涵的清江流域土家族民俗体育，将越来越彰显出传统文化的魅力。

（三）多元的价值功能体系

清江流域土家族民俗体育在长期流变过程中形成了多元化的价值功能体系。在诞生的初期，土家族民俗体育活动大多体现出的是宗教祭祀功能，主要目的是告慰先祖、酬神纳吉、祈福禳灾等，带有浓郁的宗教信仰特色。在发展过程中，清江流域土家族民俗体育文化的社会功能逐渐显现，例如土家族"撒尔嗬"中就有不少教育后人积极上进、孝敬长辈及恪守伦理道德的内容，具有很强的教化功能，"撒尔嗬"在传承过程中还起到了促进人与自然、人与社会和谐的特殊社会功能。与此同时，"摆手舞""地龙灯""草把龙"等一些仪式性的民俗体育活动还承载着族群认同以及集体文化记忆的功能。进入当代社会后，随着地区民众社会生活方式的日趋多元化，清江流域土家族民俗体育文化所蕴含的健身价值、娱乐价值、教育价值、经济价值、文化交流价值等不断凸显，其价值体系开始沿着多元化的方向发展，多元化的价值体系在满足当代人需求的同时，也必将使清江流域土家族民俗体育文化获得更大的生存空间。

二 清江流域土家族民俗体育文化发展的劣势

（一）相对的封闭性与落后性

当今世界是一个高速发展的信息化社会，从文化的发展角度看，一

---

① 邓姝婷：《湖北恩施土家族丧葬礼仪的民族文化心理探析》，硕士学位论文，长江大学，2014年，第52页。

个多民族的相互交融与渗透的多元化体育文化体系已成为历史的必然。虽然我国文化也具有整合性,但是由于近千年来的生产力条件限制,特别是自给自足的农业文明体系造成了我国文化的保守与内敛,正是由于跟世界或其他民族的体育文化交流较少导致我国民族传统体育文化视野狭窄。从历史的经验来看,如果保持文化的活力就要与世界文化进行交流,因为没有纯粹独立的文化,任何一个文化都不能游离于世界文化之外。[1] 由于清江流域土家族民俗体育文化是建立在原始农耕经济形态以及传统宗法血缘社会的基础之上的,千百年来基本局限在土家族区域内部传承发展,缺乏与其他民族体育文化的交流与互动,故而其蕴含的文化内涵与价值体系很难为其他民族所认同,导致其普及推广率相对较低。与此同时,由于原始体育大多与巫舞关系密切,而清江文化的母体又与巫术文化息息相关,这就导致了"跳丧舞""茅古斯""草把龙""八宝铜铃舞"等清江流域土家族民俗体育大都与原始宗教祭祀活动存在着千丝万缕的联系,加之受到封建愚昧思想的影响,致使其中一些民俗体育项目很难被科学化、规范化、系统化和普及化。其内在的封闭性、保守性与落后性在一定程度上束缚了清江流域土家族民族体育文化的健康发展。

(二) 文化主体传统规约的顽固性

长期以来,在传统思想根深蒂固的乡村世界,在敬神、护族、祈福、禳灾、辟邪等因素的影响下,流传千百年的清江流域土家族民俗体育至今仍然保留着许多的主体传统规约,而民众所恪守的部分规约恰恰成为民俗体育传承发展的障碍与藩篱。例如传统的"草把龙""地龙灯"等民俗体育活动都有严格的展演时间限定,一般多在春节、元宵节、二月二、端午节等节日期间展演,而且活动结束后必须将相关器具烧毁,寓意送龙归海或助神兽升天,除非遇到重大灾害或是瘟疫流行之时,平时是严禁展演的,否则便是冲撞了神灵。与此同时,一部分规约本身还限制了民俗体育的参与对象,"泯灭民众获取体验乐趣以及通过运动本身达到建

---

[1] 李卫平、王智慧:《我国民族传统体育文化发展的 SWOT 分析》,《体育与科学》2011 年第 6 期,第 30 页。

构、认知的文化符号意义"①。例如受到传统思想的影响,某些项目还存在着"传男不传女,传内不传外"的主体规约,而传统"撒尔嗬""肉连响"等清江流域土家族民俗体育项目更是严禁女性参与,对参与者的性别加以限制。虽然随着社会的发展与人们价值观念的转变,这些传统规约在很大程度上得到了解禁,但在少数民众自觉与不自觉的维护下,现实中仍然有所遗存,这就在一定程度上影响了民俗体育文化的传承与传播。

(三) 转型中的过度异化现象

创新是文化传承与发展的原动力,尤其是在社会变迁日益剧烈的当今时代,对民俗体育文化进行改造、创新,是民俗体育文化自身发展的内在要求和必然选择。然而,创新并非意味着一味地崇尚新事物、否定旧事物,而是要在新旧事物之间找到一个恰当的契合点与平衡点,从而达到实现事物自身内部新陈代谢的目的。然而,随着商品经济的发展以及消费社会的建立,在功利主义的驱使下,文化也被迫屈从于资本逻辑和商业规则的统治,渐渐失去了原真性与独立性,从而"堕落"为机械复制时代的可供消费的文化"产品"和"商品"。与此同时,随着我国现代化进程的不断加速,传统体育文化在遭遇由西方体育带来的外源性危机中步入艰难的转型期,一时间,对传统体育的创新开发遍地开花。② 诚然,经过创新改造并融入时尚元素的"清江舞""茅古斯""肉连响""摆手舞"等土家族民俗体育项目,一度成为地区旅游观光中的新宠,成为外地游客了解土家族民俗文化的重要窗口,并产生了一定的经济效益与社会效益。但同时亦不难发现,某些项目在改造的过程中却发生了严重的异化现象,例如为片面追求经济价值而完全抛弃其原初的特征性仪式过程,为追求动作的齐整性而对典型动作和表现形式进行过度改编,从而失去了原始、古朴、自然的味道,致使民俗体育文化内涵肤浅化、商品化,缺少或扭曲了真正的民俗体育风情,最终失去了文化的原真性。

---

① 何劲鹏、张志成、刘昆:《我国民俗体育发展现状分析》,《体育文化导刊》2014年第2期,第42页。

② 李小兰、张宏宇:《现代化进程中传统体育的异化与复归》,《山东体育科技》2014年第5期,第11页。

过度异化现象在很大程度上阻碍了清江流域土家族民俗体育文化的发展及自身的文化认同。

三 清江流域土家族民俗体育文化发展的机遇

(一) 全民健身与健康中国的时代语境

为大力发展社会体育事业，提高全民族的身体素质，1995年6月20日，国务院颁布了《全民健身计划纲要》，使得全民健身观念深入人心。作为一项全民参与，有目的、有任务、有措施的体育健身计划，对于增强人民体质，提高全民族身体素质和生活质量起到了巨大的推动作用。2009年，为满足广大人民群众日益增长的体育需求，在纪念北京奥运会成功举办一周年之际，国务院又批准将每年的8月8日设定为"全民健身日"，将健康向上的大众体育精神传达给广大民众，推广积极健康的生活理念。

2016年10月，中共中央国务院印发了《"健康中国2030"规划纲要》，从宏观层面勾画了未来15年"健康中国"的宏伟图景，同时也从微观层面提出了实现全民健身与全民健康的具体方略，明确指出要"大力发展群众喜闻乐见的运动项目，鼓励开发适合不同人群、不同地域特点的特色运动项目"。[①] 2017年10月，党的十九大报告将健康中国作为国家战略实施，进一步确立了人民健康在党和政府工作中的重要地位。在全民健身与健康中国这一大的时代语境下，"健康"成为当代人时尚生活方式的代名词。全民健身与健康中国目标的实现，离不开群众体育的推动和发展，而民俗体育作为民众身边生活化的体育活动，将会成为人们休闲娱乐、康健身心的首选形式。因此，在全民健身与健康中国这一大的时代背景下，富含健身价值、娱乐价值、教育价值和文化交流价值的清江流域土家族民俗体育必将获得前所未有的发展机遇。

(二) 体育非物质文化遗产保护的际遇

随着对传统破坏与对现代效仿达到历史新高，在国际态势、文化商

---

① 中共中央国务院：《"健康中国2030"规划纲要》，人民网（http://politics.com.cn/n1/2016/1026/c1001-28807357-2.html）。

人、大众媒介等的裹挟和打造下，传统文化的巨大价值和创造力越来越呈现出清晰的表情，于是新一轮的传统文化的春天又向我们发出亲切的呼唤。① 2003年，由联合国教科文组织提出的《保护非物质文化遗产公约》受到了国际社会的高度重视，人们对非物质文化遗产保护工作的重要性、突出性和迫切性都有了全面而深刻的认识，各国政府纷纷出台相关政策，采取有效措施保护本国的非物质文化遗产。

我国政府一直高度重视非物质文化遗产的保护与传承工作，自2004年正式加入联合国《保护非物质文化遗产公约》之后，相继出台了一系列保护非物质文化遗产的政策与法规，例如《国务院办公厅关于加强我国非物质文化遗产保护工作的意见》《国家级非物质文化遗产代表作申报评定暂行办法》《国务院关于加强文化遗产保护的通知》《国家级非物质文化遗产专项资金管理暂行规定》《国家级非物质文化遗产保护与管理暂行办法》《关于加强老字号非物质文化遗产保护工作的通知》等，同时决定自2006年起，将每年6月的第二个星期六定为"文化遗产日"，为各类非物质文化遗产的保护与传承创造了前所未有的机遇。特别是2011年2月25日《中华人民共和国非物质文化遗产法》的出台，首次以国家法律的形式对非物质文化遗产保护的相关内容进行规范，从而使我国的非物质文化遗产保护工作正式走上了法治化的轨道。在非物质文化遗产这一大的时代语境下，作为文化遗产重要组成部分的清江流域土家族民俗体育文化也迎来传承与发展的美好前景。

（三）休闲时代及体育旅游业的兴盛

休闲是社会文明与进步的重要标志之一，是衡量一个国家或社会生活水准的重要尺度，随着休闲时代的到来，人们生活水平和闲暇时间的增多，社会消费结构将发生重大的变化，而围绕休闲的各种文化产业将出现空前繁荣的景象，休闲经济、假日经济、旅游观光、健身娱乐也应运而生，迅速成长。而随着体验式经济时代的到来，更是让人们对各种假日旅游、观光旅游、休闲健身等活动乐此不疲。民俗体育所固有的休

---

① 汤立许：《我国民族传统体育项目分层评价体系及发展战略研究》，博士学位论文，上海体育学院，2011年，第142页。

闲性、娱乐性和健身性的价值取向，正好迎合了现代人对健康休闲的需求。此外，民俗体育与广大少数民族民众日常生活及其聚居环境息息相关，大多都远离了城市的喧嚣，带有浓浓的生活气息与域外风光。许多项目与自然景观交相辉映，与民俗文化水乳交融，带有浓郁的乡土气息，极大地满足了现代人回归大自然，体验乡村生活，了解少数民族独特文化的需求，这一趋势也必将为地区民俗体育旅游业的发展开辟一定的市场，随着体育旅游业的兴盛，清江流域土家族民俗体育必将迎来更大的发展空间。

四　清江流域土家族民俗体育文化发展的挑战

（一）民族地区社会经济发展水平的相对落后性

经济的存在是决定其他社会因素存在的前提，经济水平决定着文化存在和发展的程度，民俗体育文化的发展同样离不开经济的支撑。清江流域土家族所聚居的武陵山地区，地处国家西部大开发的最前沿和中国经济发达地区与经济欠发达地区的接合部，属于典型的"老""少""边""穷"地区。总体上看，区域经济发展水平较低，社会事业发展全面滞后，还存在着贫困问题依然突出、基础设施严重落后、产业发展薄弱、人力资源开发滞后、城市化进程缓慢的突出问题，与全国特别是东部沿海地区相比，差距越来越大。[①] 虽然清江流域土家族民俗体育文化资源丰富，群众基础浓厚，但由于地方财政对体育事业经费总体投入不足，导致民俗体育活动开展的经费捉襟见肘，在一定程度上制约了民俗体育的总体发展水平。除了少数典型代表性项目发展较好外，其他部分民俗体育项目并没有得到很好地开发，导致其流落民间自生自灭，一部分民俗体育项目虽然有着光鲜亮丽的身份，被收录到了非物质文化遗产名录之中，但由于经费的欠缺，也没能得到大规模的推广传承。虽然地区旅游经济取得了一定的成效，但由于民俗体育旅游的依附性较强，产品单一等自身的局限性，限制了民俗体育产业化的纵深发展。因此，地区经

---

① 雷振扬、朴永日：《中国民族自治地方发展评估报告》，民族出版社2006年版，第14页。

济水平的落后性在很大程度上制约着清江流域土家族民俗体育文化的发展水平。

(二) 文化全球化导致传统体育主体地位的丧失

随着世界经济一体化和文化全球化的纵深推进，在新的国际局势之下，各国文化在新一轮的对阵角逐过程中，有的呈现出咄咄逼人的态势，而有的则节节溃退，甚至是变得面目全非，体育文化同样如此。体育的全球化在当前形势下很大程度上是以欧美竞技体育文化为主的全球化，是以输出欧美文化方式和价值观念的西方体育文化为主的全球化。① 现代体育诸如足球、篮球、网球、健美操、跆拳道等更是无孔不入，风靡全球，总体上呈现出强劲的发展态势。而反观武术、健身气功、民俗体育、民族民间体育等源于东方文明的传统体育文化，在这一角逐过程中更是受到了严峻的挑战，其文化主体地位不断丧失，一方面许多少数民族传统体育项目由于自身文化土壤的缺失以及传承的断代而逐渐淡出人们的视线。另一方面，当今许多项目的开展已经不是民族情感的自然显露，而是为表现民族特色的一种表层的人为造设，从某种意义上说，它游离于民间社会生活之外，已不是社会生活的真实反映。②

就清江流域土家族地区来说，在全球化浪潮的冲击下，越来越多的外来体育项目在土家山寨生根发芽，成为人们健身休闲的首选，而曾经被不同阶层不同年龄阶段人们所钟爱的民俗体育则逐渐失去了其文化的主体地位，处于一种被边缘化的状态。更有甚者，某些传统项目更是抛弃了其固有的文化内涵，以削足适履的方式盲目迎合西方体育文化的价值标准，结果反而是弄巧成拙，使自身变得面目全非。因此文化全球化所导致的传统体育文化主体地位的缺失将是清江流域土家族民俗体育文化发展的最大挑战。

在清江流域土家族民俗体育文化的传承与发展过程中，需要对其自身具备的条件及所处的外部环境有一个客观理性的认识，尽可能地依靠

---

① 张飞虎：《阐扬民族传统体育文化》，《光明日报》2006年4月4日。
② 白晋湘：《民族传统体育的现代化与现代化中的民族传统体育》，《体育科学》2004年第1期，第66页。

和利用内部优势、减少和弥补内部劣势、把握和利用好外部机遇、降低和规避外部威胁。唯有如此，民俗体育文化的传承与发展之路才能更加宽阔。清江流域土家族民俗体育文化传承发展的 SWOT 分析模型如图 6—1 所示：

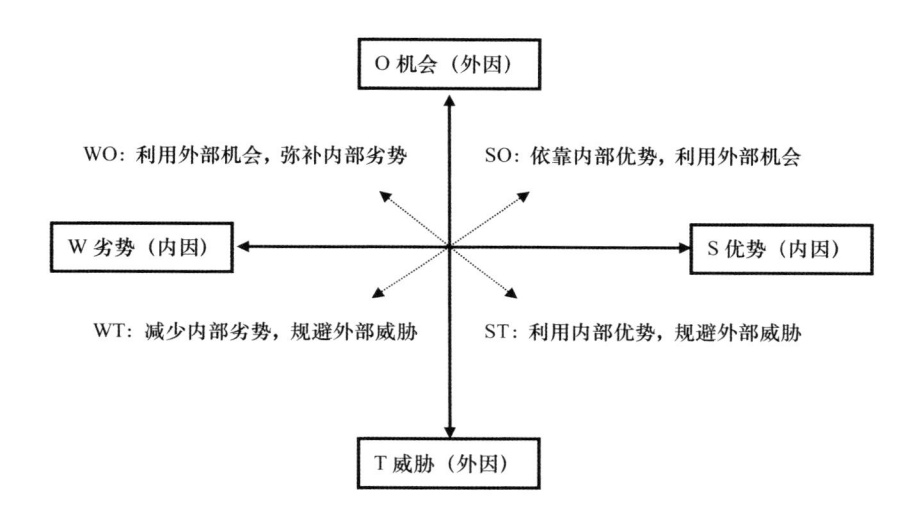

```
                    O 机会（外因）

    WO：利用外部机会，弥补内部劣势    SO：依靠内部优势，利用外部机会


    W 劣势（内因）  ←————————→  S 优势（内因）


    WT：减少内部劣势，规避外部威胁    ST：利用内部优势，规避外部威胁

                    T 威胁（外因）
```

图 6—1　清江流域土家族民俗体育文化发展的 SWOT 分析模型

第二节　清江流域土家族民俗体育文化发展路径探析

一　土家族民俗体育的学校教育传承路径

教育与文化关系密切，通过教育，传统文化能够得以甄别、传承、创新与发展。而教育通过汲取传统文化中的精髓与合理积极因素，又会得到长足的发展。[①] 民族地区学校除了履行人才培养这一基本职能之外，同时还担负着保护、传承和发扬少数民族文化的特殊职能。

---

① 康文杰：《苗族传统体育文化的学校教育传承研究》，硕士学位论文，四川师范大学，2017 年，第 29 页。

学校体育教育是传承与发展民俗体育文化的中介，同时也是原生体育形态走向科学化、规范化和普及化的必由之路，只有通过学校教育来发挥辐射功能，才能真正扩大群众基础，民俗体育文化的传承与发展也才能真正落到实处。清江流域土家族民俗体育文化是在清江流域独特的自然与人文环境中孕育而成的，民族特色浓郁，地域特征鲜明，蕴含着深邃的文化内涵及多元的价值体系。因此，在中小学尤其是民族特色学校中开展土家族民俗体育项目，不仅可以拓宽校本课程资源，丰富学校体育教学内容，改变单一的教学模式，使体育教学更加多样化、灵活化、趣味化，从而提高体育教学质量，满足学生身心发展的需求。更为重要的是，通过学校教育的熏陶，将有助于学生更加深入细致地了解民俗体育文化，感受民俗体育文化的魅力，并最终成为民俗体育文化传承的践行者和弘扬者，达到推动土家族民俗体育文化事业发展的目的。

清江流域土家族民俗体育文化要达成学校教育传承的目的，首要任务是根据学生的生理、心理特点，优先选取"摆手舞""八宝铜铃舞""茅古斯""肉连响""莲湘舞""板凳龙""地龙灯"等一批文化内涵丰富且极具代表性和普适性的民俗体育项目，通过规范动作内容并去除其中一些不合时宜的元素，有计划有步骤地引进学校体育课程。其次，在师资队伍培养方面，可以通过专家讲座、短期培训、集体研讨等多种途径与形式，同时还可聘请相关非遗传承人到学校授课传艺。再次，要因地制宜地编制民俗体育乡土教材，拟定课程教学大纲，制订教学计划，精选教学内容，打造第一课堂，拓展第二课堂，真正将民俗体育文化的学校教育传承落到实处而不是流于形式。最后，应大力营造地区学校民俗体育文化环境，通过校园社团活动、赛事打造、文化艺术节等多种形式和途径展示民俗体育文化。只有真正让清江流域土家族民俗体育在学校教育中生根发芽，其传承发展才能落到实处。

二 依托政府非物质文化遗产的传承路径

非物质文化遗产是文化的重要组成部分和文化的根本与源头，是人类文明的结晶和最宝贵的共同财富,是人类社会得以延续的文化命脉。[①]自20世纪80年代以来,随着全球化和现代化所带来的社会变革以及人类生存环境的改变,非物质文化遗产在自然的或人为因素的损害下变得愈发的脆弱,联合国教科文组织于2003年10月正式通过了《保护非物质文化遗产公约》。这是顺应时代发展与历史需要的重大战略决策,得到国际社会的积极回响,我国自2004年8月8日正式加入联合国《保护非物质文化遗产公约》以后,连续颁布出台了一系列规范性的政策法规,特别是《中华人民共和国非物质文化遗产法》的颁布与实施,首次以国家法律的形式对非物质文化遗产保护的相关内容和行为进行规范,为保护我国异彩纷呈的非物质文化遗产提供了政策与法律的保障。到目前为止,我国已基本建成了国家、省、市、县四级非物质文化遗产名录体系,为各类非物质文化遗产的保护与传承带来了前所未有的机遇。

表6—1　　　　我国政府非物质文化遗产相关政策与事件列举

序号	出台时间	相关政策法规
1	2004年8月8日	我国正式加入联合国《保护非物质文化遗产公约》
2	2005年3月26日	《国务院办公厅关于加强我国非物质文化遗产保护工作的意见》
3	2005年3月26日	《国家级非物质文化遗产代表作申报评定暂行办法》
4	2005年12月20日	《国务院关于加强文化遗产保护的通知》
5	2006年5月20日	国务院公布第一批国家级非物质文化遗产名录
6	2006年7月13日	《国家非物质文化遗产保护专项资金管理暂行办法》
7	2006年11月2日	《国家级非物质文化遗产保护与管理暂行办法》
8	2007年2月4日	《关于加强老字号非物质文化遗产保护工作的通知》
9	2008年6月14日	国务院公布第二批国家级非物质文化遗产名录
10	2011年2月25日	《中华人民共和国非物质文化遗产法》

[①] 朱兵、黄龙祥、杨金生等:《"中医针灸"申报人类非物质文化遗产代表作名录文本解析》,《中国针灸》2011年第3期,第193页。

续表

序号	出台时间	相关政策法规
11	2011年6月10日	国务院公布第三批国家级非物质文化遗产名录
12	2013年10月28日	《中国体育非物质文化遗产保护与推广管理办法》
13	2017年1月25日	《关于实施中华优秀传统文化传承发展工程的意见》
14	2018年5月8日	第五批国家级非物质文化遗产代表性传承人公布
15	2019年11月12日	《国家级非物质文化遗产代表性传承人认定与管理办法》审议通过
16	2020年12月17日	"太极拳""送王船"列入世界非物质文化遗产

2013年6月，国家体育总局颁布的《中国体育非物质文化遗产保护与推广管理办法》中，将体育非物质文化遗产界定为：在我国广泛开展的民族、民间、民俗体育项目以及那些被各群体或个人视为其文化财富重要组成部分的具有游戏、教育和竞技特点的运动技艺与技能，以及在这些技艺与技能的过程中所使用的各类器械、相关实物和空间场所的总和。同时该管理办法还规定了体育非遗的申报条件、申报程序、评审程序、管理考核，并提出了体育非遗保护与传承的具体方略，体现出政府部门对体育非物质文化遗产的高度重视。

面对非物质文化遗产这一大的时代语境，清江流域土家族民俗体育文化同样需要积极争取国家非物质文化遗产的相关政策，依托非物质文化遗产的路径来拓展生存空间。有鉴于此，相关部门对体育非遗的申报保护工作要有使命感、责任感和紧迫感。首要任务是做好资源普查工作，对于那些文化意蕴浓厚且符合申报条件的民俗体育项目应优先逐级申报，对于那些身怀绝技的民间老艺人应给予重点关照，否则一位老人的离世往往意味着一座活态博物馆的消失。其次，要深刻认识到非遗保护的目的并不是用来供人膜拜或瞻仰的。因此，对于已经纳入非遗名录的项目，则需要采取动态保护与静态保护相结合，以动态保护为主、静态保护为辅的原则，秉承传承是最好的保护的理念，重视体育非遗的活态传承保护。要充分调动民俗体育非遗传承人的主观能动性，引导、调动传承者与习练者"在场"，调动其传承的自觉、自为意识。① 再次，需要加强民俗体育非遗的长远规划和管理，完善评估与反馈机制，真正将保护、传承、利用及发展融为一体。

在"保护为主、抢救第一、合理利用、传承发展"的方针指引下，清江流域土家族民俗体育非物质文化遗产保护工作取得了阶段性的成就，"撒尔嗬""肉连响""八宝铜铃舞""要要""草把龙""板凳龙"等一大批民俗体育项目成功申报了国家、省、州、县非物质文化遗产名录。

表6—2　　　　　　　清江流域土家族部分国家级、
省级民俗体育非物质文化遗产名录一览

序号—项目	级别	序号—项目	级别
1. 撒尔嗬	国家级	9. 板凳龙	省级
2. 肉连响	国家级	10. 草把龙	省级
3. 摆手舞	国家级	11. 八宝铜铃舞	省级
4. 茅古斯	国家级	12. 喜花鼓	省级
5. 地龙灯	国家级	13. 滚龙莲湘	省级
6. 三棒鼓	国家级	14. 彩龙船	省级
7. 薅草锣鼓舞	国家级	15. 地盘子	省级
8. 要要	省级	16. 绕棺舞	省级

三　民俗体育与乡村旅游融合发展的路径

乡村悠闲自在，乡土气息浓郁，远离了城市的喧嚣与污染，其宁静娴适的生活方式越来越为现代都市人所神往。随着休闲与体验式经济时代的到来，乡村旅游已经成为一种时尚和品位。所谓乡村旅游，一般是指以乡村自然风光、本土生活方式及民族风情元素等为基础，让游客切

---

① 王林、虞定海：《传统武术非物质文化遗产传承的困境与对策》，《上海体育学院学报》2009年第4期，第88页。

身感受和体验乡村民俗文化的一种旅游方式。① 融入大自然，观光传统农业生产活动，体验精彩纷呈的异己文化等成为现代都市游客乡村旅游的终极目的。在乡村旅游中，乡村民俗文化成为新型资源，乡村旅游是对乡村文化的集中展示，对传统乡村民俗文化的传承与传播起着积极的推动作用。

清江流域土家族地区拥有极为丰富的乡村旅游资源储备，就自然资源层面来看，清江流域地处鄂西生态文化旅游圈的核心地段以及湘鄂渝大旅游圈的中心地和连接段，境内拥有清江画廊、神龙溪、石门河、大峡谷、腾龙洞、黄金洞、佛宝山、鱼木寨、大水井建筑群等一系列著名的风景名胜。就历史人文资源层面而言，清江流域又恰好处于荆楚、巴蜀两大古文化圈之间，拥有古老的巴文化、楚文化、神秘的土司制度文化、土苗民族文化，以及哭嫁、女儿会、龙船调等特色鲜明的民俗文化。如此丰富的旅游资源储备，为推动清江流域乡村旅游的发展奠定了坚实的基础。

在乡村旅游如火如荼的当今时代，清江流域土家族民俗体育文化必须走与乡村旅游融合发展的道路才能获得更大的发展空间。为更好地实现与乡村旅游融合发展的目标，首要任务是统筹资源，从总体上将清江流域现有民俗体育文化资源打造成观赏型与参与型两种品牌。观赏型民俗体育旅游产品主要是满足游客视听觉上的需求，例如通过原生态仪式性的土家族"摆手舞""茅古斯""撒尔嗬"表演，不仅可以带给游客强悍的视听觉震撼，同时也能让其了解土家先民生产生活斗争的情景，感悟土家族厚重的历史文化。参与型民俗体育文化产品主要是指吸引游客参与民俗体育活动及其趣味竞赛，旨在使其亲身体味民俗体育活动的特殊魅力。其次，需要规划好民俗体育文化与乡村旅游融合的呈现方式，包括在传统祭祀等特定的民间活动中的呈现、民族民俗特定节日庆典活动中的呈现、乡村民俗博物馆中的呈现及乡村著名景区中的呈现等。例如腾龙洞、土司城、女儿城、野三峡、清江画廊等清江流域著名景区均有反映土家族历史人文画卷的大型歌舞表演，土家族民俗体育文化在其

---

① 田谷顺：《凤凰县乡村旅游与村落民俗体育文化的融合研究》，硕士学位论文，吉首大学，2018年，第5页。

中扮演着重要的角色。再次，需要打造民俗体育特色品牌，对于"摆手舞""撒尔嗬""肉连响"等文化内涵浓郁的民俗体育可以量身打造特色体育小镇，设置专门的节日。例如由恩施州来凤县倾力打造的2009中国土家族原生态摆手舞文化旅游节，就是以摆手舞文化为主旨，以摆手舞比赛、摆手舞游行、万人摆手、大型土家歌舞晚会、招商引资会、民族产品展销会等为形式的大型乡村旅游盛会，在带动乡村旅游经济大发展的同时，也实现了对民俗体育文化的大传承。由此可见，只有真正将民俗体育文化作为一种文化资本，实现民俗体育文化与乡村旅游的有机融合、和谐发展，清江流域土家族民俗体育文化的传承与发展才能获得源源不断的动力。

图 6—2 清江流域土家族民俗体育肉连响在乡村旅游中的展演

四 重视少数民族传统体育运动会的路径

为贯彻落实党的民族政策，每4年一届，以弘扬民族文化、振奋民族精神、促进各民族团结进步和共同繁荣为宗旨的少数民族传统体育运动会，为各民族同胞进行文化交流和技艺展示提供了绝佳的平台。截至目前，全国民运会已经成功举办了11届。2005年5月，作为国家民族政策的重大举措，少数民族传统体育运动会被正式写入了《国务院实施

〈中华人民共和国民族区域自治法〉若干规定》，以国家法律的形式确定了下来。历经多年的实践与发展，我国民运会建立起了规范的竞赛体系和独具特色的民运会文化体系，"全国民运会业已成为民族团结、民族认同、国家形象的一种标识，对弘扬民族文化、增强民族凝聚力，构建和谐社会发挥了积极的作用"①。

表6—3 历届全国少数民族传统体育运动会举办一览

届次	举办时间	举办省、自治区、直辖市	举办城市
第1届	1953年11月8—12日	天津市	天津
第2届	1982年9月2—8日	内蒙古自治区	呼和浩特
第3届	1986年8月10—17日	新疆维吾尔自治区	乌鲁木齐
第4届	1991年11月10—17日	广西壮族自治区	南宁
第5届	1995年11月5—12日	云南省	昆明
第6届	1999年9月24—30日	北京市	北京
第7届	2003年9月6—13日	宁夏回族自治区	银川
第8届	2007年11月10—18日	广东省	广州
第9届	2011年9月10—18日	贵州省	贵阳
第10届	2015年8月9—17日	内蒙古自治区	鄂尔多斯
第11届	2019年9月8—16日	河南省	郑州

为大力发展湖北省少数民族文化体育事业，推动湖北民族地区经济社会的快速发展，湖北省政府、省民宗委高度重视少数民族传统体育运动会工作。作为湖北省规格最高、规模最大的综合性民族体育盛会，湖北省少数民族传统体育运动会自1986年以来已经成功举办了9届，对提升全省各族人民身体素质和健康水平，促进民族地区经济社会的快速发展起到了积极的推动作用。

---

① 蒋东升、王利春、潘宏波：《全国少数民族传统体育运动会发展研究》，《体育文化导刊》2016年第2期，第5页。

表6—4　　　　　历届湖北省少数民族传统体育运动会举办一览

届次	举办时间	举办地区	举办城市
第1届	1986年4月13—15日	恩施土家族苗族自治州	恩施市
第2届	1990年11月3—6日	宜昌市	五峰土家族自治县
第3届	1994年9月22—24日	恩施土家族苗族自治州	咸丰县
第4届	1998年9月9—13日	恩施土家族苗族自治州	利川市
第5届	2002年9月21—25日	恩施土家族苗族自治州	恩施市
第6届	2006年10月28—11月1日	恩施土家族苗族自治州	恩施市
第7届	2010年9月21—26日	宜昌市	长阳土家族自治县
第8届	2014年10月20—25日	恩施土家族苗族自治州	来凤县
第9届	2018年9月15—20日	恩施土家族苗族自治州	利川市

为促进交流，展现各民族丰富多彩、形式多样的传统体育文化，少数民族传统体育运动会特地实行表演项目与竞赛项目并行发展的赛制设置，这就为更多的原生态少数民族传统体育项目创造了走出深闺的大好机遇。清江流域土家族民俗体育文化要获得更加充足的发展动力，就必须重视少数民族传统体育运动会这个平台，经由民运会展演的窗口与渠道，使更多的人深入了解土家族民俗体育文化的内涵与魅力。例如在第九届全国少数民族传统体育运动会上，恩施的《竹马茅古斯》、湖北民族学院的《高脚对抗》、鹤峰的《闪溜嘎儿》、五峰的《板凳龙》四个项目获得了表演项目一等奖，《竹马茅古斯》还应邀进行专门的汇报演出，产生了极大的反响。在历届湖北省少数民族传统体育运动会上，"摆手舞""茅古斯""肉连响""八宝铜铃舞""莲湘舞""板凳龙""耍耍""巴山舞"等清江流域土家族原生态民俗体育都是大放异彩，在给人们带来视觉冲击的同时也实现了对文化的传承。可见，清江流域土家族民俗体育文化只有走出深闺，人们才有可能接触它、认识它、肯定它并最终接纳它。

图6—3　土家族运动员李憨厚在第九届湖北省少数民族传统体育运动会上表演土家族传统武术器械板凳

五　构建民俗体育全民健身服务体系路径

1995年6月，国务院颁布了《全民健身计划纲要》，使得全民健身观念深入人心。《全民健身计划纲要》实施计划指出，要组织好民族传统体育项目，做好民族、民间传统体育和中华传统养生健身项目的挖掘、整理和推陈出新工作。① 不仅从政策层面充分肯定了民族传统体育在全民健身计划中所起的积极作用，同时也为我国民族传统体育的传承与发展指明了方向。《全民健身计划纲要》实施20年来，我国的全民健身工程取得了辉煌的成就。2016年10月，在我国全面建成小康社会的征程中，中共中央国务院又印发了《"健康中国2030"规划纲要》，要求广泛开展全民健身运动，指出要大力发展群众喜闻乐见的运动项目，鼓励开发适合

---

① 汤立许：《我国民族传统体育项目分层评价体系及发展战略研究》，博士学位论文，上海体育学院，2011年，第152页。

不同人群、不同地域特点的特色运动项目。2017年10月，党的十九大报告将健康中国作为国家战略实施，进一步确立了人民健康在党和政府工作中的重要地位。

民俗体育的传承与发展，必须依附于社会、服务于社会，才能找到自身生存的空间。① 全民健身与健康中国这一大的时代语境，为清江流域土家族民俗体育文化的传承与发展带来了新的机遇。为更好地融入全民健身体系，首要任务是组织专家论证评估，在不改变原始文化意蕴的前提下对相关民俗体育进行科学性、规范性及普适性的改编与重组，使之既保留原始古朴的民族风韵，又能够贴近现代社会的需要，符合人体运动规律。例如经过规范而来的"巴山舞""清江舞""莲湘舞""摆手健身操""新潮肉连响"等民俗体育项目，大都受到地区健身民众的追捧。其次是要加强土家族民俗体育社会指导员队伍建设，这就需要充分发挥高校艺体毕业生、社区体育骨干、非遗传承人等的积极作用，加强对民俗体育社会指导员的培训、指导与考核工作，通过开办专家讲座、中短期培训班、进修学习等多种形式来提高社会体育指导员的业务能力和专业素养。最后是要依托地方政府文体部门的力量，推动民俗体育跻身于地区体育公共服务体系，成为体育公共服务的重要产品输出内容，这就需要加大对民俗体育文化的宣传推广和舆论引导工作，定期开展民俗体育文化知识科普讲座，举办经常性的民俗体育赛事活动，扩大民众对民俗体育的认知度和满意度，最终提高民俗体育的参与度。

文化来源于生活，文化又服务于生活的需要，因此文化最好的传承方式便是生活化，融入大众的日常生活之中，使之成为一种自觉的文化生活习惯，也就自然而然地实现了对文化的传承。② 依此而论，清江流域土家族民俗体育如若能够真正走进全民健身，成为地区体育公共服务的重要产品输出内容，真正融入到了土家山寨民众的日常生活之中，并成为其生活习惯的重要组成部分，那么其传承与发展将不再是需要苦苦探索的问题。

---

① 郑国华：《禄村变迁中的传统体育流变研究》，《体育科学》2010年第10期，第95页。
② 刘尧峰：《土家族武术文化研究》，博士学位论文，上海体育学院，2015年，第178页。

第三节　本章小结

　　民俗体育文化的存在总是处在一定的环境之中，其生存、发展与壮大在很大程度上受制于其本身所处的内外部环境。这就要求民俗体育文化主体能够与时俱进，紧跟时代发展节奏，适时采用新的标准来充实和改造自身的文化内容，从而探寻出适合社会发展与时代需求的发展路径。本章着重分析了清江流域土家族民俗体育文化传承与发展的内外部环境，厘清了其传承与发展的内在优势与劣势、外部机遇和挑战，并在此基础上探讨了传承与发展的路径选择。

　　就内部因素而言，清江流域土家族民俗体育文化传承与发展所具有的优势是拥有丰富的文化资源储备、深邃的民族文化内涵及多元化的价值功能体系。其劣势主要体现为相对的封闭性、保守性与落后性，文化主体传统规约的顽固性以及转型中存在的过度异化现象；就外部环境来看，全民健身与健康中国的时代语境、体育非物质文化遗产保护的际遇、休闲时代及体育旅游业的兴盛等为清江流域土家族民俗体育文化的传承与发展提供了良好的机遇，而民族地区社会经济发展水平的相对落后性及文化全球化所带来的消极影响则构成了清江流域土家族民俗体育文化传承与发展的外部威胁。在清江流域土家族民俗体育文化的传承与发展过程中，需要尽可能地依靠和利用内部优势，减少和弥补内部劣势，把握和利用好外部机遇，降低和规避外部威胁，唯有如此，清江流域土家族民俗体育文化的传承与发展之路才能更加宽阔。

　　总体而言，清江流域土家族民俗体育文化的传承与发展，需要在对其自身具备的条件及所处外部环境客观理性认识的前提下扎实做好以下几个方面的工作，即高度重视学校体育教育的路径、依托政府非物质文化遗产的路径、探寻与乡村旅游融合发展的路径、重视少数民族传统体育运动会的路径、构建民俗体育全民健身服务体系的路径。要发动地方政府与社会民众的双驱动联合力量，充分发挥政府牵头、民众参与的机制，多措并举有效推动清江流域土家族民俗体育文化的传承与发展。

研究结论

习近平总书记在中共中央政治局第十八次集体学习时指出："几千年来，中华优秀传统文化在中华民族的生存和发展中，始终发挥着十分重要的作用。今天，在实现中华民族伟大复兴中国梦的历史征程中，对绵延5000多年的中华文明，我们应该多一份尊重，多一份思考。"清江流域土家族民俗体育文化作为传统民俗文化的重要组成部分，是清江流域土家族在特定时间与空间的文化表达，是其民族文化记忆的重要组成部分。

本书以清江流域土家族民俗体育文化为对象，尽可能多角度、多方位、多层次地对清江流域土家族民俗体育进行文化透视，力求全面论述清江流域土家族民俗体育诞育的文化生境，探究清江流域土家族民俗体育文化存在的时空场域，勾勒清江流域土家族民俗体育的整体文化图景，诠释清江流域土家族民俗体育文化的流变规律，探究清江流域土家族民俗体育文化的发展路径选择等，以期为民俗体育文化研究贡献一份理论成果，通过研究得出以下结论。

结论一：清江流域土家族民俗体育是在清江流域特定的自然与人文环境中产生发展起来的，其本身不可避免地会受到特定地域自然人文生态环境的影响。独特的地理位置、特殊的自然环境、原始的生产方式、古老悠久的历史文化以及多元文化的交融激荡共同催生了种类繁多、蔚为壮观的清江流域土家族民俗体育文化事象。

结论二：在自然环境及其人文环境的长期积淀下，清江流域土家族人民创造出了丰富多彩的民俗体育文化体系。清江流域土家族民俗体育从总体上可划分为经济类民俗体育、社会类民俗体育、信仰类民俗体育、游艺类民俗体育及竞技类民俗体育五种类型，民俗体育文化呈现出蔚为壮观的繁盛图景。就文化特色而言，清江流域土家族民俗体育突出地体现为历史传承性、文化变异性、鲜明地域性、较强依附性以及娱乐观赏性等文化特征。

  结论三：清江流域土家族民俗体育在传统社会的价值功能主要体现为特定场域的祭祀功能、民族文化的认同功能、个体品德的教化功能、村落秩序的治理功能等几个方面；清江流域土家族民俗体育在当代社会的价值功能则主要体现为娱乐休闲的彰显功能、旅游经济的促进功能、文明乡风的助推功能等几个方面。

  结论四：随着社会的转型与发展，为适应时代的需求，清江流域土家族民俗体育文化也在不断地发生着流变。在空间场域上，清江流域土家族民俗体育文化基本上实现了由祭台到舞台、由村寨到广场、由乡村到城镇的变迁历程；在依附特质上，清江流域土家族民俗体育文化从传统社会时期对于原始宗教信仰、传统节日、人生礼俗、岁时节令及劳动生产的依附中解脱出来，继而以文化新宠的崭新姿态出现在现代社会节庆文化、旅游文化、广场文化、社区文化乃至校园文化中，在地区全民健身工程中发挥着积极的作用。

  结论五：在价值功能方面，土家族民俗体育所蕴含的祭祀祈禳、酬神纳吉等原初社会功能慢慢淡化，而娱乐休闲、康健身心等现代社会功能则不断凸显，总体上实现了由宗教祭祀功能向体育健身和经济价值功能的变迁。在传承模式上，土家族民俗体育文化总体上实现了由自然传承模式向政府传承模式和社会传承模式的过渡，呈现出传承组织由松散向有序，传承主体由个体向群体，传承手段由单一到多元以及传承内容由仪式到动作的变迁历程。

  结论六：造成清江流域土家族民俗体育文化变迁的原因主要来自内外两个层面，内部原因主要是民俗体育文化自身发展的诉求和民俗体育主体观念意识的转变，外部原因表现为民族地区社会经济形态的转变、民俗体育社会制度层面的改变、现代文化及现代体育的传播等。

  结论七：通过对清江流域土家族民俗体育文化变迁本质与规律的解

析，可以探寻出民俗体育文化变迁过程中存在的一些共性规律，并得到一定的启示：生存环境的变迁是民俗体育文化变迁的前提条件；主体需求的变迁是民俗体育文化变迁的内在动力；社会制度的变迁是民俗体育文化变迁的外在推力；创新与发展是民俗体育文化变迁亘古不变的主题；同时还要理性看待民俗体育文化变迁过程中"变"与"不变"的辩证关系，"不变"是相对的，"变"是以"不变"为基础和前提的，只有保留住民俗体育文化最本质的"根"，即民俗体育文化基因"不变"前提下的"变"，才能保证民俗体育文化的原真性。

结论八：就内部因素而言，清江流域土家族民俗体育文化传承与发展所具有的优势是拥有丰富的文化资源储备、深邃的民族文化内涵以及多元化的价值功能体系。劣势表现为相对的封闭性与落后性、文化主体传统规约的顽固性以及转型中存在的过度异化现象；就外部环境来看，全民健身与健康中国的时代语境、体育非物质文化遗产保护的际遇、休闲时代及体育旅游业的兴盛等为清江流域土家族民俗体育文化的传承与发展提供了良好的机遇，而民族地区社会经济发展水平的相对落后性及文化全球化所带来的消极影响则构成了清江流域土家族民俗体育文化传承与发展的外部威胁。

结论九：清江流域土家族民俗体育文化的传承与发展，需要高度重视学校体育教育的路径、依托政府非物质文化遗产的路径、探寻与乡村旅游融合发展的路径、重视少数民族传统体育运动会的路径及构建民俗体育全民健身服务体系的路径。要发动地方政府与社会民众的双驱动联合力量，充分发挥政府牵头、民众参与的机制，多措并举有效推动清江流域土家族民俗体育文化的传承与发展。

参考文献

一 著作类（包括文史资料、论文集）

白童：《咸丰〈地盘子〉的审美特征和发展现状初探》，《2011—2013 中国民间文化艺术之乡全集》，2013 年。

（东汉）班固：《汉书·地理志》，中华书局 1962 年版。

曹毅：《土家族民间文化散论》，中央民族大学出版社 2002 年版。

曹毅：《土家族民间文学》，中央民族大学出版社 1999 年版。

长阳土家族自治县文化局：《中国歌谣集成·湖北卷·长阳土家族自治县歌谣分册》，长阳土家族自治县印刷厂，1988 年。

（晋）常璩：《华阳国志·巴志》，严茜子点校，齐鲁书社 2010 年版。

（清）道光《施南府志》卷 12。

邓伟志：《社会学词典》，上海辞书出版社 2009 年版。

邓之诚：《东京梦华录注》，中华书局 1982 年版。

丁世良：《中国地方志民俗资料汇编》，北京图书馆出版社 1997 年版。

董珞：《与猛虎有不解之缘的土家族》，湖北教育出版社 2006 年版。

（宋）范晔：《后汉书·南蛮西南夷列传》，中华书局 2007 年版。

费孝通：《乡土中国》，人民出版社 2015 年版。

符为霖：《龙山县志》卷 11《风俗》，光绪四年（1878）刻本。

傅起凤：《中国杂技史》，上海人民出版社 1991 年版。

高丙中：《民俗文化与民俗生活》，中国社会科学出版社 1994 年版。

（清）顾彩：《容美纪游》，吴佰森校注，湖北人民出版社 1998 年版。

贵州省志民族志编委会：《民族志资料汇编（土家族卷）》，贵州民族出版社 1989 年版。

韩养民、郭兴文：《中国古代节日风俗》，陕西人民出版社 2002 年版。

《鹤峰县志》编纂委员会：《鹤峰县志》卷 3，湖北人民出版社 1990 年版。

湖北省长阳土家族自治县地方志编纂委员会：《长阳县志》，中国城市出版社 1992 年版。

湖南省少数民族古籍办公室编：《历代土家族文人诗选》，岳麓书社 1991 年版。

黄柏权：《土家族白虎文化》，中国文联出版社 2001 年版。

吉成名：《中国崇龙习俗》，天津古籍出版社 2002 年版。

吉钟颖：《鹤峰州志》卷 6《风俗》，道光二年（1822）刻本。

蒋立松：《文化人类学概论》，西南师范大学出版社 2008 年版。

［美］克莱德·M. 伍兹：《文化变迁》，河北人民出版社 1989 年版。

雷振扬、朴永日：《中国民族自治地方发展评估报告》，民族出版社 2006 年版。

李培芝、段绪光：《宣恩县非物质文化遗产名录》，湖北人民出版社 2013 年版。

李荣善：《文化学引论》，西北大学出版社 1996 年版。

（北魏）郦道元：《水经注》，陈桥驿译注，中华书局 2019 年版。

（后晋）刘昫：《旧唐书》卷 197《南蛮西南蛮》，中华书局 1975 年版。

刘尧峰：《土家族武术文化及其传承研究》，中国社会科学出版社 2018 年版。

（宋）陆游：《老学庵笔记》，中华书局 1979 年版。

吕大吉、何耀华：《中国各民族原始宗教资料集成·土家族卷》，中国社会科学出版社 1998 年版。

麻国庆：《永远的家：传统惯性与社会结合》，北京大学出版社 2009 年版。

莫福山：《中国民间节日文化词典》，中国劳动出版社 1992 年版。

（清）乾隆《辰州府志》卷 14《风俗》。

（清）乾隆《永顺府志》卷 10。

（清）乾隆《永顺府志》卷12《杂记》。

任海：《中国古代体育》，中国国际广播出版社2011年版。

荣先祥：《建始民歌选萃》，建始县民族宗教事务局（内部资料）。

（明）沈德符：《万历野获编点校本·卷二十五》，中华书局1980年版。

（明）沈德符：《万历野获编》，中华书局1959年版。

石亚洲：《土家族军事史研究》，民族出版社2003年版。

（西汉）司马迁：《史记·货殖列传》，中州古籍出版社2006年版。

谭国清：《四书五经·礼记》，西苑出版社2003年版。

谭笑：《寻访民间艺术大师》，民族出版社2003年版。

陶立璠：《民俗学概论》，中央民族学院出版社1987年版。

田荆贵：《中国土家族习俗》，中国文史出版社1990年版。

田世高：《土家族音乐概论》，中央民族大学出版社2002年版。

田万振：《土家族生死观绝唱——"撒尔嗬"》，中央民族大学出版社1999年版。

（明）田艺衡：《留青日札点校本·卷十九》，上海古籍出版社1992年版。

（清）同治《长阳县志》卷1《地理志》。

（清）同治《来凤县志·风俗志》卷28。

（清）同治《永顺县志》卷6《风土志》。

《土家族简史》编写组：《土家族简史》，民族出版社2009年版。

乌丙安：《中国民俗学》，辽宁大学出版社1985年版。

乌丙安：《中国民俗学》，辽宁大学出版社1999年版。

夏征农：《辞海》，上海辞书出版社2010年版。

萧放：《岁时——传统中国民众的时间生活》，中华书局2002年版。

杨发兴、陈金祥：《彭秋潭诗注》，中国三峡出版社1997年版。

杨守敬、熊会贞：《水经注疏》，江苏古籍出版社1989年版。

于锦秀、相淑荣：《中国原始宗教资料集成·考古卷》，中国社会科学出版社1996年版。

余万予、付秋根：《对中华民俗体育的出版研究》，第六届全国体育科学大会论文集，武汉，2000年12月。

张岱年、方克立：《中国文化概论》，北京师范大学出版社2004年版。

张华江:《汉水流域民俗体育文化研究》,湖北人民出版社2015年版。

张士闪:《乡民艺术的文化解读——鲁中四村考察》,山东人民出版社2006年版。

张紫晨:《中国民俗与民俗学》,浙江人民出版社1985年版。

中国科学院哲学研究所西方哲学史组:《黑格尔论矛盾》,商务印书馆1963年版。

中国体育科学学会、香港体育学院:《体育科学词典》,高等教育出版社2000年版。

钟敬文:《民俗学概论》,上海文艺出版社1998年版。

周西宽:《体育基本理论》,人民体育出版社2006年版。

庄孔韶:《人类学概论》,中国人民大学出版社2006年版。

二 期刊论文及其他(报纸、网络资料)

白晋湘:《民族传统体育的现代化与现代化中的民族传统体育》,《体育科学》2004年第1期。

暴丽霞、冯强:《河东鼓的起源、传承及其体育文化价值》,《体育文化导刊》2010年第11期。

陈红新、刘小平:《也谈民间体育、民族体育、传统体育、民俗体育概念及其关系——兼与涂传飞等同志商榷》,《体育学刊》2008年第4期。

陈正慧:《土家族族体形成问题研究综述》,《贵州民族研究》2003年第1期。

陈德钦、房鹏飞:《桂南村落傩舞的民俗体育文化内涵与现代传承探析——以国家非遗项目"钦州跳岭头"(傩舞)为个案》,《广西社会科学》2017年第10期。

邓红蕾:《论"土家道教化"与"道教土家化"的文化流变及其意义》,《江汉论坛》2000年第3期。

杜帮云:《"撒尔嗬"及其民族伦理意蕴》,《理论界》2009年第1期。

冯宏伟:《新时代农村地区民俗体育的发展:形式、局限与路径》,《北京体育大学学报》2018年第10期。

冯萌:《民族传统节日中民俗、民间体育的价值》,《中国体育科技》2006

年第 5 期。

冯天瑜：《地理环境与文化生成》，《文汇报》1998 年 11 月 7 日。

高丙中：《民间的仪式与国家的在场》，《北京大学学报》（哲学社会科学版）2001 年第 1 期。

龚光胜、袁益军：《土家族的"摆手舞"》，《民族艺术》1988 年第 2 期。

官钟威、李红梅：《论民俗体育文化》，《体育成人教育学刊》2006 年第 1 期。

桂俊荣：《土家族宗教信仰的文化表征》，《经济研究导论》2012 年第 8 期。

郭海侠、霍红：《贵州少数民族传统体育的流变及影响因素》，《体育科学研究》2008 年第 3 期。

郭玉成：《武术传承的文化空间》，《搏击·武术科学》2007 年第 2 期。

何劲鹏、张志成、刘昆：《我国民俗体育发展现状分析》，《体育文化导刊》2014 年第 2 期。

胡娟：《我国民俗体育的流变——以龙舟竞渡为例》，《体育科学》2008 年第 4 期。

胡庆山、郭小海、黄爱峰等：《论村落农民体育》，《体育文化导刊》2008 年第 6 期。

胡小明：《娱乐促健康》，《体育文化导刊》2005 年第 3 期。

黄柏权、崔芝璇：《土家年的文化空间建构及其变迁研究》，《三峡论坛》（三峡文学理论版）2018 年第 1 期。

黄柏权：《清江流域民族文化生成机制及其特征》，《湖北民族学院学报》（哲学社会科学版）2006 年第 4 期。

黄彦熙子：《浅谈土家族民歌的艺术特征》，《艺术评鉴》2016 年第 13 期。

蒋东升、王利春、潘宏波：《全国少数民族传统体育运动会发展研究》，《体育文化导刊》2016 年第 2 期。

郎勇春、周美芳、程其练等：《江西民俗体育文化的现代流变——以江西永新盾牌舞为例》，《体育学刊》2009 年第 12 期。

李秉彝：《民俗体育活动的推行与展望》，《体育师友》1982 年第 6 期。

李海清、李品林：《鄂西土家族舍米湖村摆手舞田野调查——兼论民俗体育在村寨人社会化中的社会功能》，《武汉体育学院学报》2012年第11期。

李军：《西部少数民族传统节庆中民俗体育的文化特征及价值》，《成都体育学院学报》2011年第1期。

李绍明：《巴人与土家族关系问题》，《云南社会科学》1990年第3期。

李卫平、王智慧：《我国民族传统体育文化发展的SWOT分析》，《体育与科学》2011年第6期。

李小兰、张宏宇：《现代化进程中传统体育的异化与复归》，《山东体育科技》2014年第5期。

刘冰清、彭绪林：《土家族祭祀祈禳与节日习俗之变迁》，《青海民族研究》2012年第1期。

刘朝猛：《民俗体育的社会功能——广西武鸣"三月三"歌圩的田野调查》，《体育科技》2013年第2期。

刘旻航：《民俗体育功能分类及特点研究》，《山东体育学院学报》2012年第5期。

刘容：《小议土家族婚俗的民族特色》，《重庆教育学院学报》2008年第4期。

刘少英、李祥、张璐：《基诺族大鼓舞的起源与变迁》，《体育文化导刊》2013年第2期。

刘卫华、张继生：《试论湘西少数民族地区民俗体育的起源及其发展对策》，《四川体育科学》2011年第3期。

刘喜山、邓星华：《体育非物质文化遗产的传承模式及其变迁》，《体育学刊》2016年第1期。

刘鑫、翁成涛：《非物质文化遗产视角下民俗体育的传承研究——以来凤县大岩板村地龙灯活动为例》，《辽宁体育科技》2019年第2期。

刘奕含：《梯玛祭祀仪式中的八宝铜铃舞研究》，《戏剧之家》2016年第8期。

卢玉、陶丽：《许村大刀舞的文化特征及其价值———一项民俗体育的田野考察与文化学解读》，《成都体育学院学报》2012年第11期。

罗鹏：《一份关于土家族丧葬习俗的田野调查》，《湖北民族学院学报》（社会科学版）2001年第2期。

罗孝军：《民间体育、民族体育、民俗体育与传统体育等概念及其相互关系辨析》，《沈阳体育学院学报》2016年第2期。

罗远标、梁丽凤：《海南民俗体育研究》，《体育文化导刊》2011年第12期。

宁峰、丁疏影：《论土家族民间文学的生态审美》，《重庆科技学院学报》（社会科学版）2017年第4期。

彭继宽：《土家族原始宗教述略》，《民族论坛》1996年第3期。

尚金霞、刘尧峰：《土家族跳丧舞"撒尔嗬"的文化解读》，《武术研究》2016年第10期。

施曼莉：《土家族摆手舞的功能与传承路径研究》，《贵州民族研究》2015年第2期。

史文：《古羌人的起源及其迁徙》，《民族论坛》1987年第2期。

宋仕平：《嬗变与衍生：土家族的宗教信仰》，《江汉论坛》2005年第1期。

宋仕平：《土家族原始宗教信仰体系的主要内容及表现形式》，《湖北社会科学》2009年第2期。

谭清宣：《论清代土家族岁时节日文化的变迁》，《黑龙江民族丛刊》2009年第3期。

谭永洁：《土家族传统体育文化起源刍议》，《中国体育科技》2005年第6期。

谭志满：《从祭祀到生活——对土家族撒尔嗬仪式变迁的宗教人类学考察》，《西南民族大学学报》（人文社会科学版）2009年第10期。

谭志满：《土家族撒尔嗬仪式变迁的人类学研究》，《宗教学研究》2012年第3期。

唐韶军、戴国斌：《生存·生活·生命：论武术教化三境界》，《北京体育大学学报》2016年第5期。

田玉成、刘光菊：《人类非物质文化遗产的代表作——土家撒叶儿嗬》，《民族论坛》2006年第1期。

涂传飞、陈志丹、严伟：《民间体育、传统体育、民俗体育、民族体育的概念及其关系辨析》，《武汉体育学院学报》2007年第8期。

涂传飞、余万予、钞群英：《对民俗体育特征的研究》，《武汉体育学院学报》2005年第11期。

万义、白晋湘、胡建文：《土家族烧龙习俗的文化生态变迁与体育价值——湘西马颈坳镇的田野调查报告》，《体育学刊》2009年第10期。

万义：《村落少数民族传统体育发展的文化生态学研究——"土家族第一村"双凤村的田野调查报告》，《体育科学》2011年第9期。

汪蓉：《我国民俗体育的特征及其传承研究》，《时代文学（下半月）》2008年第3期。

王俊奇：《关于民俗体育的概念与研究存在的问题——兼论建立民俗体育学科的必要性》，《西安体育学院学报》2007年第2期。

王俊奇：《也论民间体育、民俗体育、民族体育、传统体育概念及其关系——兼与涂传飞、陈红新等商榷》，《体育学刊》2008年第9期。

王林、虞定海：《传统武术非物质文化遗产传承的困境与对策》，《上海体育学院学报》2009年第4期。

王若光、刘旻航：《我国民俗体育功能的现代化演进》，《武汉体育学院学报》2011年第10期。

王希辉：《近十年国内土家族研究综述》，《西南民族大学学报》（人文社会科学版）2009年第8期。

王学军、丁琴：《浅谈我国民间艺术"莲湘舞"的传承与发展》，《大众文艺》2012年第11期。

王振亮、高晓丽：《福建特色民俗体育文化特征研究》，《赤峰学院学报》（自然科学版）2018年第9期。

王智慧：《图腾崇拜与宗教信仰：民族传统体育文化传承的精神力量》，《体育与科学》2012年第6期。

韦晓康、蒋萍：《民俗体育文化在社会治理中的作用研究》，《中国体育科技》2016年第4期。

吴理财：《村落社会与选举制度》，《社会》2000年第11期。

吴永存、张振东：《全球化场域下我国少数民族传统武术文化的传承与发展》,《北京体育大学学报》2016年第1期。

笑蜀:《保护藏文化要防止两个极端——访全国政协外事委员会副主任韩方明》,《南方周末》2009年3月26日。

辛允星:《农村社会精英与新乡村治理术》,《华中科技大学学报》(社会科学版)2009年第5期。

熊晓辉:《土家族摆手舞源流新考》,《怀化学院学报》2006年第3期。

熊晓辉:《土家族"三棒鼓"的艺术特征》,《重庆三峡学院学报》2013年第2期。

熊晓辉:《土家族土司制度与土家族音乐文化》,《南京艺术学院学报》2013年第2期。

徐礼云:《徽州民俗体育的特征和功能研究》,《科技信息(学术研究)》2008年第27期。

阎颖、田强:《传承与裂变:土家族跳丧舞的文化分野》,《贵州民族研究》2007年第2期。

杨爱华、何秀珍、李英:《古代巴人体育——巴渝舞研究》,《北京体育大学学报》2004年第8期。

杨津津、张雁飞、方征:《纳西族的东巴跳》,《北京体育大学学报》2002年第2期。

杨叶红、莫明竹:《皖南民俗体育调查研究》,《搏击·武术科学》2008年第1期。

蚁哲芸:《论英歌舞起源、表演形式、价值及其特性》,《体育科学研究》2008年第1期。

易小明:《土家族原始宗教信仰的伦理意蕴》,《宗教学研究》2018年第1期。

尹国昌、涂传飞、钞群英:《当前我国民俗体育文化发展存在的问题及其对策》,《南昌大学学报》2007年第5期。

于涛、王婷:《八宝铜铃舞的文化内涵与功能研究》,《大众文艺》2011年第7期。

曾世华:《民族传统体育舞龙运动的文化渊源、现状和发展趋势》,《北京体育大学学报》2005年第10期。

张飞虎:《阐扬民族传统体育文化》,《光明日报》2006年7月21日第7版。

张国栋、刘坚、李运等:《我国民俗体育发展现状及对策研究》,《西安体育学院学报》2008年第1期。

张华江、王林、杨翠丽:《地域性"原生态"民俗体育发展的现实进路》,《广州体育学院学报》2012年第4期。

张华江、王晓东:《汉水流域民俗体育的文化特征及社会功能》,《广州体育学院学报》2015年第2期。

张磊、郭振华、雷鸣等:《湘西古丈土家族跳马民俗体育文化解读——基于湖南省湘西州古丈太坪村的考察》,《运动》2017年第20期。

张世炯:《简述土家族歌舞撒尔嗬与摆手舞、巴渝舞和楚文化的关系》,《民族艺术》1986年第2期。

张有平、邹炜、李建平:《土家族传统体育项目的特征及发展探析》,《湖北体育科技》2004年第4期。

郑国华:《禄村变迁中的传统体育流变研究》,《体育科学》2010年第10期。

朱兵、黄龙祥、杨金生等:《"中医针灸"申报人类非物质文化遗产代表作名录文本解析》,《中国针灸》2011年第3期。

三 网络资料

360百科:《文化空间》(http://baike.so.com/doc/28768621-30229208.html)。

百度百科:《社会变迁》(http://baike.baidu.com/item/社会变迁/3319997)。

百科通俗版:《摆手舞》(http://m.zwbk.org/lemma/141225)。

戴楚洲:《土家族歌舞奇葩跳丧舞》(http://zx.zjj.gov.cn/c1272/20170918/-i301121.html)。

读书人:《宋史》(http://www.reader8.cn/data/20131122/1195495.html)。

胡锦涛:《坚定不移沿着中国特色社会主义道路前进 为全面建成小康社会而奋斗》,新华网(http://www.xj.xinhuanet.com/2012-11/19/c_

113722546. – htm）。

（清）毛奇龄：《西河词话》，网易云阅读（http：//yuedu. 163. com/ source/ 72b4f9bc290349bfb920e06bfa0003c3_4）。

艄公俱乐部：《非遗"肉连响"入选湖北第九届民族运动会》，中国利川网（http：//www. – li chuan. com. cn/fwzwhyc012178ee/1359679. htm）。

实录：《习近平总书记在党的十九大的报告》，中国青年网（http：//news. – youth. cn/sz/20171018 – 10888424 – 4. htm）。

唐丰收：《地方传统文化对地方经济社会发展的影响》，浙江在线新闻网（http：//culture. zjol. com. cn/05culture/system/2006/11/03/007968426. – shtml）。

习近平：《建设社会主义文化强国　着力提高国家文化软实力》，新华网（http：//News. xinhuanet. com/politics/2013 – 12/31/c_118788013. htm）。

谢娅萍：《土家赛龙舟》，恩施新闻网（http：//www. enshi. cn/2016/0428/ – 258852. shtml）。

中共中央国务院：《"健康中国2030"规划纲要》，人民网（http：//politics. com. cn/n1/2016/1026/c1001 – 28807357 – 2. html）。

Boyum, Steinar. The Concept of Philosophical Education, Educ – ational Theory, 2010, 60（5）：543 – 559.

四　学位论文

艾安丽：《汉水流域湖北段民俗体育文化的变迁——以"三龙文化"为例》，博士学位论文，福建师范大学，2015年。

艾训儒：《湖北清江流域土家族生态学研究》，博士学位论文，北京林业大学，2006年。

邓姝婷：《湖北恩施土家族丧葬礼仪的民族文化心理探析》，硕士学位论文，长江大学，2014年。

吉灿忠：《"武术文化空间"论绎》，博士学位论文，上海体育学院，2011年。

康文杰：《苗族传统体育文化的学校教育传承研究》，硕士学位论文，四川师范大学，2017年。

李延超:《民族体育的生态与发展》,博士学位论文,上海体育学院,2011年。

刘尧峰:《土家族武术文化研究》,博士学位论文,上海体育学院,2015年。

牛丽丽:《巴山舞的文化背景及价值研究》,硕士学位论文,华中师范大学,2006年。

彭玲:《土家族民俗文化在当代的变迁与调适——以恩施土家族"女儿会"为例》,硕士学位论文,湖北民族大学,2017年。

秦明珠:《村落民俗体育地龙灯的传承与保护机制》,硕士学位论文,湖北大学,2012年。

汤立许:《我国民族传统体育项目分层评价体系及发展战略研究》,博士学位论文,上海体育学院,2011年。

田谷顺:《凤凰县乡村旅游与村落民俗体育文化的融合研究》,硕士学位论文,吉首大学,2018年。

涂传飞:《农村民俗体育文化的变迁——江西省南昌县涂村舞龙活动的启示》,博士学位论文,北京体育大学,2009年。

王丹:《个人·家·社会——清江流域土家族"打喜"仪式研究》,博士学位论文,中央民族大学,2011年。

伍菊平:《仪式观视角下老村村喜花鼓传播研究》,硕士学位论文,华中科技大学,2019年。

谢玉:《文化生态视野下民俗体育传承与发展研究——以长乐"故事会"为个案》,硕士学位论文,湖南师范大学,2014年。

鄢钰婵:《湖北利川地区传统舞蹈"肉连响"动作分析》,硕士学位论文,武汉音乐学院,2020年。

杨日:《主体选择与身体表述——清江流域土家族跳丧变迁研究》,博士学位论文,中央民族大学,2015年。

张萌:《土家族婚嫁风俗研究》,硕士学位论文,南京理工大学,2012年。

张潇迪:《淮北市民间民俗体育发展现状及对策研究》,硕士学位论文,淮北师范大学,2018年。